Marie-Christine und Didier Clément

ZU GAST BEI
COLETTE

Die Grande Dame der Pariser Salons
und ihre kulinarischen Liebhabereien

MIT 120 REZEPTEN
Fotografiert von André Martin

Wilhelm Heyne Verlag
München

INHALT

11
GAUMENFREUDEN DER PROVINZ

77
AUTHENTISCHER GESCHMACK

91
DIE REZEPTHEFTE VON COLETTE

*»Sie ist ein Produkt reinsten französischen Bodens, sie ist französisch
bis in die Fingerspitzen, und vor allem ist sie Provinzlerin. Sie liebte es, ihre
Wohnungen zu wechseln, immer jedoch, um sich alsbald ein Nest
zu bauen und Provinz um sich herum zu errichten. Sie gehört zur Provinz
durch die Lebensart, die Hausmacherrezepte, die wohlgeordneten
Schränke und die Vorräte, durch das pünktliche Einhalten fester Tageszeiten,
durch die Sprichwörter, durch Buchsbaum und Maiglöckchen, den
Dreikönigs-Kuchen, den Glühwein, das Holzfeuer, die Kastanien, die langsam
in der Asche gegarten Speisen.«*

Maurice Goudeket, *Près de Colette*, 1956

---

*»Selbst wenn ich alles beiseite ließe, was ich von ihr mitbekommen habe,
so wäre ich doch ein Kind der Provinz geblieben, wenn man unter
Provinz nicht nur einen Ort oder eine Gegend weit weg von der Hauptstadt
versteht, sondern einen gewissen Kastengeist, unbedingte Sittenstrenge,
den Stolz, in einem honorigen alten Haus, von allem abgeschirmt, zu wohnen,
einem Haus jedoch, das man jederzeit öffnen kann, mit seinen
luftigen Treppen, seinen gefüllten Scheuern, seinen Bewohnern, die zu der
Atmosphäre und Würde ihres Hauses passen.«*

Sido, 1929

VORHERGEHENDE SEITEN:
VORSATZBLATT: SIDOS BLAU-WEISS GESTICKTES, VON COLETTE
LIEBEVOLL AUFBEWAHRTES KLEID, MIT DEM MAURICE GOUDEKET DAS
MANUSKRIPT VON *SIDO* EINBINDEN LIESS. COLETTE BESCHREIBT IHRE
MUTTER IN *BELLES SAISONS* ALS »EINE KLEINE, RUNDLICHE, LEBHAFTE
FRAU, IN DEREN WOLLENEM KLEID DER GERUCH DES HOLZFEUERS, DER
CHRYSANTHEMENHECKE UND DES WARMEN BROTES HING ...«
SEITEN 2–3: DICHTES UNTERHOLZ VOLL BLAUER BLUMEN, DIE, SO WEIT
DAS AUGE REICHT, SICH KRÄUSELN UND WOGEN ...«
SEITEN 6–7: DIE LEBENDE MAUER AUS WEIN UND GLYZINIEN DER
»TREILLE MUSCATE«.
SEITEN 10–11: DER TEICH VON MOUTIERS UND DIE
»IHN BEGRENZENDEN BINSEN« MIT DEM GERUCH NACH MINZE
IN DER HERBSTLICHEN WÄRME.

SAINT-SAUVEUR-EN-PUISAYE

1873-1891

SIDO, DIE »ALLE ERNÄHRENDE MUTTER«. Colette wurde 1873 in Saint-Sauveur-en-Puisaye geboren, einem kleinen Dorf im Departement Yonne, »mit Häusern, die von den Hügeln ins Tal hinunterzupurzeln schienen.« Es liegt an der Straße, die von Auxerre nach Cosne-sur Loire in das sogenannte »arme Burgund« führt. Wenn der Morgen graut, steht Sido, ihre Mutter, von der sie sagt, sie habe sie »niemals genug geliebt«, bereits in der Küche. Das Feuer, von trockenem Reisig entfacht, lodert schon, und auf dem Herd »mit den eingelegten blauen Kacheln« schmilzt »in einem Fingerhut voll Wasser« eine Tafel Schokolade, in der sie nachdenklich rührt und die für »Minet Chérie«, ihr Nesthäkchen, bestimmt ist.

Sido, geborene Sidonie Landoy (1835–1912) ist die Witwe eines Landjunkers, Jules Robineau, den sie den »Wilden« nannten. Von ihm hat sie dieses »stattliche Haus mit dem hohen Speicher« geerbt, »wo gemeinschaftlich die Butter geschleudert und der Käse gepreßt wurde«. Er hinterließ seiner Frau außerdem ein paar bunt zusammengewürfelte Andenken: eine kuriose Silberschüssel mit »einer eingeprägten Ziege, die auf den Hinterbeinen steht«, einen indischen Kaschmirschal, einen kleinen Mörser aus Muschelmarmor, einen wohlgefüllten Keller … und zwei Kinder. »*Meine Mutter roch nach frischgewaschenem Cretonne, nach dem Bügeleisen, das auf der Pappelholzglut erhitzt wurde, nach Zitronenmelisse, deren Blättchen sie zwischen den Fingern zerrieb oder in ihrer Tasche zerbröselte. Wenn es Abend wurde, war mir, als verströme sie den Geruch von gerade gegossenem Kopfsalat, denn der frische Duft heftete sich an ihre Schritte; das perlende Geräusch des Gartensprengens geriet zu einer Glorie aus Wasserstaub und Humusgeriesel.*« (*La Maison de Claudine*, 1922)

Knapp ein Jahr nach dem Tod ihres ersten Mannes heiratet Sido zum zweitenmal. Diesmal aber ist es eine Liebesheirat, die sie mit dem Hauptmann Jules Colette (1829–1905) eingeht. Er ist Zuave, Held aus dem Krim-Krieg und aus Italien nach Hause gekommen, wo er ein Bein verloren hatte.

LINKE SEITE: COLETTE LIESS WÄHREND IHRER WILDEN STREIFZÜGE IHRE LANGEN, JUGENDLICHEN ZÖPFE WIE PEITSCHENSCHNÜRE WEHEN!
UNTEN: DIE FASSADE DES ELTERNHAUSES MIT DER AUSGETRETENEN VORDEREN STEINTREPPE.

OBEN: COLETTES MUTTER SIDO MIT ACHTZEHN JAHREN.
RECHTE SEITE: PORTRÄT IHRES VATERS, DES HAUPTMANNS,
NEBST SEINEN AUSZEICHNUNGEN.

Aus dieser Verbindung einer zärtlichen und rücksichtsvollen Liebe stammte nach Léo, dem älteren Bruder, die kleine Colette, der »Goldschatz«.

Das Haus, »widerhallend, trocken, krachend wie warmes Brot«, bietet den Kindern viele versteckte Winkel: die tiefen, mit grünem Rips bezogenen Sessel, die winzige Kammer über dem Hoftor, die darunter liegende Waschküche, die Milchstube oder den Speicher, wo auf einem Tuch Veilchen und Lindenblüten, die Teevorräte für den Winter, ausgebreitet liegen, deren süßer Duft sich mit dem Staub mischt. Sido, die Umsichtige, hat immer Angst, »daß die Tiere und die Kinder Hunger haben könnten«. Gewissenhaft sorgt sie dafür, ihre verträumte kleine Schar gut zu füttern, die sich ohne sie mit einer gewissen Genügsamkeit abfinden müßte. Es ist vor allem dieser mütterliche Charakterzug, den ihre Tochter an ihr unvergeßlich macht, wenn sie sie als »von Schatten und Licht umflossen« beschreibt, »geschmückt mit Kindern, Blumen und Tieren, die alles ernährende Mutter«. *»Wo sind die Kinder?‹ Überall tauchte sie auf, atemlos, ständig auf der Suche nach ihnen, wie eine überzärtliche Hundemutter, mit erhobenem Kopf gegen den Wind witternd. Ihre aufgekrempelten Ärmel aus weißem Stoff zeigten, daß sie gerade dabei war, den Teig für die ›Galette‹ zu kneten oder den Pudding mit der heißen, samtigen Sauce aus Rum und Konfitüre zu übergießen.«* (*La Maison de Claudine,* 1922)

Nach ihren Wünschen für das Mittagessen befragt, zählen alle Familienmitglieder der Reihe nach ihre Lieblingsgerichte auf: der Hauptmann aus dem Süden ist für rohe Tomaten »mit viel Pfeffer«, Achille, der Erstgeborene wünscht sich »Rotkraut in Essig«, Léo, der zweite Sohn, möchte »eine große Tasse Schokolade« und Colette, die Jüngste, »gebratene Kartoffeln« und »Nüsse mit Käse«. »Aber Pommes-frites, Schokolade, Tomaten, Kohl, das ist doch kein Essen.« Also rennt Sido zu Léonore in die Metzgerei, wo so viele »gesunde Leckerbissen« — gemeint sind die Fleischhälften — aufgereiht hängen, und bald ist das Haus von Wohlgerüchen erfüllt, die aus der Küche aufsteigen. Ein wenig vom Feuer weggerückt schmort eine Hammelschulter »en musette« vor sich hin; eine Kalbshaxe mit Karotten und Pfifferlingen in einem schwarzen Gußeisentopf verströmt ihr Aroma, eine Apfelmarmelade karamelisiert sacht in einer irdenen Schüssel ... *»Alles ist Geheimnis, Magie, Zauberei, alles strebt seiner Erfüllung zu, seit dem Augenblick, wo der Topf, der Kochkessel, die Kasserolle mit ihrem Inhalt aufs Feuer gesetzt werden, bis zu dem Moment ängstlicher Erwartung und lustvoller Hoffnung, wo man bei Tisch den Deckel von der dampfenden Schüssel hebt.«* (*Prisons et Paradis,* 1932)

Früher bestanden die Festtage zum Jahresende in der französischen Provinz nicht aus ausschweifenden Festgelagen, sondern waren eher besinnlicher Natur. Die ganze Familie Colette versammelte sich am Weihnachtsabend in dem etwas verblichenen Salon. Die Hunde schliefen vor dem Kamin, die Katze lag eingerollt auf dem Tisch, und nur das Geräusch von umgeblätterten Buchseiten, das Knistern der Zeitung und das Knacken der Holzscheite unterbrachen die Stille. Die ganze Hausgemeinschaft schien eingenickt, als sei sie von einem Zauberstab berührt worden. Wenn aber auf dem schwarzgeäderten Kaminaufsatz die Standuhr aus weißem Marmor, die von zwei Stechpalmensträußen mit leuchtend roten Beeren eingerahmt war, Mitternacht schlug, wurde das Brettspiel weggeräumt, die angesengten Dominosteine und die Bücher mit dem Goldschnitt beiseite gelegt, um »Sidos Meisterwerk« Platz zu machen: einem weißen Pudding, gespickt mit Rosinen und übergossen mit einer kochendheißen Sauce aus Rum. Dazu gab es ein Glas alten blassen Frontignan oder eine Tasse Chinatee, beides nur am heutigen Abend gestattet, um die Kinder bis nach Mitternacht munter zu halten.

Niemals wieder erlebte Colette ähnlich schöne Weihnachten, und immer wieder versuchte sie später, diesen Heiligen Abend nachzuempfinden, wo die Meditation den irdischen Genüssen Platz machte. Auch die Geschenke zu Neujahr waren damals schlichte Gaben: ein Dutzend Orangen, eine Handvoll Datteln — von einer fernen Sonne verwöhnte, exotische Früchte, fromme Geschenke, die man aber erst

nach der alljährlichen Zeremonie am ersten Tag im neuen Jahr, der Brotverteilung an die Armen, in Empfang nehmen durfte. Wenn dieses Defilee die kleine Colette zu langweilen begann, wandte sie sich ab und schleckte das Mehl von den großen runden Brotlaiben, die sich in schwindelerregenden Stößen bis zur Decke stapelten.

Außer den kirchlichen Festen sind das Jahr über auch andere Familienereignisse, die das ganze Dorf immer wieder zu Hochzeit, Taufe oder Erstkommunion versammeln, Anlaß für manch aufwendiges Bankett. Die kleine Colette schwärmt von diesen wahrhaft pantagruelischen Festmählern, wo sie satt und vollgestopft bei Tisch einschläft. Diese Essensorgien machen die alltägliche Küche für alle erträglicher. Bei solchen Gelegenheiten tauscht man sich vertraulich aus, dort gehen die geheimen Rezepte von Mund zu Mund. Auf diese Weise lernt Sido zum Beispiel das Rezept für die »Boule de Poulet« (Hühnerkugel) kennen.

OBEN: DIE STEINTREPPE, DIE »VOM OBEREN ZUM UNTEREN GARTEN« FÜHRT.
VORHERGEHENDE DOPPELSEITE: SIDO UND DER HAUPTMANN SPIELEN IM GARTEN DOMINO UND TRINKEN DABEI IHREN KAFFEE, »SO TIEFBRAUN WIE EIN SCHÖNES DUNKLES AUGE«.

»DER OBERE UND DER UNTERE GARTEN.« Der Garten ist das Reich der Kinder. Er ist der Ort, wo sie beim Spielen und Lesen ganz für sich sein können. Außerdem kann man in ihm kulinarische Genüsse entdecken. Das kleine Mädchen sitzt in der Astgabel des Walnußbaums, der die Küche überwuchert. Nur ihr dreieckiges Gesichtchen blickt strahlend durch das Blättergewirr, während sie wie ein Eichhörnchen die Nüsse knackt. Man findet sie auch »der Länge nach auf das Mäuerchen hingestreckt«, schlafend oder begehrlich nach den Pflaumen des Nachbarn schielend, oder »bäuchlings unter der großen Tanne, die Ellbogen auf einen alten Balzac gestützt und dabei herbe Pfirsiche verspeisend. Aufmerksam lauscht sie nach Süden, wo Miton beim Umgraben ständig niest, spricht mit ihrem weißen Hund, dem sie am »vierzehnten Juli den Kopf blau und das Hinterteil rot anmalt«, hört die schrille, traurige Haustürklingel des Notars im Osten oder Mutter Adolphe im Norden, die »beim Binden der Veilchensträuße ein frommes Kirchenlied singt«. »Was soll das heißen, mißtrauische Provinz? Ein schönes Mißtrauen! Unsere Gärten sagten sich alles.«

Der Gemüsegarten oder auch der »untere Garten«, von sonnenwarmen Steinen eingefriedet, ist ein idealer Hort für das Gedeihen der Pflanzen: »ein Beet mit Karotten«, »einige schöne Reihen Kopfsalat«, von Sido mit der Schnur gespannt und kerzengerade angelegt; Estragon und Sauerampfer, eingefaßt von weißen Lilien, für die der Gemüsegarten »das gelobte Land« ist, wachsen hier in enger Nachbarschaft zu Gartenfrüchten, die damals in dieser Gegend noch selten waren. Auberginen, Tomaten, violetter Knoblauch und Paprikaschoten wurden vom Hauptmann, der aus Toulon stammte, in diesem günstigen Boden gezogen. Der Garten in Saint-Sauveur bietet auch den alten knorrigen Obstbäumen viel Platz, beispielsweise den »Ebereschen, über und über mit grünen, ins Rosa hinüberspielenden Früchten behangen«, dem Birnbaum der Sorte »Messire-Jean«, dessen Früchte, wenn sie reif sind, leicht matschig werden, ein Labsal für die Bienen, desgleichen den Reineclauden, die im Sommer, »gestern noch grün und silberbepudert, binnen eines Tages ambrafarbene Bäckchen« bekommen, den »warmen« Aprikosen, den herben Pfirsichen, den Kirschen, denen eine Amsel den Saft austrinkt und das rosa Fruchtfleisch unter Sidos verzeihendem »regenfarbenen« Blick ausspuckt.

In diesem Garten Eden mit allen Früchten, die das Herz begehrt, seien sie noch grün oder schon reif, wird Sidos stehender Ausspruch »Schau doch mal!« von den Kindern, die sich instinktiv zur Erde hingezogen fühlen, gern übernommen. Auf den Spuren ihrer Mutter erleben sie ihre täglichen Wunder und schlingen die Produkte des Gartens gierig hinunter: die reifsten Früchte ebenso wie die Salatherzen, die sie vom Beet stibitzen, »die junge Karotte, an der noch etwas Erde haftet«, die »Erbse in ihrer zuckersüßen Jugend« oder die Bohne, »die gerade aus der Schote springen will …«

VON KATZEN UND EINER SPINNE. Colettes Haustiere sind Meister der Mimikry und ebenso naschhaft wie ihre Herrin. Babou etwa, »dieser schwarze Satan, für eine Katze viel zu sehr Vegetarierin«, sucht sich mit Kennerblick die reifsten Erdbeeren aus, beißt die ersten Spitzen des jungen Spargels ab und öffnet geschickt die Schale der Melone Noir-des Carmes, »helldunkel gesprenkelt wie die Haut des Salamanders, die sie der gewöhnlichen Zuckermelone vorzieht«. Es ist die gleiche Katze, die poetisch den Duft vollerblühter Veilchen in sich aufsaugt. »Nonoche, die leichtsinnige, träumerische, leidenschaftliche, vernaschte, schmeichelnde, herrische Kätzin, die Profanes ablehnt und sich nur mit katzenverständigen Menschen abgibt, fing voller Lüsternheit an zu miauen, wenn die Kuhglocken läuteten, denn der Wind trug ihrer empfindlichen Nase den Geruch von Milch zu, von der sie sofort die Schaumkrone ableckte, die am Rande des Eimers klebte.« Wieder andere Katzen von Colette waren

KAMILLENSTRÄUSSE FÜR WINTERLICHE KRÄUTERTEES TROCKNEN AUF DEM SPEICHER.

scharf auf »Austern, Schnecken und Muscheln und auch auf das junge Zwiebelgrün, vorausgesetzt, es wurde von den zuckersüßen Zwiebeln des Midi abgeschnitten«.

Das erstaunlichste aller Haustiere jedoch war Sidos Spinne, die unter der Decke ihres Schlafzimmers wohnte und jede Nacht, »sich bedächtig wiegend wie eine dicke Perle, von oben herunterschwebte, bis sie sich dem Becher mit der kremigen Schokolade näherte; mit ihren acht Beinen packte sie den Rand der Tasse, beugte sich kopfüber hinunter und trank ausgiebig«. — »Wie feenhaft und schlicht ging es zu bei der Fauna des Elternhauses ...«

DER GERUCH NACH ERDE. Sido und Colette haben die Herrschaftsbereiche untereinander aufgeteilt und eine Art Abkommen geschlossen: Die Mutter hat die Aufsicht über die Familie, Haus und Garten, aber die freie Landschaft rundherum ist uneingeschränkt Colettes Revier. Zur Freiheit bedarf es nur einer kleinen Kletterei — »ein Gatter, eine Mauer, ein vorspringendes Dach« —, und die steilen Sträßchen von Saint-Sauveur, die in Landstraßen nach Petit-Saint-Jean oder in die Rue Sale nach Moutiers übergehen, entlassen sie in wenigen Minuten mitten in die einsame, nur ihr vertraute Natur. Als sie noch klein war, lief sie ihren Brüdern nach, um den »großen Eisfalter, den Segelfalter, den scheuen Mars durch die Wälder zu verfolgen, Eidechsen zu jagen oder im Juli tief in den spärlichen Wäldern, die rot waren vom Heidekraut, den großen Fingerhut zu pflücken«. Sie nannten ihr die Namen der Pflanzen und steckten sie mit ihrer Begeisterung für lateinische Namen und für die Botanik an. Vier Schwestern, Bauernmädchen, mit denen sie sich befreundete, brachten ihr bei, wie man auf Grashalmen pfeift oder wie man aus halben Nußschalen Rasseln macht, und lehrten sie die Namen der Vögel und Pilze. »Ihnen verdanke ich das Beste aus meiner Kindheit«, sagt Colette noch

DIE »UNBESIEGBAREN ARME« DER HUNDERTJÄHRIGEN GLYZINIE HABEN DEN GARTENZAUN ÜBERWUCHERT.

LÄNDLICHE HOCHZEIT

Eine lange Tafel, geschmückt mit kleinen Buketts — rote Rosen und weiße Kamille, zu Biedermeiersträußchen gebunden. An den Wänden Tücher, mit grünem Lorbeer besteckt, wie zu Fronleichnam ... Von den Balken des Heubodens hängen Spinnennetze und Heubündel herunter. Durch die Wageneinfahrt, die zum Hof hin offensteht, dringen mit dem blauen, nackten Licht Hahnengeschrei und unruhige Hühner herein; sie werden mit dem Handtuch verscheucht und kommen doch immer wieder ...

Ich war zehn, zwölf Jahre alt, hatte kastanienbraunes Haar, Korkenzieherlocken, eine Stimme wie ein Junge, war von einer etwas muffligen Sturheit und hatte nicht übel Lust, einfach davonzulaufen. Dabei langweilte ich mich nicht einmal. Ich liebte das warme, mehlüberstäubte, dunkle Brot, den Geruch der neuen Puffärmel-Blusen, die fröhlichen Blumensträuße ... Ich liebte die ›junge Braut‹, so rundlich und mit glühenden Wangen, schwarz in all der Weiße die nackten Hände vor dem Bauch, wie zwei große, gegerbte Handschuhe ... Ich liebte die Gläser ohne Stiel, so dickwandig für die Lippen, fliegenumsummt die vielen Zuckerschalen, gleichmäßig auf der Tafel verteilt ... Der Zucker für den Kaffee? Wo denken Sie hin, natürlich für den Rotwein. Sie können es aber auch gar nicht wissen. Bei einem Hochzeitsessen füllt man nach der hastig gelöffelten Suppe sein Glas mit Rotwein. Dann taucht man sehr zart mit den Fingerspitzen ein Zuckerstückchen hinein, lutscht es ab, taucht es wieder hinein, lutscht es wieder ab, bis es zu Sirup wird. Dann nimmt man sich ein neues Stück Zucker und beginnt von vorn. Sie verstehen, so vergeht die Zeit zwischen der Suppe und dem sautierten Kaninchen, zwischen dem sautierten Kaninchen und dem Kalbsbraten mit Pfifferlingen, zwischen dem Kalbsbraten mit Pfifferlingen und dem gegrillten Huhn ... Die Kinder und vor allem die Frauen plündern die Zuckerschalen, werden allmählich beschwipst. Man beginnt die Mieder zu öffnen, man löst die Bänder der gefältelten Hauben und sagt: ›Wie mir die Hitze zu Kopf steigt ...‹

Nach der Kürbistorte, nach dem weichen Käse, nach dem Schloß aus zerbröseltem Nougat und den Zuckermandeln — ein wenig verfrüht, die Zuckermandeln — senkte sich vom Heuboden ein feierliches Schweigen auf die versammelten Gäste herab. Drei kleine Unschuldslämmer zwischen fünfzehn und achtzehn Jahren, ziegelsteinrosa überhaucht in ihren hellen Miedern, nahmen sich bei den Händen und traten vor die Braut. Mit einiger Mühe begannen sie zu intonieren und sangen mit Stimmchen, die an klagende Spinnerinnen erinnerten, das traurige und schöne ›Lied der Neuvermählten‹.

Zu diesem Zeitpunkt war ich längst am Tisch eingeschlafen, müde von der Hitze und dem vielen Zuckerlecken, den Kopf zwischen den verschränkten Armen ...

Colette, »Les Vrilles de la vigne«, in: Mercure musical, 15. Juli 1905

DIE BAUERN DES PUISAYE, DARAN GEWÖHNT, MITTAGS AUF DEM FELD ZU ESSEN,
DECKEN DIE LANGE HOCHZEITSTAFEL LIEBER IN DER SCHEUNE ALS UNTER FREIEM HIMMEL,
DENN »SIE FINDEN, DASS DAS NICHT DISTINGUIERT GENUG IST«.

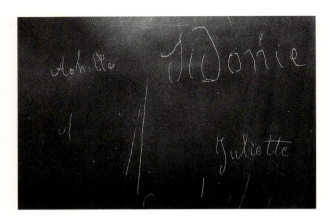

DIE VORNAMEN DER FAMILIE,
EINGERITZT IN EINE FENSTERSCHEIBE IM ERSTEN STOCK.

im Jahre 1939. Ihr Leben lang wird sie die den Menschen ferne Natur als einfaches Paradies verklären, dessen einzige Bewohnerin sie ist: die Wälder, »die nach Erdbeeren und Rosen duften«, jener gelbe Zauberpfad, »gesäumt von brennend roten Fingerhüten, der einen vom Leben wegführt«, die Teiche wie Lichtungen in einem Schrein von Grün, die Sümpfe, die wasserdurchflossenen Wiesen, und sich aus vollem Herzen erinnern: »Ihr könnt euch nicht vorstellen, welch eine Erdenkönigin ich mit zwölf Jahren gewesen bin.« Und: »Wer, außer mir, entschied, wann die Schlehen, die Walderdbeeren, die Nüsse reif waren? Wer außer mir kannte die geheimen Plätze der Maiglöckchen, der weißen Narzissen, der Eichhörnchen?« (*Les Vrilles de la vigne*, 1908, und *Journal à Rebours*, 1941)

Colette verbringt ihre Tage damit herumzuvagabundieren und geht auf lange, einsame Streifzüge. Bevor sie aufbricht, richtet sie sich alles her, was sie benötigt, und stopft hastig ein Stück Brot, frisch geerntete Äpfel, einen Hühnerschenkel, den sie von der Fleischplatte stibitzt hat, in einen kleinen Korb. Auch im Sommer zündet sie, »weil es verboten ist«, ein Feuerchen unter den Tannen an und brät sich »einen Apfel, eine Birne, eine vom Feld gestohlene Kartoffel« oder, wenn sie nichts anderes hat, »ein Stück Graubrot; es riecht nach bitterem Rauch und nach Harz, das ist überwältigend, das ist einfach überwältigend«. »Ich bin ausgehungert, ich schalte alles Denken aus und verschlinge wie ein Holzknecht mein Brot auf den Knien. Welch ein Glücksgefühl, nur Kreatur zu sein, nur da für das köstlich krachende Brot, für den saftigen Apfel! Die sanfte Landschaft erweckt in mir ein ähnliches Gefühl wie das Entzücken über den Hunger, den ich stille; die dunklen Wälder riechen nach Äpfeln, das frische Brot ist so heiter wie das rosa Ziegeldach, das durch sie hindurchschimmert.« (*Claudine en Ménage*, 1902)

Colette kommt von ihren Ausflügen mit Armen voller Blumen und wilder Kräuter heim, aus ihrer Schürzentasche quellen Bucheckern hervor, diese kleinen, dreieckigen Früchte der Buche, das große, karierte Taschentuch unten im Korb verbirgt eine Handvoll Pfifferlinge. Der ganzen kleinen Person entströmt der Duft von wildem Knoblauch aus einem fernen Hohlweg oder von der Minze aus den Sümpfen. Sido mustert sie jedesmal mit dem üblichen Stirnrunzeln und kann nicht begreifen, daß ihre Tochter nach solchen Expeditionen nie Hunger hat ...

Sie hat sich natürlich während des Herumschweifens an den bittern Vogelkirschen, an Stachelbeeren und rohen Moospilzen sattgegessen, an den überreichen Schätzen, die einem in den Mund wachsen, wenn man sich auf dem Lande genügend auskennt. Eine Jahreszeit ist für diese Art von Ernten besonders günstig, es ist der Herbst, der großzügige, der fruchtbare, der für Colette immer ein »rotglühender Frühling« ist und kein Verfall — eine eigenwillige Auffassung übrigens, die ihr beim Schulaufsatz eine schlechte Note eintrug, weil die Lehrerin, anders als sie, nicht um die Süße der herbstlichen Erde mit den vielen »wilden und gesegneten Gaben« wußte. »*Das Feuer, den Wein, den roten, stürmischen Himmel, das Fleisch der Früchte, das wundervolle Wild, die Weinfässer, die saftstrotzenden Himmelssphären treibt er vor sich her. Stachelige Kastanienschalen, überreife Mispeln, rosa Vogelbeeren, säuerliche Mehlbeeren — der Herbst jagt eine Fülle bescheidener Früchte vor sich her, die man nicht pflückt, die einem in die Hände fallen, die zu Füßen eines Baumes geduldig darauf warten, daß der Mensch die Güte haben möge, sie aufzulesen.*« (*Journal à Rebours*, 1941)

An den Abenden, wenn man in der Küche »mit dem rosigen Kupfergeschirr« beisammensitzt, fädelt sie in Scheiben geschnittene Pilze zum Trocknen auf Schnüre, knackt Nüsse und Bucheckern für die Ölgewinnung, entwirrt Hanfstränge oder entkernt, »einen Korb auf den Knien, blasse Mehlbeeren«, sticht die matschigen Mispeln an, die nach Weinkeller riechen, und preßt sie aus.

VORHERGEHENDE SEITE: AUF DEM SPEICHER TROCKNEN
KAMILLEN- UND VEILCHENBLÜTEN AUF STEINPLATTEN,
DIE VON KATZENSPUREN GEZEICHNET SIND.
UNTEN: SCHÄTZE, DIE IM TASCHENTUCH NACH HAUSE
GETRAGEN WERDEN.

DAS WASSER AUS DER SAINT-JEAN-QUELLE IM WASCHHAUS HAT EINE »SUBTILE, SCHNEEIGE SÜSSE ...«

Es gibt nur wenige Mittler zwischen dieser noch wilden Natur und den Bewohnern des Dorfes. Zu ihnen gehört Frisepoulet, »ein majestätischer Waldschrat, mit Haaren und einem Bart weiß wie Flachs, was seinen schwarzen Hexerblick noch verstärkt«. Er ist der einzige Verkäufer von »Cornuelles«, einer Art Wasserkastanien. Um sie zu ernten, braucht man »einen flachen Kahn, ein Ruder, eine alte Hose und die Gewohnheit, im kalten Wasser herumzuwaten«, und dann verkauft er sie zu 100 Stück oder ein paar mehr für vier Sous. Er bringt auch die ersten Maronen mit, und man weiß, daß es nun an der Zeit ist, die angefrorenen Schlehen zu sammeln, die dem hausgemachten Likör das Aroma geben. »Der liebe Gott«, ein kleines Männchen, das die Regenschirme repariert, ist ebenfalls wie aus einem Almanach entstiegen und hat nicht seinesgleichen, wenn es im Puisaye an die Käseveredelung geht. »Mehrmals gut durchgebrannt, zwanzigmal ausgeglüht, mit der Pinzette hin- und herbewegt, mit der Schaufel umgewendet, verließ im Lande meiner Kindheit die Asche die Feuerstelle nur, um in den trockenen Keller gebracht zu werden und dem Käse als Leichentuch zu dienen, jenen flachen, winzigen Käselaiben von Yonne und Loiret, die dort zwei, drei, manchmal sechs Monate lagerten. Sie gingen daraus wie aus einer pompejanischen Katastrophe, quasi versteinert, hervor. Aber das Innere war wie durchsichtiges, transparentes Wachs geworden, gelb und von makelloser Zartheit, und paßte genau zum Rotwein, zu den Nüssen des Winters und zum Löwenzahnsalat.« (Prisons et Paradis, 1932)

In der Landschaft des Puisaye rauscht es von lauter nicht genützten Quellen, »schon vergessen, bevor sie das Licht der Welt erblickt haben«, in »kalter Aufwallung und weißdiamantenem Glanz emporschießend«. Die kleine Colette kennt sie wie der Vogel und der Fuchs und erfrischt sich an ihnen. Und als sie einige Jahre später gebeten wird, einen Text über ein sprudelndes Mineralwasser zu schreiben, da ist es ganz natürlich, daß sie sich an die flüchtigen Wasser erinnert, deren Geschmack sie so trefflich analysiert. »Ich kam mit dem Glockenläuten in die erste Messe. Aber nicht ohne daß ich mich vorher gesättigt hätte, nicht ohne daß ich vorher in den Wäldern wie ein jagender Hund einen großen Kreis beschrieben und von dem Wasser zweier verlorener Quellen gekostet hätte, das ich wunderbar fand. Die eine schoß aus der Erde wie eine kristallene Konvulsion, wie ein Schluchzen und formte sich ihr sandiges Bett; kaum geboren, gab sie wieder auf und verschwand in der Erde. Die andere, fast unsichtbare Quelle ringelte sich wie eine Schlange durch das Gras, ergoß sich heimlich in eine Wiese, wo allein eine Gruppe blühender Narzissen von ihrer Gegenwart zeugte. Die erste Quelle schmeckte nach Eichenblättern, die zweite nach Eisen und

PERRIER-WASSER

Es ist weniger unangenehm, ein Glas minderwertigen Wein zu trinken, als einen Schluck schales Wasser hinunterzuwürgen. An der Qualität des Wassers schult unser Gaumen seine Empfindlichkeit. Die Subtilität, die man braucht, um die verschiedenen ›Wassersorten‹ einschätzen zu können — die Liebe, die ich für den Wein hege, hat sie entwickelt.

Wir Freunde des guten Weins trinken das gesunde Wasser außerhalb der Mahlzeiten und aus großen Gläsern. Ich liebe Wasser beim Aufstehen, Wasser am Nachmittag, Wasser um Mitternacht, das uns nach dem Theater oder nach dem Kino die Kehle herunterrieselt, das Wasser der Ferien, das heitere Wasser des Picknicks an provenzalischen Küsten ... All diese Wasser sind ein und dasselbe Wasser, gut gekühlt und illuminiert von Luftblasen, wenn sie mit natürlichem Gas versetzt sind, das einem beim Trinken die Nasenlöcher und Augenbrauen befeuchtet ...

Vom Boden eines großen Bechers wallen und steigen die Erinnerungen auf. In meiner Heimat, die früher kein Trinkwasser besaß, trank man im Sommer das dunkle, oft stinkende Wasser aus den Zisternen, während fünfhundert Schritte entfernt ein ungenutzter Schatz nicht gefaßter Quellen floß, die mit einem kleinen Blubbern aus dem Unterholz ans Licht traten, sich ein Bett bahnten, sich verloren, um zum Nutzen irgendeiner steinigen Fabrik wiederaufzutauchen ...

Das aktive Wasser, das ich jetzt zu trinken gewohnt bin, habe ich erst viel später kennengelernt. Kaum hatte ich davon gekostet, war mir sein Name schon wieder entfallen, und ich wußte am nächsten Morgen nicht, wie ich es bestellen sollte.

— Also Herr Ober, Sie wissen schon, was ich sagen will ... Ein Wasser, das einem entgegenspringt, wenn man die Flasche öffnet ... Ein Wasser, das lacht. Ein Wasser, das im Mund wie ein Glas Champagner ist und das wie mit Nadeln sticht.

— Ah, ich verstehe, sagte der Ober.

In der Tat, er hat sich nicht getäuscht und brachte mir eine Flasche PERRIER-Wasser.

Werbebroschüre für Perrier-Wasser

DAS »IN KLEINEN WELLEN ZITTERNDE, WARM UND KALT UNTERMISCHTE« QUELLWASSER DES TEICHES DER GUILLEMETTE.

COLETTE, DER »GOLDSCHATZ«, MIT FÜNF JAHREN.

Hyazinthenstengeln ... Ich will keine großen Worte machen, aber ich wünschte mir, daß ihre Süße in dem Augenblick, wo alles zu Ende geht, meinen Mund erfüllte und daß ich diesen imaginären Schluck mit mir hinübernähme ...« (Sido, 1929)

Aber wenn »Wasser für den Durst gut ist, so ist Wein je nach Qualität und Lage ein notwendiges Stärkungsmittel oder Luxus und Glanzpunkt jeder Mahlzeit«. Der Hauptmann, Colettes Vater, bildete ihren Geschmack, indem er sie, weil man logischerweise vom lieblichen zum herben Wein übergeht, einen Süßwein probieren ließ, »ein volles Likörglas eines goldfarbenen Weines aus seiner südfranzösischen Heimat: den Muscat de Frontignan« — und das im Alter von drei Jahren! *Ein Sonnenblitz, ein wollüstiger Schock, Illumination neuer Nervenfasern! Diese Initiation machte mich für immer des Weines würdig.«* (Prisons et Paradis, 1932)

Später nimmt der großherzige und idealistisch gesinnte Mann sie mit auf seine Wahlreisen, wo sich Gegner und Parteigänger beim Umtrunk ganz unvermeidlich wieder versöhnen: »Das war ein schönes Leben für mich.«

»Darf das kleine Fräulein auch einen Fingerhut von dem Glühwein haben? Wie bitte, einen Fingerhut voll? Ich hielt dem Wirt das Glas hin, und als er den Krug zu schnell absetzte, befahl ich ihm: ›Bis zum Rand bitte!‹ und weiter: ›Sehr zum Wohl!‹ Ich hob den Ellenbogen, trank auf einen Zug, knallte das leere Glas auf den Tisch, putzte mir mit dem Handrücken den Zuckerschnurrbart weg und sagte, indem ich mein Glas wiederum in die Nähe des Kruges plazierte: ›Das tut gut, komme, was da mag!‹ Schließlich hatte ich gute Manieren.« (La Maison de Claudine, 1922)

SCHULUNG DES GESCHMACKS. Auch Sido trug das Ihre zu dieser Erziehung bei und ließ ihre Tochter von ihrem zehnten bis fünfzehnten Lebensjahr zum Vesperbrot die berühmten alten Weine probieren, die noch aus der Zeit ihres ersten Mannes, des »Wilden Junkers«, eingegraben und konserviert in dem trockenen Sand des Kellers lagerten, seit man im Jahre 1870 den ersten preußischen Soldaten zu Gesicht bekommen hatte. »Meine Mutter hatte Angst, ich könnte bleichsüchtig werden, weil ich zu schnell wuchs. So grub sie, eine nach der anderen, die Flaschen aus dem Sand, die unter unserem Haus so alt geworden waren, in einem Keller — er ist gottlob heil geblieben —, der in Granit gehauen war. Noch heute beneide ich, wenn ich nur daran denke, das privilegierte Kind von damals. Wenn ich aus der Schule kam, trank ich zu meinem durchaus bescheidenen Kotelett, dem kalten Hühnerschenkel oder einem jener harten Käse, die unter der Holzasche sehr schön »durch« geworden waren und die man mit einem Faustschlag wie eine Glasscheibe zerschlagen mußte, einen Château-Larose, einen Château-Lafite, einen Chambertin oder Corton, die anno 70 den Preußen entgangen waren. Einige Weine waren übergegangen, ausgeblichen und strömten nur noch den Duft von verwelkten Rosen aus ... Die meisten jedoch hatten ihr verhaltenes Feuer und ihre stärkende Wirkung bewahrt. Es war eine schöne Zeit!

Aufs Feinste habe ich den väterlichen Keller Krug für Krug ausgetrocknet ... Meine Mutter verkorkte die angebrochene Flasche wieder und sah auf meinen Wangen den Abglanz der edelsten französischen Weine.« (Prison et Paradis, 1932)

Diese ländliche Vesper, diese kleinen Mahlzeiten voller unerwarteter Süße für den, dem solch nachmittäglicher Im-

DIE MILCHMÄDCHEN VOM BAUERNHOF TOURAILLIER LIEFERN DIE FRISCHE, LEICHT BLÄULICH GEFÄRBTE MILCH.

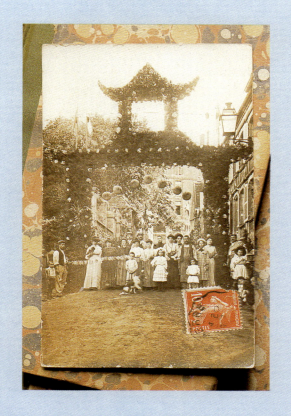

OBEN: DIE PREISVERTEILUNG AUS *CLAUDINE À L'ÉCOLE*, UNTER DEM VORSITZ DES BÜRGERMEISTERS UND DEPARTEMENTSABGEORDNETEN DR. MERLOU.
COLETTE ERZÄHLT, WIE IM JAHRE 1890 ANLÄSSLICH DER EINWEIHUNG DER NEUEN SCHULE IM GANZEN DORF »DAS UNTERSTE ZU OBERST GEKEHRT WURDE«. DIE BEWOHNER WETTEIFERTEN MITEINANDER IM VORZEIGEN DES SCHÖNSTEN STRASSENSCHMUCKS UND ERRICHTETEN VERGÄNGLICHE TRIUMPHBÖGEN AUS BLÄTTERN UND ZARTFARBIGEN GIRLANDEN AUS SEIDENPAPIER.
UNTEN: DER ZU JENEM ANLASS ERRICHTETE, CHINESISCH INSPIRIERTE TRIUMPHBOGEN VOR COLETTES ELTERNHAUS.

biß den Inbegriff der Leckerei bedeutet, formen Tag für Tag ein Geschmacksorgan, das sich übertriebenen Gelüsten versagt und sich den ursprünglichsten, einfachsten, reinsten und demzufolge sparsamsten und der Jahreszeit entsprechenden Genüssen zuwendet.

»Eine Scheibe Graubrot, ausladend wie ein Fuß, von einem Zwölfpfund-Laib heruntergeschnitten, die Kruste weggeschnitten, auf dem rauhen Holztisch geknetet und dann in frische Milch eingetunkt; eine dicke weiße Gurke, drei Tage in Essig eingelegt, und ein Hundertgrammwürfel rosiger Speck; schließlich noch ein Krug mit herbem Cidre, direkt aus dem Faß gezapft. Was halten Sie von solch einem Menü? Das ist ein typisches Vesperbrot meiner Kinderzeit. Wollen Sie noch ein anderes? Ein Kanten bemehltes, warmes Brot, ausgehöhlt, in-

RECHTE SEITE: »VON DEM PLÖTZLICHEN SCHATTEN GEBLENDET, ERAHNTE ICH AUF DEM TISCH DAS VESPERBROT. ES WAR DAS NOCH WARME WEISSBROT, VON DEM ICH DIE DUFTENDE KRUSTE ABBRACH, UM DAS WEICHE INNERE AUSZUHÖHLEN UND DAS HIMBEERGELEE HINEINZUFÜLLEN.«
LA RETRAITE SENTIMENTALE, 1907

nen mit Butter und Himbeergelee gefüllt, ein halber Liter schön schwabbeliger Dickmilch, aus dem Topf getrunken; ein Schälchen Erdbeeren.

Drittes Menü: eine Scheibe Brot, groß wie ein Fuß usw. (siehe rechts), darauf fingerdick kalte Feuerbohnen, noch triefend von der Rotweinsauce; ein Körbchen voll Stachelbeeren.

Das vierte, ein Winter- und Herbst-Menü: Champignons, Pfifferlinge, Moospilze, die man in den regenfeuchten Wäldern gesammelt hat, werden kurz in Butter geschwenkt; dazu gekochte Kastanien und ein Apfel. Man kann die Kastanien durch ein paar gute ›Häppchen‹ Schweinefleisch ersetzen.

Eine kleine Vesper für Juli und August gefällig? Bitteschön: Man tunkt ofenwarmes Brot (nur die Kruste) in mundgerechten Brocken in die noch nicht abgeschäumte Erdbeer-Kirsch-Aprikosenkonfitüre, einfach in allen Schaum aller Konfitüren der Saison!« (Prison et Paradis, 1932)

Den Tag über hat ihr auch die Schule verschiedene außergewöhnliche Leckerbissen zu bieten. Im Winter wärmt sich die kleine Colette zwischen den hohen, nicht geräumten Schneemauern die Hände an kochendheißen Kastanien. Im Sommer befinden sich statt der Kastanien zwei Schwalben in der Tasche ihres roten Wettermantels, und wenn sie befreit zu Sido nach Hause zurückfliegen, zeigen sie ihr an, daß ihr »Goldkind« gut in der Schule angekommen ist. Selbst die Schulutensilien bieten ihr eine ganze Palette nicht gerade üblicher Geschmackserlebnisse, je nach den Jahren mehr oder weniger wohlschmeckend und immer zuerst von der »großen Anaïs« ausprobiert, die mit der jungen Heldin Claudine ihren Vorrat an grünen Lindenblüten teilt: *»Gibst du mir etwas davon ab?... Hm, schmeckt das gut! Das ist ja wie ›Coucou‹ [der klebrige Saft der Obstbäume]. Das pflück' ich mir immer von den Linden auf dem Schulhof ab. Und du, was hast du sonst Neues zu bieten?*

Eigentlich nichts Besonderes. Die Bleistifte von Conté kann ich gar nicht mehr vertragen. Dieses Jahr sind sie so sandig, der reinste Schund. Dafür ist das Löschpapier prima. Und zum Kauen — aber ja nicht verschlucken — gibt es die Muster für Taschentücher, die einem von Bon Marché und Louvre zugeschickt werden.

Ach, das sagt mir überhaupt nicht zu... (Claudine à l'école, 1900, dt.: Claudine erwacht)

Claudine-Colette ist nämlich bereits eine Feinschmeckerin und bei der Auswahl ihrer seltsamen Nahrung wählerisch: Vom Zigarettenpapier will sie nur die Marke »Nil« und stiehlt von der Schale ihres Vaters mit den bunten Oblaten nur die weißen, von denen aber gleich eine ganze Handvoll... Während ihre Schulfreundinnen eher Bonbons bevorzugen, wie die kleine Luce, »die für zehn Sous viel zu pfeffrige englische Pfefferminzpastillen ihre große Schwester und einen ihrer Brüder dazu verkaufen würde«.

Diese Entdeckungsfreude gilt allem, was Geschmack hat, und es gibt kein Gewürz, das nicht von ihr ausprobiert worden wäre. Ihre Neugierde reicht über die vier Hauptgeschmacksrichtungen — süß, salzig, bitter, sauer — hinaus, bis zu rohem Kuchenteig, spröden Weinranken, frischem Sauerampfer, zu Lindenknospen und ihrem klebrigen, klaren Saft oder den bitter schmeckenden Zweigen der Weide, die alle ihre Geschmacksnerven »reizen« und den Durst löschen. Colette verherrlicht ihre Kindheit, diese »freie und einsiedlerische Adoleszenz«, in der sie immer damit beschäftigt ist, neue Sinneseindrücke zu registrieren und ihre feinfühligen Antennen auszufahren für alles, »was man sieht und hört, was sich bewegt und was atmet«. Und wir können, da wir gerade gesehen haben, welches Sinnes-

Onze mille quatre
un matinée dimanche.
Et 9600 le soir.
Le reste du temps,
quatre, trois, cinq.
C'est magnifique.
Simone faisait
huit cents. Labruyère
est enchanté. Moi
aussi. Mais, au
vent de jouer
4 fois en deux
jours, ce n'est
donc pas

organ bei ihr den höchsten Stellenwert hat, hinzufügen: für alles, »was man schmeckt!«

Eine Frucht mag ein Sinnbild für diesen Lebensabschnitt der Colette sein: Es ist die »Cornuelle«, die Wasserkastanie. Ihr ganzes Leben bleibt sie diesen kleinen Kastanien, die so indifferent schmecken, treu. »Ich weiß es auch nicht. Ich mag sie einfach ...«, so schreibt sie schon im Jahre 1909 sehr nachdrücklich in ihren Briefen an die Mutter. Alle ihre Angehörigen kannten diese seltsame Vorliebe und wußten, daß ihre liebsten Geschenke, die ihr die meiste Freude machten, Maronen, rohe Moospilze — und eben Cornuelles waren. Raymond Oliver wendet sich an den großen burgundischen Küchenchef Alexandre Dumaine, um ihr diese zu beschaffen, und in ihrem letzten Brief, wenige Tage vor ihrem Tod, bittet sie ihre geliebte Jugendfreundin Claire noch um Wasserkastanien. Die Cornuelle ist für Colette das, was für Proust das Madeleine-Gebäck ist. Sie ist ein Sinnbild für Heimat und Jugend, ihre Seltenheit verstärkt noch die Vorliebe. Ihr Geschmack nach Schleie, den andere nicht nachvollziehen können, bedeutet für sie eine Art Verjüngung. Wenn sie den kleinen Kern dieser Kastanienart ißt, vergißt sie Zeit und Raum und ist ihrer Jugend und den Wohlgerüchen ihrer Heimat ganz nahe. Lange behielt sie das für sich, bis ihre Erinnerungen im Alter von 76 Jahren endlich in eine ihrer schönsten Passagen in *Le Fanal bleu* einfließen.

Colette hat es genau gewußt: Sie gehörte zu einem Land, das sie längst verlassen hatte. Andere Landstriche, andere Gourmandisen erwarteten sie. Überall versuchte sie sich mit Hilfe verschiedener Gegenstände eine Art Nest zu bauen, die sie nur zu dem Zweck auswählte, sich in jeder neu erkundeten Gegend ein Stückchen des Paradieses ihrer Jugend zu erhalten, das sie eigentlich längst verloren hatte.

LINKE SEITE: DIE KOSTBAREN »CORNUELLES«, DIESE »STACHLIGEN UND KITZELNDEN KASTANIEN«, AUF EINEM MIT SPITZE UMRANDETEN BRIEF.
UNTEN: COLETTE ÖFFNETE DIE SPERRIGEN SCHALEN DER »WASSERNÜSSE« MIT HILFE EINES KRÄFTIGEN TASCHENMESSERS AUF EINER STEINSTUFE VOR DEM ELTERNHAUS.

LES MONTS-BOUCONS
1900-1905

MIT ZUGESCHNÜRTER KEHLE. Am 15. Mai 1893 heiratet Colette den Pariser Journalisten Henry Gauthier-Villars, genannt »Willy«, der vierzehn Jahre älter ist als sie. Von nun an lebt sie an der Seite dieses berühmten und etwas abenteuerlichen Mannes in Paris. Er verkehrt in den intellektuellen und musikalischen Kreisen von Paris und führt sie außerdem in die literarischen Salons der Hauptstadt ein. Nachdem der Reiz des Neuen verflogen ist, warten große Enttäuschungen auf die junge Frau, denn nur sechs Monate nach ihrer Heirat erfährt sie durch einen anonymen Brief von der Untreue ihres Mannes. Eine Welt bricht für sie zusammen: Sido und die vertrauten Schlupfwinkel des Gartens, des Dachbodens, des Waldes sind nicht mehr da, um sie zu trösten, und auch ihr neues Eßverhalten spiegelt diese ungute Situation in aller Schärfe wider.

Das Frühstück, die erste Mahlzeit des Tages, findet von nun an in einer unpersönlichen Atmosphäre statt, die sich deutlich von der mütterlichen Wärme und der Morgenschokolade unterscheidet, mit der Sido sie stets verwöhnt hatte. Jetzt verläßt sie gegen halb neun Uhr morgens die »schamlose« Wohnung und erreicht »nach zehnminütiger Fahrt ein mehr als bescheidenes Café, wo sich die Ausfahrer der ›Belle Jardinière‹ wie wir ihr Croissant in eine malvenblasse Schokolade eintunken«. »Ich fand es ganz natürlich, mit leeren Taschen zu leben, genau wie vor meiner Heirat. Es kam mir auch nicht der Gedanke, daß ich vielleicht besser leben könnte. Nach der lila Morgenschokolade ging ich in meine triste, schwarzgetäfelte Wohnung zurück und gab mir keine Rechenschaft darüber ab, daß ich zu verkümmern begann, ich, das starke Mädchen, das in dem Überfluß aufgewachsen war, den das Land auch den Armen darbot, den Liter Milch zu zwanzig Centimes, Früchte und Gemüse, das Pfund Butter zu vierzehn, 25 Eier zu sechsundzwanzig Sous, Nüsse und Kastanien ... In Paris hatte ich keinen Hunger.« (Mes Apprentissages, 1936)

Colette fühlt sich von Gott und der Welt verlassen, schließt sich in ihr unwirtliches Zimmer ein, verliert den Appetit und wird krank. Dann wieder flüchtet sie sich in viel zu reichliches Essen. Ihre Ernährung ist völlig unausgewogen, Süßigkeiten und Nüsse ersetzen das Fleisch: »Immer ein kurzes Mittagessen, rosa gebratenes Fleisch für meinen Mann, viel zu süße Horrormahlzeiten für mich.« »Die vielen Bananen machen mir das Leben erträglicher. Ich kaufe sie überreif und lasse sie ein wenig faul werden, dann sind sie wie der liebe Gott, in Hosen aus Liberty-Samt! Fanchette findet, daß es nicht gut riecht.« (Claudine à Paris, 1901)

Neue Freunde erkennen ihre verfahrene Situation und kommen zu ihr, um sie zu trösten. Madame de Caillavet, die berühmte Freundin von Anatole France, bringt ihr »in ein Zimmer, in dem alles wahllos, lieblos und unbequem war«, ausgesuchte Geschenke an ihr Krankenbett, die sie erquikken sollen: »Eine Ananas, Pfirsiche, ein großes Halstuch, das um eine Bonbontüte geknotet war«. Marcel Schwob, der sie »Lolette« nennt, bringt ihr seine Bücher wie echte Leckerbissen mit, »damit sie sich vorstellen kann, sie äße einen Käse aus Sizilien«. Paul Masson, der Spaßvogel aus der Bibliothèque nationale, »der melancholische und zugleich drollige Gast«, verbringt viele Stunden an ihrer Seite. Erstarrt wie ein schläfriger Salamander, lutscht eine bleiche Colette Bonbons, knabbert Salzmandeln und wartet darauf, daß dieser ergebene neue Freund ihr ein Lächeln entlockt. Was Sido betrifft, die nun in Châtillon lebt, würde Colette ihr im Grunde ihres Herzens gern das traurige Geheimnis anvertrauen, aber die Scham sowie die Angst, ihre Mutter vielleicht unglücklich zu machen, halten sie davor zurück. Sie verbirgt ihren Kummer hinter Geschenken, die Sido auf eine falsche Fährte führen sollen. Kakao-Barren von Hédiard, exotische Früchte, chinesischer Tee von Kitaï, das sind die Geschenke barmherziger Lüge: »imitiertes Glück«.

AUFSCHUB. »Du solltest deine Erinnerungen an die Schulzeit zu Papier bringen. Und hab' keine Angst vor kleinen Pikanterien, vielleicht könnte ich etwas daraus machen ... auf

UNTER DEN FÜNF VERFALLENEN STUFEN DIESER »SCHMUCKLOSEN BEHAUSUNG, NICHT OHNE CHARME«, DIE HIER STOLZ IHRE DIRECTOIRE-FASSADE ZEIGT, »SINGT AM ABEND EINE KRÖTE LIEBESTOLL UND AUS VOLLER, PERLENDER KEHLE«.

COLETTE UND WILLY AM TISCH SITZEND: BEGINNENDE
GLEICHGÜLTIGKEIT...

niedrigem Niveau, versteht sich.« Als Willy sich mit diesem Ansinnen an Colette wendet, kann er nicht wissen, daß er damit die vielleicht bedeutendste Tat seines Lebens vollbringt: Er erweckt eine große Schriftstellerin zum Leben. *Claudine à l'école* (dt. *Claudine erwacht*) erscheint im Jahre 1900, und der Erfolg tritt auf der Stelle ein. Willy, der einen untrüglichen Sinn für Publikumswirkung hat, erfindet mit Polaire, um den von Colette geschaffenen Typus zu perfektionieren, das provozierende Tandem der »Twins«, ohne zu ahnen, daß diese karikierte Doppelgängerin, auch was die Ernährung anlangt, das Gegenteil der jungen Colette ist. Denn bar jeder Subtilität liebt die Romanfigur, wie sie sagt, »übergegangenen Käse und Wein ohne Geschmack«.

In ihren ersten Ehejahren zeigt uns Colette ein tristes Gesicht: den Blick gesenkt wie ein geschlagenes kleines Tier. Sie wird immer weniger; Willy lebt auf ihre Kosten, er nimmt ihr all ihre Kraft, ihre Jugend und ihre Liebe. Schließlich läßt er sich dazu herbei, ihr eine Belohnung zu gewähren. »Vor allem, um Colette eine Freude zu machen«, wie er viel später sagt, kauft er im September 1901 mit den Autorenrechten von *Claudine* ein Anwesen im Jura, »Les Monts-Boucons«, wenige Kilometer von Besançon entfernt. Der Besitz, auf einer kleinen Anhöhe gelegen, wird im folgenden Jahr durch den Erwerb eines benachbarten Bauernhofs noch vervollständigt. Der Grund umfaßt nun sechs Hektar. Colette beschreibt »das kleine Gebirge, das mir gehört«, wo es überall göttlich nach Pilzen riecht und nach Äpfeln. »Wie soll ich sagen? Ein wenig nach ... Ein wenig wie gebraten«. Es ist die Sorte »Casamène«.

Ihre Lebensfreude kehrt zurück. Endlich fühlt sie sich wieder irgendwo zu Hause und genießt zum erstenmal seit ihrer Heirat das Glück des freien und einfachen Lebens in der Natur. Sie lernt die Franche-Comté kennen. »So rauh und blühend zugleich, durchschnitten von steinigen Schluchten, die nackt und kahl wie im Winter sind«, wo die »ambrafarbenen Sonnenaufgänge« mit dem »lebhaften Violett« des Abends abwechseln, wo im Frühling die Felder der Kirschbäume »mit den blütenübersäten Zweigen« gleich den Obstgärten des Goldenen Zeitalters die Täler mit einem ins Blaue spielenden Weiß besprenkeln und einen »Duft nach Honig, Knospenfirnis und Terpentin« verströmen, bevor sie im Sommer in verschwenderischer Fülle Früchte darbieten, die ihre ganze Freude sind. Sie trägt eine Schürze mit großen Taschen, einen breitkrempigen Hut aus rosa Cretonne, Lederhandschuhe und an den Füßen bequeme Stiefel. Und sie nimmt wieder ihre liebe alte Gewohnheit auf, durch Feld und Flur zu streifen und von sechs Uhr in der Frühe bis um neun Uhr abends in den Obstgärten herumzuklettern. Sie erinnert sich liebgewordener Gepflogenheiten aus der Kinderzeit und ißt in unvorstellbarer Menge die »auf den Bäumen gekochten« schwarzen Kirschen oder vierhundert Haselnüsse auf einmal, weil sie mit sich selbst gewettet hat, daß sie sie alle an einem Nachmittag verputzt. Die jungen Pilze in den Wäldern, die sie roh zu essen pflegt, sind genauso frisch und jung wie damals jene im Unterholz des Puisaye: »*Ich sitze auf einem Teppich aus Tannennadeln und schäle sorgfältig einen ganz frischen Moospilz; feine Gräser hängen wie Leim an ihm. Er ist feucht und kalt, perlenbesetzt und weich wie die Nase eines Lammes und so verführerisch, daß ich ihn gleich roh esse, anstatt ihn in den Korb zu legen; er*

IN DEN OBSTGÄRTEN DER FRANCHE-COMTÉ.

ist köstlich und riecht nach Trüffeln und Erde ...« (*La Retraite sentimentale*, 1907)

Wenn es schneit, bereitet sie sich aus Konfitüre und Pulverschnee selbst ihr Fruchteis, und als das Wetter wieder schön wird, kauft sie einen kleinen zweirädrigen Pferdewagen und fährt mit ihm die steilsten Wege hinauf. Sie pflückt »ohne anzuhalten und ohne das Pferd zu beunruhigen«, was ihr in den Weg kommt — rote Hagebutten, rasch erspähte Pilze unter einem Schirm aus feuchten Blättern oder wilde Erdbeeren —, und häuft auf dem leeren Sitzplatz neben sich alle gesammelten Köstlichkeiten auf. Wenn es Abend wird, knackt sie die Walnüsse und Haselnüsse auf und »bindet Sträuße aus säuerlichen Elsbeeren«. Willy besucht sie manchmal in ihrem romantischen Refugium, und es scheint so, als hätten sie dort die ruhigsten und glücklichsten Tage ihrer Zweisamkeit verbracht. *»Die Morgenschokolade dampft zwischen uns, und der Ofen bullert. Trotz der englischen Stühle mit den unbequemen Lehnen, trotz der Maple-Anrichten und dem Kirby-Nickel ist das große Eßzimmer gottlob provinziell geblieben, etwas dunkel und sehr seriös: ein einziges Fenster und viele Wandschränke für Alkoholika, Lebensmittel und Konfitüren ... Man muß hier früher mächtig getafelt haben.«* (*La Retraite sentimentale*, 1907)

Krebse, Wachteln, Hasen, Rebhühner, alles Wild der Franche-Comté kommt auf den Tisch, dazu die »Violets«, wohlschmeckende Pilze, die im feuchten Unterholz in Fülle wachsen, Schüsseln voller Himbeeren und Pfirsiche, »gelb und hart, mit einem blutig-violetten Herzen«, dazu ein Landwein, »feurig, gebieterisch und ein Verräter wie alle großen Verführer«. Wir sind weit entfernt von dem skandalumwitterten Bild, das sich ihre Zeit von ihr machen möchte. Nur Francis Jammes versteht Colette wirklich und sagt in seinem Vorwort zu den *Sept dialogues de bêtes* (1905): *»Madame Colette Willy ist eine blutvolle Frau, eine Frau, mit der man Pferde stehlen kann, die es gewagt hat, natürlich zu sein, und die weit eher einer kleinen Provinzlerin gleicht als einer perversen Literatin.«*

Aber Colette ahnt, daß dieses Glück nicht von Dauer sein wird. Diese wenigen Sommer sind eine Galgenfrist und nehmen eines Tages, im Herbst 1905, ein schnelles und unglückliches Ende. Sie muß ihre »Provinz« ihrem verschwenderischen Willy zurückgeben, der sie sofort weiterverkauft: »Jetzt gehört sie weder dir noch mir.«

LINKE SEITE: EIN PORTRÄT COLETTES VON
FERDINAND HUMBERT.
UNTEN: EINES IHRER ARMBÄNDER FÜRS THEATER AUF
DEM RAND EINES OPALENEN SCHMUCKKÖRBCHENS.

ROZVEN

1910-1926

HIRNGESPINSTE. Die Trennung von Willy ist nur noch eine Frage der Zeit; sie findet 1906 statt. Mit dreiunddreißig Jahren muß Colette ein neues Leben beginnen, auf sich allein gestellt, ohne den gesellschaftlichen Hintergrund eines Ehemannes. So beschließt sie, »den Beruf derjenigen zu ergreifen, die keinen haben«: Sie geht zum Theater. Schon Willy hatte ihr diesen Gedanken in den Kopf gesetzt; er hatte ihr ein Trapez und einen Barren gekauft, damit sie ihren gelenkigen Körper trainiere. Ein wenig geschult ist sie bereits durch die Unterrichtsstunden bei dem Schauspieler Georges Wague und schreibt nun selbst Pantomimen: »Le Désir, l'Amour et la Chimère« (Wunsch, Liebe, Schimäre), »La Romanichelle« (Die Zigeunerin), »L'Oiseau de nuit« (Nachtvogel), »Pan« und vor allem »Rêve d'Égypte« (Ägyptischer Traum), ein Stück, das im Moulin-Rouge zum Skandal führt, weil sie darin ihre Partnerin, die als Lesbierin bekannte Mathilde de Morny, Marquise de Belbeuf, genannt »Missy«, küßt. Diese Beziehung wird für lange Zeit Colettes gutem Ruf schaden.

Für die Autorin von *Pur et l'impur* (das Reine und das Unreine) indessen ist gleichgeschlechtliche Liebe keineswegs skandalös, wenn es sich um echte Liebe handelt. Sido hat völliges Verständnis für solche unkonventionellen Ansichten und bezeugt in ihren Briefen die tiefe Zuneigung Missys zu Colette. Sie läßt eine diskrete, sanfte, zuvorkommende Persönlichkeit erahnen, die für Colette starke mütterliche Gefühle entwickelt, die ihrerseits nichts weiter sucht als den Trost zweier Arme — und seien sie auch von Liebe entbrannt ... »*Du suchst in deiner leidenschaftlichen Freundin das Kind, das du nie gehabt hast ... Du hast mir zur Vesperstunde den Rahm von dem kleinen Milchtopf geschöpft, und mein wütender Hunger ließ dich lächeln ... Du hast mir das knusprigste Brot gegeben, und noch heute sehe ich deine in der Sonne transparente Hand erhoben, wie sie die Wespe verjagt, die sich in meinen Locken verfangen hatte ... Deine Ruhe ausstrahlende Heiterkeit wachte über meine Narreteien.*« (*Les Vrilles de la vigne*, 1908)

DIE BLAUE STUNDE. Schon als Colette 1894 wieder genesen war, hatte sie mit Willy und Paul Masson in Belle-Ile-en-Mer »das Salz, den Sand, die Algen, das duftende, feuchte Bett des Meeres, das kommt und geht, die wassertriefenden Fische« entdeckt. Aber erst Missy brachte ihr in der Bucht von Somme die wahren Freuden nahe, besonders das Fischen mit einem den Meeresarm überspannenden Netz, wo die »nachlässige« Flut

LINKE SEITE: COLETTE, GERMAINE BEAUMONT UND DIE HÜNDIN »SOUCI«
VOR DEM HERRENHAUS VON ROZVEN.
NACHFOLGENDE DOPPELSEITE: IN DER FRISCHE DER BRETONISCHEN MORGENDÄMMERUNG
MIT IHREN »SALZDÄMPFEN« DER SANDIGE WEG, DER BIS ANS MEER FÜHRT.

COLETTE MIT MISSY, DEREN GRAZIÖSER VORNAME SO GAR NICHT MIT IHRER »KRÄFTIGEN MÄNNLICHEN STATUR UND IHRER SCHÜCHTERNHEIT« IN EINKLANG STAND ...

den Anglern, die mit langen Stangen auf das Wasser einschlagen, den Steinbutt, die graue Krabbe, die Scholle und die Rotzunge überläßt. Colette postiert sich fachmännisch in diesen breiten Tümpeln, hetzt ihre Meeresbeute »mit ihren eigenen, wundgeriebenen Händen« und begrüßt jeden guten Fang mit einem Jauchzer: »*Oh, das alles sollen wir mit nach Hause nehmen? Das sind ja mindestens fünfzig Pfund!*

Nun, beim Kochen wird das schon zusammenschrumpfen. Dann essen wir heute abend Friture, morgen früh Gratin, morgen abend Fisch im Wurzelsud ... und dann spendiert man noch etwas für die Küche und vielleicht auch für die Nachbarn.« (*Les Vrilles de la vigne*, 1908)

Im Juni 1910 kauft Missy für Colette »Rozven«, ein bretonisches Haus, zwischen Cancale und Saint-Malo gelegen, »an einer heißen, duftenden Küste«, an einem »schwelgerisch schönen Ort, wo abends im Umkreis der Buchten ein Kranz von Leuchttürmen erstrahlt«. Missy möbliert es selbst und schenkt ihr das große Haus aus gefirnißtem Holz, das »zwischen Himmel und Wasser« auf einem Felsen sitzt und in dem es wie in einem Schiff riecht. Es ist ein Abschiedsgeschenk. Colette hat den Mann kennengelernt, der schon bald ihr zweiter »Herr und Meister« sein wird. Es ist der Chefredakteur des *Matin*, der verführerische, brillante Politiker Henry de Jouvenel, zärtlich »Sidi« genannt. Colette behält ihr Haus in der Bretagne, verbringt ihre Zeit hier aber jetzt mit ihren Freunden — Hélène Picard, Germaine Beaumont, Claude Chauvière, Francis Carco, Léopold und Misz Marchand — und mit ihrer neuen Familie, den Jouvenels. Hier »gegen alle moralischen Anwürfe durch eine gewisse Gleichgültigkeit und körperliche Begehrlichkeit, die dem Aggressor gar keine Chance gibt«, gefeit, wird sie sich jeden Sommer bis 1925 der »marinen Trunkenheit«, dieser »glücklichen Verblödung«, diesem »gnadenlosen Freiheitsdurst der Ferien« hingeben. »*Herrliches Wetter. Alle Kinder braten am Strand. Die einen bräunen sich auf dem trockenen Strand, die andern schmoren im Wasserbad in den flachen, warmen Tümpeln.*« (*Les Vrilles de la vigne*, 1908)

Sie sammelt Muscheln, diese »unverwelkbaren Blumen mit den perlmuttrosa Blütenblättern«, legt die Schlupflöcher der Garnelen mit einem Netz aus, geht zum Angeln, badet im perlenden Meer, schläft müde auf dem Felsen ein, die Wange »auf dem elastischen Blütenmeer« des Feldthymian, der dort in runden Büscheln blüht, gewiegt von dem »dumpfen Donnern der Wellen, die sich an der Steilküste brechen«. In dieser besonderen Atmosphäre des Sommers 1920 hat Colette ein Abenteuer mit ihrem Stiefsohn Bertrand de Jouvenel, der ihr von seiner Mutter zu treuen Händen, »zu seiner Pflege und zu seinem Unglück« anvertraut worden war, ein Abenteuer, das die Schriftstellerin in *Le Blé en herbe* (dt. *Erwachende Herzen*) aufarbeiten wird. Die Bitterkeit einer gewissen Orangeade, die Phil, dem jugendlichen Helden, von der »Weißen Dame«, seiner Lehrerin in Liebesdingen, angeboten wird, wird erst viel später zu spüren sein ...

Um die Mittagszeit machen sich Groß und Klein, von der Luft berauscht, auf den Weg zum Haus. Mitten auf dem Tisch ein Klumpen gesalzene Butter und darum der ganze gastronomische Reichtum dieses »angeblich so armen Landes« gruppiert. Als ersten Gang bietet Colette häufig bretonische Schweinspasteten mit herbem Cidre an, Würste aus Vire in der typischen schwarzen Haut, die nach Rauch und Wachs und nach dem Kamin riechen, in dem sie lange gehangen haben. Es folgen Krustentiere, die sie persönlich aus den Kästen der

EIN AUGENBLICK DES TRÄUMENS UND DER TRÄGHEIT AUF DEM MÄUERCHEN DER TERRASSE

COLETTE BETRACHTET DEN MILCHIGEN HORIZONT DES BRETONISCHEN MEERES MIT DER BLAUGRÜNEN FÄRBUNG.

Fischer ausgewählt hat: tiefblau gefärbte Hummern, Langusten und Garnelen, Meeresspinnen, Taschenkrebse mit ihren »wolligen Rückenpanzern«, alle fett und frisch und von bester Qualität, die sie ohne besondere Saucen, ganz schlicht in dem guten Salzwasser serviert, das aus ihren Körpern fließt. Die Schellfische, Lippenfische, Steinbutte, Seezungen, Merlane, Thunfische und Rotzungen, alles kräftige, wassertriefende Fische, werden meist in einem aromatischen Wurzelsud auf den Tisch gebracht, der nicht zu stark gewürzt sein darf, damit der besondere Eigengeschmack jeder Fischsorte zur Geltung kommt. Zum Dessert gibt es die typischen Kuchen dieser Gegend: den »Gwastel aman«, den süßen oder salzigen Dreikönigskuchen, »schwer wie ein Backstein«, den »Kouign aman«, die Spezialität aus Douarnenez, oder die »hauchdünnen, zuckerumsponnenen Crêpes«, bei deren Anblick Colette sich immer wieder fragt, welche Zauberhände sie zustandebringen.

Erst 1929 findet Colette diese Art zu leben, »mit der sie so unwahrscheinlich gut zurechtkommt«, wieder, und zwar auf der Insel Costaérès, wohin sie Léopold Marchand an Bord von kleinen Kuttern zu wundersamen Fischzügen mitnimmt. Die Seebarben streiten sich in den Netzen mit dem »Hallodri mit der Rückengräte«, dem »salzigen Edelknaben«. Und einmal muß man, »um ein schreckliches Tiefseemonster«, eine »Crabe-araignée« zu kochen, als Kochtopf eine ausgediente Badewanne verwenden.

Zehn Jahre später, als Colette längst keine Bindung mehr an die Bretagne hat, verspürt sie wieder Lust, »diese Qualität der bretonischen Luft« zu atmen, und mietet sich im »Grand Hôtel de la Pointe des Pois« nahe Camaret ein, »wo sie einen mit Hummern und Fischauflauf bestürmen«: »*Eine kleine Bretonin, stumm und dienstbeflissen, sauber gekämmt, mit flatternden Haubenbändern à la Quimper, hebt die Brauen, als wenn wir sie aus einem hundertjährigen Schlaf aufgeweckt hätten. Aber sofort bringt sie uns den Tee und den perlenden Cidre und die goldbraunen, heißen Crêpes und die makellose, gesalzene Butter, bei der unter dem Messer kleine Perlen von Molke hochspritzen...*« (*A portée de la Main*, 1949)

Während ihrer Ehe mit Henry de Jouvenel lebt Colette ausschließlich an anderen Orten, in anderen »Provinzen«, in einem kleinen Stadtpalais am Boulevard Suchet und im Stammschloß der Jouvenels, in »Castel-Novel«.

CASTEL-NOVEL

1911-1923

LEBEN IM SCHLOSS. Das Schloß Castel-Novel in Varetz, nicht weit entfernt von Brive-la-Gaillarde, gehört der Familie de Jouvenel seit 1844. Colette kommt erstmals im August 1911 hierher und ist dann bis zum Herbst 1923 abwechselnd in der Bretagne und im Limousin in den Ferien. Sie heiratet Henry de Jouvenel am 19. Dezember 1912 und wird so Baronin de Jouvenel des Ursins. Die zahlreichen Freunde des Paares wollen alle mit ihnen feiern, und die Jungvermählten eilen von Déjeuner zu Dîner und von Dîner zu Souper: *»Nun bist du also im siebten Himmel und ißt die schönsten Sachen? Das ist gut so, man braucht in seinem Leben solche Erlebnisse, um sich ihrer zu erinnern, wenn man alt geworden ist.«* (Sido an Colette, 1912)

Schon bald erwartet die junge Frau ein Kind. Die kleine Colette de Jouvenel wird am 3. Juli 1913 geboren. Ihr Kosename ist »Bel-Gazou« (Plaudertasche), weil sie so niedlich plappert. Sie wird im väterlichen Schloß, weitab vom Kriege, von Miß Draper, einer strengen englischen Nurse, erzogen, die lediglich durch ihre Puddings in guter Erinnerung bleibt. Colette begleitet ihren Mann auf seinen Reisen, kommt aber regelmäßig nach Hause, um ihre geliebte Tochter zu sehen, die in den Farben des Limousin erstrahlt. Sie ist »dunkel und glänzend wie ein Oktoberapfel«, und in ihren Augen spielt etwas vom »Reflex der Kastanie, des silbrigen Baumstamms, der schattigen Quelle«. Mit ihrer kleinen schwieligen Hand, die »trocken und auf dem Handrücken etwas rissig ist, vom kalten Wasser und der Sonnenbräune«, paßt sie genau »zu der Prinzessin, die mit nackten Füßen über die Erde stapft«.

Bel-Gazou ist die ganze Freude ihrer Mutter. Am Flußufer pflücken sie Geißbart, Seifenkraut und rosa Hanf und binden sie zu einem »etwas farblosen Strauß in weiß, rosa und lila«. Dort, wo »der Pfad, von der Minze silbern überhaucht, eine Spur von Düften«, entlangführt, am Waldrand, wo es unter den hochstämmigen Bäumen intensiv nach Pfifferlingen riecht, wo blühende Linden und Kastanienbäume und ein blendendes Bad aus Licht, warmem Gras, den Gerüchen nach Tierstall und Gemüsegarten sie einhüllt: dort ist das Bauernhaus. Hier finden sie sich alle Tage um vier Uhr ein, um die warme, schäumende Milch zu trinken: *»Milch von der braunen Kuh, mit goldenem Schaum, im blankgeputzten Becher, den wir dem Stallhirten reichen. Die gespren-*

AUCH DIE HOHEITSVOLLE ATTITUDE VON CASTEL-NOVEL, »DIESEM EPHEMEREN, IN DER FERNE VERSCHWIMMENDEN SCHLOSS«, VERMOCHTE NICHT, AUS COLETTE EINE SCHLOSSHERRIN ZU MACHEN. STETS AKTIV, PRESSTE SIE MIT EINER BÄUERIN AUS DER NACHBARSCHAFT DIE BUTTER ZWISCHEN ZWEI MANGOLDBLÄTTERN UND VERKAUFTE DEN ÜBERSCHUSS AUS DER APFELERNTE AN IHRE FREUNDE.

KLEINE RUHEPAUSE WÄHREND DER WEINLESE.
RECHTE SEITE: DER MIT GEMÜSEN ÜBERLADENE SCHUBKARREN
DES GÄRTNERS CÉPAST.

kelten Birnen färben sich gelb, der harte Pfirsich kehrt dem heißen Wind seine dunkle Wange zu. Laß uns unterwegs Estragon, Thymian und Salbei zerbröseln, schneiden wir, um dem großen Saal hinter den festverschlossenen Fensterläden die Ehre zu erweisen, die königliche Blume ab, blau wie die Flamme des Alkohols, die voll erblühte Artischocke ...« (*Les Heures longues*, 1917)

Wenn sie zurückkommen, empfängt sie Monsieur Cépast, der alte, achtzigjährige Gärtner, der immer noch im Dienst ist, der gräbt und beschneidet, ausastet, recht und hackt und dabei mit klarer Stimme singt, mit einem frisch gepflückten Rosenstrauß. »Hinter ihm sah man einen gepflegten Gemüsegarten, sauber geschnittene Hecken, und die Luft trug uns den Geruch von frisch gegossener Erde, von gerade geernteten Salatköpfen und Schnittlauchbündeln zu. ›Die Körbe mit den Erbsen kommen morgen auf den Markt‹, sagte der alte Gärtner. ›Und die hier sind für den Tisch.‹

Er reichte uns einen Korb mit rosa Radieschen und schwarzen Kirschen, zwischen ihren metallischen Blättern erstarrte Artischocken; außerdem Erdbeeren und Spargelstangen, die mit einer Weidenrute zusammengebunden waren: sein Werk.« (*Les Heures longues*, 1917)

Colette ißt leidenschaftlich gern rohen Schnittlauch und Knoblauch — von dem ihr nur sechs Zehen pro Mahlzeit erlaubt werden, »vielleicht, weil es die andern geniert« —, außerdem mit Pfeffer und Zwiebelkraut angemachten Frischkäse, die Specksuppe der Bäuerin, abends die Fleischbällchen mit der »harten Füllung«, Enten- und Gänsebraten und natürlich Foiegras und Confit, im eigenen Fett eingelegte Enten und Gänse, mit denen sie Marguerite Moreno noch viele Jahre lang versorgen wird.

Da die Männer im Krieg sind, hilft sie den Weinleserinnen, den jungen Wein zu keltern, »so herb im Mund wie ein Fluch«. Die guten älteren Weine werden zu einem opulenten Mittagessen serviert, das im Schatten von Schilfmatten eingenommen wird. Auf einem naturfarbenen Tischtuch hat eine bäuerliche Hand das Orange der Kürbisblüten mit dem Blau der Prachtwinden und kleinen Zweigen mit grünen Eicheln kombiniert. Eine Gemüsesuppe, die »Winzersuppe«, eröffnet das imposante Defilee deftigster Fleischarten: gekochtes Huhn, Fleischklößchen, gebratene Ente, fetter, durchwachsener Speck, Lammschulter mit Knoblauch, Ochsenrippe mit Gemüseeintopf, eingelegtes Kalbfleisch und, um den Mund zu reinigen, saftige Feigen, rotfleischige Melonen oder große, reife Trauben, deren »geradezu sinnliche Süße« Colette bereits im Laufe des Vormittags vorgekostet hat; sie gesteht, daß sie dem »Übel der Weinlese« verfallen sei, wonach man von vier geernteten Körben einen aufessen muß ...

Nachdem er vor Verdun tapfer gekämpft hat, beginnt für Henry de Jouvenel eine steile politische Karriere. Zuerst wird er Senator der Corrèze, dann, im Jahre 1932, französischer Botschafter in Italien, nachdem er im dritten Kabinett Poincarés bereits Minister für Bildung, Kunst und technisches Schulwesen gewesen ist. Auch auf seine Frau kommen jetzt Repräsentationspflichten zu. Colette unterzieht sich dieser Aufgabe in ihrem neuen Stadtpalais am Boulevard Suchet, wo sie offizielle Essen im Kerzenlicht zu geben pflegt, ausgesprochen gern. »*Ich nahm es klaglos hin, daß ich bei den Männergesprächen eine Randfigur war. Meine Hausfrauenpflichten machten mir Freude, ich fühlte mich den Frauen auf dem Lande verwandt, die die Männer bedienten, wenn sie von der Feldarbeit nach Hause kamen. Mit leichter*

HENRY DE JOUVENEL: ELEGANTER »SIDI«, ZÄRTLICH, EIFERSÜCHTIG, CHOLERISCH.

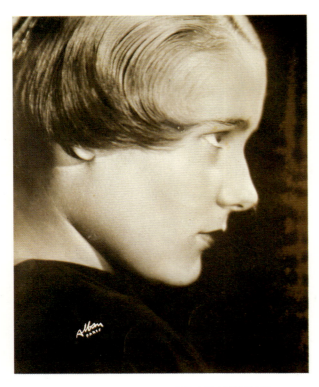

»MEINE TOCHTER IST EINE LILIE, MIT EINEM TEINT
WIE DIE MORGENRÖTE.«

Hand tranchierte ich die brutzelnde Hammelkeule in der braunen Tonschüssel, ich tauchte den großen Löffel für die Gänseleber in den Topf mit heißem Wasser, ich schnitt die Erdbeertorte auf, und mit dem Kaffee kamen immer gleichzeitig die heißen Tassen auf den Tisch ... Ab und zu spendierten mir die Gäste ein Lächeln, ein ›Bravo für die Lammkeule!‹ oder ein ›Endlich ein Haus, wo der Kaffee heiß serviert wird!‹«
(*Trait pour Trait*, 1949)

Überall hat sie viel Hauspersonal zur Verfügung, sei es am Boulevard Suchet, sei es in Castel-Novel oder auch in den Ferien in Rozven, wohin ihr der ganze, vorwiegend aus dem Limousin stammende Troß folgt. Léontine Tassard, eine Perle unter den Köchinnen, wird nicht müde, aus der klassischen Küche des ausgehenden 19. Jahrhunderts die Rezepte auszuwählen, die dem Gaumen jener Politiker schmeicheln könnten, die sich für Colettes Geschmack allzu oft »zu diesen unsäglichen Herrenessen treffen, dem Schrecken aller Ehefrauen, dem geheimpolitischen Einheitsfraß, der Freimaurerei der Mäuler ...« Edouard, der Maître d'hôtel des Hauses, deckt die Tafel mit Damast und der gestickten Baronskrone und mit dem blankgeputzten Familiensilber, das Colette immer benutzt. Er arrangiert die Buketts mit den Blumen, die Colette ihm mitbringt, und fügt sie harmonisch zu dem Limoges-Service mit den zarten blauen Blumen, das das Ehepaar zur Ausstattung seiner drei Häuser ausgewählt hat.

GEHEIME GÄRTEN. Um sich von den immer zahlreicher werdenden gesellschaftlichen Verpflichtungen zu erholen, legt sich Colette einen geheimen Garten zu, im Wortsinn wie im übertragenen Sinn. Neben ihren kleinen Fluchten in die Bretagne, ins Limousin und in die Schriftstellerei schafft sie sich hinter ihrer Stadtvilla am Boulevard Suchet ganz nach ihren Vorstellungen einen Hafen des Friedens, einen Garten, in dem Rosenstöcke, Heliotrop und Rhododendron unter einem Laubengang wachsen, der von einer Glyzinie mit zartlila Rispen umsponnen wird. Dieser beschützt auch ihre Schatzkammer, ein Kräuterbeet voller aromatischer Pflanzen: »samtiger Salbei«, »Kürbis mit scharfrandigen Blättern«, »Bienen-Melisse«, die sie ihren Freunden als angenehm duftende Buketts schenkt, wobei diese sie mit diesen Gaben aus dem Garten, »diesen wunderbaren Pflanzenhaaren« identifizieren.

In der Stille ihres Boudoirs, das sie sich im ersten Stock eingerichtet hat, geht sie zur Ablenkung einer alten Beschäftigung nach, die sie von Jugend an interessiert hat: der Herstellung von Cremes und Schönheitslotionen. Sie spielt sogar mit dem Gedanken, ein Geschäft zu eröffnen und darin ihre eigenen Kosmetikserien anzubieten. Und sind nicht Rezepte für die Küche und Rezepte für die Schönheit für Colette ein und dasselbe, diese gütige Fee, die von sich sagt, daß sie »einen Hang zu verführerischer Chemie« und »von Kindesbei-

RECHTE SEITE: COLETTE, DIE »GUTE ZAUBERIN«.
FOTOGRAFIERT VON LIPNITZKI.
UNTEN: COLETTE IN IHREM KRÄUTERGARTEN AM BOULEVARD SUCHET.

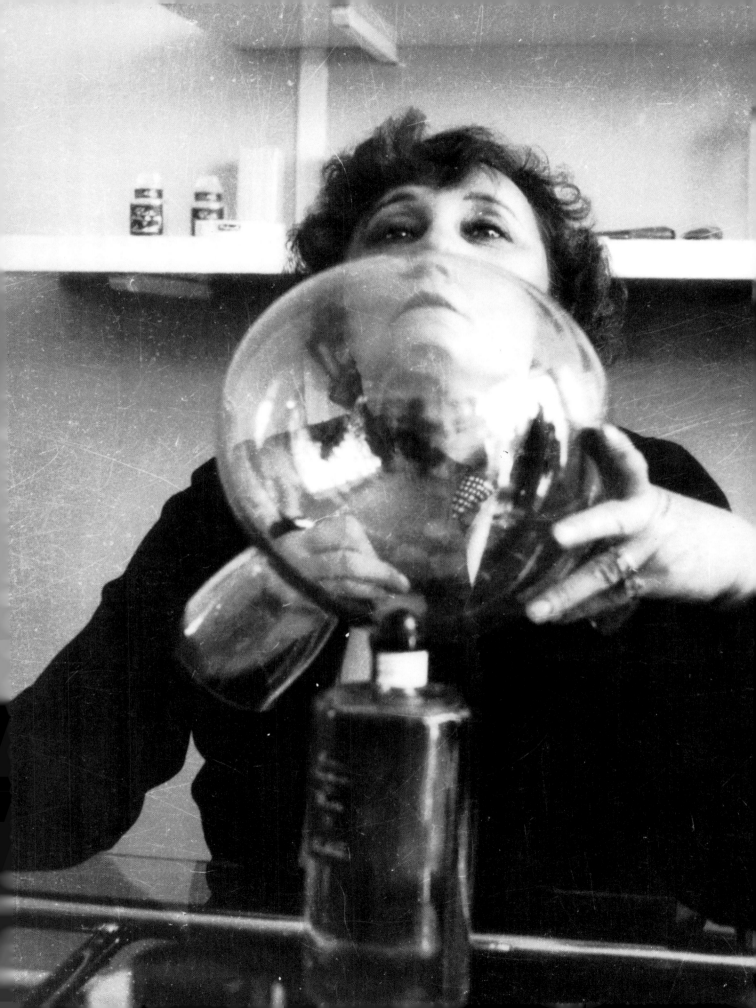

nen an eine Schwäche für die heilende Magie auf bäuerlicher Basis« habe und gern damit herumlaboriere? (Colette in *Vogue*, 1928)

Schließlich arbeitet sie mit einem kosmetischen Labor zusammen und bringt nach vielen Versuchen und strenger Auswahl eine Kosmetikserie mit wohlklingenden Namen auf den Markt: die Gesichtswässer »Rose« und »Aprikose« sowie »Engelshaut«, und ein anderes nennt sie sehr viel urwüchsiger »Hoppla«. Die Cremes heißen »Ich nähre«, eine Nährcreme mit Rosenwasser, »Coldcream« und eine andere »Turmalin-Paste«. Die Lippen leuchten in »heiterem Rot«; deutlicher noch als »Liebesapfel« das elektrisierende »Rouge furioso« oder auch »Gestohlene Kirschen«. Die Augenlider schminkt sie »Gewitterblau« oder »Pfauenblau«, während die Wangen unter der zarten Puderauflage »Schönes Wetter« ein Make-up mit exotisch klingendem Namen wie »Graue Perle«, »Rosa Kaktus«, »Amadou«, »Althea« oder »Malve« erhalten. Für ein makelloses Make-up empfiehlt sie den »unvergleichlichen Spezialpinsel Katzenpfötchen«. In einer kleinen, in Rot und Schwarz gebundenen Broschüre gibt sie ihren Kundinnen vernünftige Ratschläge für Körperhygiene und Schönheitspflege, die den Ratschlägen heutiger Hautspezialisten zum Verwechseln ähnlich sind, und das fünfzig Jahre im voraus! Jedoch erst mit ihrem dritten Ehemann, Maurice Goudeket, kann sie ihre Wünsche realisieren und am 1. Juni 1932 eine eigene Boutique in Paris, in der Rue de Miromesnil 6, eröffnen. Denn auch ihre zweite Ehe ist zum Scheitern verurteilt: Zwei starke Persönlichkeiten und zwei Karrieren stehen einander im Wege. Colette mit ihrer nicht einfachen Vergangenheit beansprucht für sich eine Freizügigkeit in Wort und Tat, die sich nicht mit der Rolle einer sich unterordnenden, diskreten Gattin vereinbaren läßt, wie es die Stellung ihres Mannes eigentlich erfordert. Mit der Zeit beginnt sie dem politischen Ehrgeiz von Henry de Jouvenel zu schaden. Zudem ist er der unverbesserliche Verführer geblieben und kann keinem amourösen Abenteuer widerstehen. 1921 vertraut Colette ihrer besten Freundin an, daß sie nur noch ein »Chorus ist, der zwischen Allegro und Lamento schwankt«.

Es wird nun höchste Zeit für sie, die Provinz zu wechseln, denn ihr ganzes Leben verläuft nach dem Wahlspruch: »Eine Frau hat so viele Vaterländer, wie sie glückliche Lieben hat.« Maurice Goudeket errät das und führt sie weit weg vom Puisaye ihrer Kindheit, der Franche-Comté von Willy, der Bretagne von Missy und Bertrand de Jouvenel und dem Limousin des Henry de Jouvenel in eine sonnige Region, die sie während ihrer Theater-Tourneen zwar kennengelernt, aber nie richtig erforscht hat: in die Provence.

GEGENÜBERLIEGENDE SEITE, LINKS:
WIDMUNG COLETTES FÜR IHRE TOCHTER BEL-GAZOU.
GEGENÜBERLIEGENDE SEITE, RECHTS:
BRIEF HENRY DE JOUVENELS AN COLETTE.
GEGENÜBERLIEGENDE SEITE, UNTEN:
DAS ZUBEHÖR FÜR DIE TAFEL DER JOUVENELS:
TELLER MIT BLAUEM STREUBLUMENMUSTER,
WAPPENBESTICKTES TISCHTUCH UND TAFELSILBER MIT
DER EINGRAVIERTEN BARONSKRONE.
COLETTE BENÜTZTE DIESE AUSSTATTUNG
IHR LEBEN LANG.

LA TREILLE MUSCATE

1926-1938

EINE LYRISCHE PROVINZ. Maurice Goudeket hatte einen holländischen Vater und eine französische Mutter und ist der Sohn eines Amsterdamer Diamantenhändlers. Der Zufall will es, daß er Colette im April 1925 begegnet. Weil er literarisch interessiert ist, dabei ruhig und kultiviert wirkt, wählt sich Colette »den Burschen Maurice«, den »feschen Typ mit einer Haut wie Satin« zum neuen Lebensgefährten. An seiner Seite findet sie die Heiterkeit und Ergebenheit, die sie die Jahre des »Abendsternes« besser überstehen lassen; sie kann sich ganz ihrer Arbeit widmen. Sie heiraten zehn Jahre später, am 3. April 1935. Colette ist 63 und Maurice Goudeket 46 Jahre alt. Schon als sie sich 1925 zum ersten Mal begegnen, lockt er sie in die Wärme des Midi, und 1926 erwirbt Colette nach dem Verkauf von Rozven eine kleine Liegenschaft bei Saint-Tropez, zwei Hektar groß. Sie besteht aus einem Weingarten, einem Kieferngehölz, einem Orangenhain und einem Hausgarten mit einem bescheidenen provenzalischen Häuschen, das alsbald »La Treille Muscate« getauft wird, nach dem Stumpf eines Weinstocks von Muskattrauben, »dessen strammer Wanst bläulich das Tageslicht widerspiegelt« und es sich in den Kopf gesetzt hat, den Brunnen »mit seinem Namen und seinen Ranken« zu bedecken. Bis 1938 verbringt Colette hier mindestens drei Monate im Jahr.

»Um es zu finden, mußte ich mich erst von dem kleinen mediterranen Hafen lösen, von den Booten der Thunfischer, den flachen bonbonrosa, lavendelblauen, lindgrünen Häusern, von den Straßen, in denen es nach Melonen, Nougat und Seeigeln riecht.

Ich habe es an einer Straße gefunden, die von Autofahrern gefürchtet wird, hinter dem banalsten Gartentor. — Aber dieses Tor wird vom Kirschlorbeer überwuchert, der dem Passanten netterweise durch die Gitterstäbe hindurch Blumenbuketts überreicht, die vom provenzalischen Staub überpudert sind, so weiß wie Weizenmehl, feiner als der feinste Blütenstaub ...

Zwei Hektar Weinland, Orangenbäume, Feigenbäume mit grünen und solche mit schwarzen Früchten; und wenn ich

LINKE SEITE: COLETTE 1928, FOTOGRAFIERT VON CECIL BEATON.
UNTEN: DIE »TREILLE MUSCATE«, EIN KLEINES, NIEDRIGES HAUS HINTER EINER EINGANGSHECKE AUS ALTEN MIMOSENSTRÄUCHERN.

DIE DREI »UNZERTRENNLICHEN«, WIE GELACKT AUSSEHENDE GEMÜSE.

sage, daß Knoblauch, Paprika und Auberginen zwischen den Weinstöcken und den Furchen des Wingerts in Fülle vorhanden sind, habe ich dann nicht alles gesagt?« (*Prisons et Paradis*, 1932)

Diese lyrische Provinz in Gold und Blau, rötlich schimmernd, »festgefügt und wild«, ist bereits die ihre. Daß sie sich in der Provence niederläßt, hat wenig mit ihren anderen Umzügen zu tun. Hier knüpft sie wieder an ihre väterlichen Wurzeln an und sieht sich mit einer bisher unerforschten Seite ihrer Herkunft konfrontiert: Vergessen wir nicht, daß ihr Vater, der Hauptmann, aus Toulon stammte! Mit Verve beginnt sie, sich in ihrer neuen »Provinz« einzurichten. Sie läßt eine Veranda anbauen, auf der sie im Sommer schlafen kann, und plant besonders sorgfältig die Anlage des Gartens. Zum Ärger des Gärtners Etienne, der an die schnurgeraden Beeteinfassungen gewöhnt war, »so gerade wie ein Grill für Koteletts«, beginnt sie, alles umzumodeln, und vertraut lieber dem Charme von Bogen und Krümmung, »um einen Garten zu bekommen, wo man alles pflücken, alles essen, alles liegenlassen und wieder beginnen kann«. Wenn es sein muß, wird sie zum »Gärtner, Terrassenbauer, zum schwimmenden Fisch und auch ein bißchen zur Köchin«, gräbt schon morgens vor acht Uhr die Erde um, um die große Hitze zu vermeiden, und bringt mit dem gleichen Arbeitseifer ihren Garten in Schwung, wie sie mit einer schönen Manuskriptseite verfahren würde: »*Die Tomate, an Stäbe angebunden, wird wie tausend Äpfel glänzen, wenn sie sich im Juni purpurn färbt, und sieh nur, wie viele Liebesäpfel, violette Auberginen und gelbe Pfefferschoten ganz altmodisch dicht zusammengepflanzt, mein bürgerliches Eiland bereichern werden ...*« (*Prisons et Paradis*, 1932)

Unter ihrer Fürsorge badet ihr Garten frühmorgens in »Kaskaden von Tau«, wird in der Dämmerung mit Quellwasser besprengt, wird zum irdischen Paradies, das »im Blütenzauber explodiert«. Die drei »unzertrennlichen« Gemüse, die Paprikaschote, die Aubergine, die Tomate, grün-, violett- und rot-lackiert, runden sich genau wie der glatte Kürbis. Der wilde Wein streckt seine »Hörner« aus. Knoblauch und Zwiebeln, die Hochgeschätzten, recken »ihre Lanzen« inmitten einer verschwenderischen Blumenfülle. »*Sachte, lieber Garten, sachte! Vergiß nicht, daß du mich ernähren mußt ... Zwar will ich dich geschmückt, aber mit Gemüse. Ich will dich blühend, aber nicht mit diesen verzärtelten Blumen, die ein Sommertag, der von Heuschrecken schwirrt, verwelken läßt. Ich will dich grün, aber zum Teufel mit Palme und Kaktus, diesem zähen Grünzeug, diesem trostlos falschen monegassischen Afrika! Daß doch die Sandbeere neben der Orange sich entzünde und die Brandfackel für das violette Feuer sei, das meine Mauern emporzüngelt: für die Bougainvillea. Und zu ihren Füßen sollen Pfefferminze, Estragon und Salbei sich emporrecken, hoch genug, daß die pendelnde Hand ihre Blätter zerreiben und sehnsüchtige Düfte freisetzen kann. Estragon, Salbei, Minze, Bohnenkraut und auch Pimpinelle, die du mittags deine rosa Blüten öffnest und sie drei Stunden später wieder schließt, ich liebe euch alle um eurer selbst willen, aber ich zögere nicht, euch für Salat und Hammelkeule und für pikante Saucen zu verwenden: Ich beute euch aus.*« (*Prison et Paradis*, 1932)

Die Gemüse des Midi sind ihre Lieblingsgerichte: milde, weiße Zwiebeln, Auberginen à la »Karagheuzienne«, der »dämonische Basilikumtopf«, purpurne Tomaten, zarte Artischocken oder »harmlose« kleine Salatplatten. Was die Kräuter angeht, »man darf sie nicht beim Namen nennen, man muß sie singen ...« Der Tisch ist auf der Terrasse unter der Glyzinie oder im Schatten des Feigenbaumes gedeckt und bietet Krapfen mit Auberginenfüllung, Anchovis-Torte, Reis mit kleinen Krabben, gefüllten Skorpionfisch, Ravioli nach Art der »Mère Laponi«, ihrer Hausangestellten, »ein Huhn auf einem Feuer aus Fenchelkraut und Rosmarin gegrillt«, Spießchen mit »allerlei Köstlichkeiten, abwechselnd ein Scheibchen Leber, ein Scheibchen Speck, ein Lorbeerzweiglein, ein Pilz, ein Stückchen Lammleber, ein wenig Speck«. Auch die Mittelmeerfische haben ihren Platz auf der Tafel. Sie werden von Julio, dem Fischer aus Saint-Tropez, mit der Harpune

EINE BÜSTE COLETTES ALS FAUN.

DER DUFT SOLCHER ÜPPIGEN OBSTSCHALEN VERLOCKTE COLETTE, IHREN NACHMITTAGSDURST ZU STILLEN.

erlegt. Jeden Tag »Glockenschlag fünf Uhr« bringt er ihr den »roten Skorpionfisch, die achatbraune Krake, die ›Girelle‹ mit der azurblauen Bauchbinde, den furchterregenden ›Engel‹ mit Schultern wie ein Mensch, die rasselnde Languste und die Makrele« vorbei, die sie entweder »einfach aus dem Handgelenk« oder mit allen Finessen der Kochkunst mit reichlich Öl und Knoblauch zubereitet. Manchmal läuft sie auch schnell in den Lebensmittelladen um die Ecke und deckt sich mit Trockenfisch und »Rouille«, mit gefüllten Sardinen oder Cannelloni ein.

»Knoblauch gehört bei mir zu jeder Mahlzeit.« Bei Tisch steht neben ihrem Teller eine Untertasse mit Knoblauchzehen, die sie zwischen den einzelnen Gängen knabbert, und auch in der Hafenkneipe, wo man ihre Gewohnheiten kennt, wird ihr Knoblauch in ganzen Kränzen gebracht. Sie ißt davon, was das Zeug hält, und stopft den Rest für den Rückweg in ihre Tasche. Diese Gewohnheit hat Colette nicht erst im Süden angenommen. Zu ihrer Rechtfertigung behauptet sie, daß »ein Burgunder mehr Knoblauch konsumiert als jeder Provenzale«. Colette gesteht, daß sie »mit tödlicher Sicherheit« jeden Knoblauchgeruch wahrnimmt, daß sie »schon zunimmt«, wenn sie »Knoblauch nur ansieht«. Sie achtet darauf, daß ihre Briefe nach Knoblauch riechen, und erfindet eine neue Höflichkeitsfloskel für die Briefe an ihre Freunde, die sie »mit Knoblauch aus der Provence« herzlich umarmt. Wenn sie tagsüber vor oder nach dem Bad ein Hungergefühl überwinden will, macht sie sich ein »Knoblauchbrot« zurecht. Solche mit Öl getränkten Brotkrusten mit Knoblauch und Salz sind ihre ganze Wonne. Ihre maßlose Vorliebe für Knoblauch bezeugt, daß sie tief im Landleben verankert ist, daß sie den Austausch mit den einfachen Menschen vom Lande pflegt, von denen es jahrhundertelang verächtlich hieß, daß sie nach Knoblauch riechen. Auch alle anderen Gewürze aus der Familie des Allium — Zwiebel, Lauch, Schalotten usw. — hießen übrigens im Mittelalter »Armeleute-Gewürze«.

DER CLAN CANNEBIER. Die »Treille Muscate« ist auch der Ort, wo sich Freunde und Hausgäste treffen. Ihre Freunde, die sie ihren »Clan Cannebier« nennt, sind Francis Carco und Paul Géraldy — Colette pflegt mit ihnen grünen Tee zu trinken —, die Schauspielerin Simone Berriau und die Maler Luc-Albert Moreau, »ein Freund wie ein seltener Jahrgang, ganz Traube, ganz Bouquet«, und Dunoyer de Segonzac. Diese »Duzfreunde des Regenbogens« sind ihre privilegierten Partner für die »Lustpartien«. Sie treffen sich am Strand von Camarat, wo sie ›tierisch‹ viel essen, sie machen Ausflüge in den Forêt du Dom, gruppieren sich abends um das mechanische Klavier von Mélanie oder faulenzen spätnachmittags bei einem ganz speziellen »Tee«, den Colette im Schatten der Glyzinie unter dem Feigenbaum oder unter dem Kirschbaum serviert. Weißwein aus ihrem Weingarten ersetzt

nämlich das übliche warme Getränk, und ihre Freunde ergötzen sich statt an zierlichen Petitsfours an großen Mandelkuchen und gewaltigen Schnitten von einem Dreipfundsbrot, mit Knoblauch und reichlich Olivenöl der feinsten Sorte beträufelt. Ein Korb mit Früchten steht auch immer auf dem Tisch, um den Durst ihrer Gäste zu löschen: runde Kürbisse, Melonenviertel wie Mondsicheln, zerteilt, saftige blaue und goldfarbene Weintrauben, violette Pflaumen, Orangen, »aber nicht irgendwelche«, Pfirsiche von der Sorte »Venusbrust«. Doch ihre Lieblingsfrucht ist und bleibt die »zweijährige Feige«, silbrig vom Salz des Meeres, in der Abenddämmerung unter dem Baum verzehrt, von der sie die verschiedensten Sorten kennt: »*Die grüne Gelbfleischige, die Weiße mit rotem, die Schwarze mit rotem Fleisch, die Violette mit rosa Fleisch, das bis ins Malvenfarbene spielt, und die eine besonders zarte Schale hat.*« Sie ermuntert ihre Freunde besonders, »*die zweijährige Feige zu probieren, deren Honigsüße in den schönsten Stunden des Sommers heranreift, die den nächtlichen Tau aufsaugt und mit ihrem Auge grün und lila weint, eine einzige Träne aus köstlichem Harz, um einem den Augenblick ihrer Vollendung anzuzeigen.*« (*Flore et Pomone*, 1943)

Auch den Wein aus eigenem Anbau trinken sie miteinander. Colette wacht über die Lese und entscheidet selbst über die passenden Mischungen. Sie keltert jedes Jahr zwischen 1200 und 2500 Liter Wein, vor allem Rotwein, jedoch auch einige Ballons »ambrafarbenen« Weißwein und »johannisbeerrote« Rosé-Weine, Ratafia-Liköre, Marc sowie einige Flaschen aus Muskattrauben gewonnenes Eau-de-Vie. Die verschiedenen Traubensorten des Midi sind ihr längst kein Ge-

OBEN: COLETTE DECKT DEN TISCH IM SCHATTEN DER AKAZIE.
UNTEN: MAURICE GOUDEKET, DER »BESTE ALLER FREUNDE«.
RECHTE SEITE: LICHTREFLEXE AUF DEN FENSTERLÄDEN.

heimnis mehr, unter all diesen prallen Trauben unterscheidet sie mit großer Sicherheit die ovale Beere der »Olivette«, »zwischen Malve und Veilchen«, die »rosig-runde Clairette«, den »luxuriösen Picardan« und die »weißgoldene« Muskattraube, die alle der Stolz ihres kleinen Weingartens sind. Der Umzug der Winzer ist ein »heidnisches« Schauspiel, dessen sie nicht müde wird …

Aber die alte Handpresse, die dabei durch die Straßen und zum alten Hafen von Saint-Tropez transportiert wird, wo man dem Passanten ein Glas des neuen Weines anbietet, ist auch der Auftakt für die Rückkehr nach Paris. Zuweilen kommt Colette zurück, um Weihnachten in der Provence zu feiern. Dann pflegt sie die Christmette in Les Beaux zu besuchen und verbringt den Weihnachtsabend in einem Gasthaus, wo es Pissaladière (eine Art Pizza, belegt mit Zwiebeln, Oliven und Anchovis, Anm. d. Ü.), Reis mit kleinen Krabben und Perlhühner gibt und wo kandierte Maronen als Beigabe zu Walnüssen und Haselnüssen der Alpilles gereicht werden, alles serviert auf einem festlichen Tischtuch mit winterlichen Stechpalmen und den ersten zaghaften Rosen.

Die Strecke Paris–Côte d'Azur, dieses »natürliche, leichte, fatale Gefälle«, führt sie bis zur »letzten Franse« Frankreichs, läßt sie »zwischen den sich zuneigenden Rümpfen zweier Schiffe, die von der Dünung geschaukelt werden, in ein orientalisches Meer hineingleiten«. Colette teilt die Strecke mit Umsicht in Etappen auf und verweilt nur bei den großen gastronomischen Namen: bei Alexandre Dumaine in der »Côte d'Or«, in Saulieu, wo es nur ihrer Katze »La Chatte« erlaubt ist, mit ihr am Tisch zu speisen, oder in Vienne, im Restaurant »La Pyramide«, wo sie dem imponierenden und warmherzigen Freund Fernand Point ins Gästebuch schreibt: »Dies ist nun wirklich das letzte Mal, daß ich in der Pyramide zu Mittag esse! Und wieso? Die warmen Würste sind deliziös, die Forelle rosig, die Poularde zergeht auf der Zunge, der Wein perlt, das Gebäck trifft einen ins Herz, und das mir, die ich abnehmen will!!! Hier sieht man mich nicht wieder!«

Zu ihrem Leidwesen sieht sich Colette 1938 gezwungen, ihre Provinz Saint-Tropez aufzugeben. Die Neugierigen, aufmerksam gemacht durch eine Ansichtskarte mit der Aufschrift »Villa von Colette«, beginnen immer lästiger zu werden. Von nun an wird es für die Schriftstellerin nur noch eine einzige »Provinz« geben, das Palais-Royal.

LINKE SEITE: DIE HÖLZERNE TÜR IM HINTEREN GARTEN
ÖFFNET SICH ZU COLETTES LETZTER PROVINZ,
DEM PALAIS-ROYAL.
UNTEN: PFIRSICHE UND MANDELN,
VON LUC-ALBERT MOREAU IN DER TREILLE MUSCATE GEMALT,
EIN GESCHENK FÜR COLETTE.

DAS PALAIS-ROYAL

1938-1954

DIE LETZTE PROVINZ. Colette zieht 1938 in die erste Etage in der Rue de Beaujolais 9 um und bleibt hier bis zu ihrem Tod im Jahre 1954. Die belastende Geschichte des Palais-Royal mit dem Aufzug der revolutionären Schatten hat mit dieser Entscheidung nichts zu tun. Colette läßt sich in dieser »seltsamen Wüste« nieder, weil sie in dem viereckigen, geschlossenen Binnenhof, wo man wohnen kann, »fast ohne jemals das Haus zu verlassen«, vertraute und angenehme Bewohner vorfindet, auf die sie sich verlassen kann, eine »Koalition von Freunden«, eine »Provinz« im besten Sinne des Wortes. Eine Nachbarin besorgt ihr »gekochte Birnen«, die Besitzerin des Bistrots gegenüber »zwei gefüllte Crêpes«, und alle haben zutrauliche und sehr liebenswürdige Gesichter. *»Sie haben wieder eine Provinz gefunden?« werde ich gefragt. Gottlob ja, die Provinz Paris verschließt sich ihren Liebhabern nie, die sie zu entdecken, wenn nicht gar zu erschaffen wissen.« (Mélanges, 1949)*

Um weiterhin ein Haus auf dem Lande zu haben, erwerben Colette und Maurice Goudeket 1938, sofort nach dem Verkauf der Treille-Muscate, ein »Lusthäuschen«, »Le Parc« in Méré, nahe Montfort-l'Amaury, »einem kleinen, altertümlichen Städtchen voller Charme«. Aber der Krieg überrascht sie, und das Haus muß bald wieder verkauft werden. Colette trauert ihrem »unvergleichlichen« Garten nach, hat aber noch Zeit, dort die Prinzessin de Polignac, ihre gute Freundin, zu empfangen. Pauline, ihre Köchin, hat uns beschrieben, wie die Tafel beim Besuch der Prinzessin gedeckt war: Die Teller standen auf einer blau-goldenen Filetdecke, die über ein tiefblaues Tafeltuch gebreitet war, und wurden von frischgepflücktem, schneeweißem Weißdorn aus dem Wald gekrönt. Die Prinzessin, beeindruckt von dieser Harmonie, fragte, wer die Tafel dekoriert habe, und Colette in ihrer Bescheidenheit und um die treue Hausangestellte in den Augen der Prinzessin auszuzeichnen, antwortete: »Das war Pauline«.

PERSONEN AUS DEM ALMANACH. Die treue Pauline ist heute 89 Jahre und lebt nur noch ihren Erinnerungen an die Schriftstellerin. 1916 kam sie vierzehnjährig in die Dienste der Familie Jouvenel in Castel-Novel, um Bel-Gazou zu betreuen und Miss Draper bei der Hausarbeit zu unterstützen. Als sich das Ehepaar trennte, blieb sie bei ihrer Herrin. Sie besitzt einen gesunden Menschenverstand, bleibt achtundvierzig Jahre in ihrem Dienst, führt ihr tadellos den Haushalt und legt immer Wert auf ländliche Schlichtheit. Die dankbare Colette verewigt sie in einer ihrer Romanfiguren.

Während langer Streifzüge durch den nahen Wald auf der Spur eines seltsamen Pilzes, den sie als »Algen-Moos-Trüffel« bezeichnet, macht Colette die Bekanntschaft einer weiteren »Figur aus dem Almanach«. Es ist Madame Gaduel, die dem »Frisepoulet« und dem »Bon-Dieu« ihrer Kindheit würdig ist. Wie eine »Dryade«, wie die »Jägerin des grünen Königreichs«, die sich den Wald von Rambouillet als »Heimat« und als »Speicher« erwählte, hatte Madame Gaduel die Gewohnheit, schon vor Tau und Tag an versteckten Plätzen zu schürfen, die nur sie kannte. Mit über achtzig Jahren hatte »das reizvolle Blau ihrer Augen, die nichts sahen als den Wald, nichts von seiner Sehkraft eingebüßt«.

Mit den wechselnden Jahreszeiten füllte sich ihr Holzgestell vom Markt in Montfort-l'Amoury im Frühling mit Veilchen, wilden, »lila geäderten« Anemonen, mit Hyazinthen und Maiglöckchen, im Herbst mit Fingerhut, Haselnüssen, Blaubeeren, Schlehen und dem zarten Rapunzelsalat. Im Sommer hängte sie sich »um Schenkel, Hals und Hüften

COLETTES LIEGESTATT, UMGEBEN VON LAUTER VERTRAUTEN
GEGENSTÄNDEN, BEWACHT VOM »FANAL BLEU« (BLAUE LAMPE):
BLUMEN, STICKARBEIT, BÜCHER UND PAPIERE IN
GRAZIÖSER UNORDNUNG.

DER ZU EHREN DER PRINZESSIN POLIGNAC BLAU IN BLAU
GEDECKTE TISCH IN MONTFORT-L'AMAURY.

eine Girlande aus kleinen, leeren Körben«, die sie mit dunkelroten Walderdbeeren füllte. An solchen Tagen genügte ihr magere Kost, »die man nicht im Laden kaufen konnte«, da pickte sie »herrenlose Samen und Früchte auf«, da verschlang sie »eine große Brotschnitte, dick mit Erdbeeren belegt«, und war wieder die kleine Colette, das Naturkind, »die Königin der Erde« ...

DIE KLEINEN BÄUERINNEN. Colette flüchtet für ein paar Monate zu ihrer Tochter nach Curmonte in die Corrèze, kehrt aber wieder nach Paris zurück, weil sie »daran gewöhnt« ist, ihre »Kriege in der Hauptstadt zu überstehen«. Dort aber wird die Ernährungslage schnell zum Problem. Colette hat das Glück, zwei junge Frauen kennenzulernen, Thérèse Sourisse und Yvonne Brochard, die »kleinen Bäuerinnen«, die ihr zusammen mit Renée Hamon, »dem kleinen Korsaren«, und einigen anderen Personen Lebensmittel beschaffen können. Es beginnt die Zeit des Schwarzmarkts. Diese Freundschaft mit den Bäuerinnen aus Nantes, die ihr der Himmel geschickt hat, entwickelt sich zu einer wahren »Entente commerciale«. Sie ernennt die beiden zu ihren »Furiermeistern«, zu »Verpflegungsengeln«, zu »Nährmüttern«, deren Pakete ungeduldig erwartet und mit überschäumender Begeisterung begrüßt werden. Mehr als zweihundert Briefe beschreiben dieses Epos der Lebensmittelbeschaffung. Colette ermutigt die Frauen, die beide ihren Beruf aufgegeben haben, um sich der Natur zu widmen, ihr oft zu schreiben, denn ihre Briefe seien für sie, die damals schon durch eine Hüftarthrose ans Bett gefesselt ist, wie »ein Wink mit dem Fächer«, wie ein Stück »ihres Gartens und ihres Lebens auf dem Lande«. Die Schriftstellerin sieht die beiden auf der Schwelle eines Königreichs, das früher ihr gehört hat.

In dieser schweren Zeit läßt die immer großzügige und um das Wohl ihrer Nächsten besorgte Colette ihre Leserinnen von ihrer reichen Erfahrung profitieren und gibt ihnen in *De ma fenêtre*, einem Buch, das 1942 erscheint, viele kulinarische Ratschläge. Sie empfiehlt die Wiederentdeckung aller natürlichen Ressourcen, die wir so leicht aus dem Gedächtnis verlieren. *»Was, lieber Leser, kann man nicht alles erfinden oder wiederbeleben, um Ihre und meine Mahlzeiten mit geringen Mitteln zu bereichern! ... Welche Köchin läßt denn heutzutage die sauer gewordene Milch verkommen? Ich vermische sie mit Pfeffer, Salz und Zwiebel und nenne sie ›Fontainebleau 41‹; sie ist sehr viel milder als die meisten Yoghurts. Oder ich verarbeite sie in einem Omelette, das davon prächtig aufgeht.«*

PAULINES HOCHZEIT. Die Zuteilung der Lebensmittel zog sich noch einige Jahre nach dem Ende des Krieges hin, aber auch in diesen entbehrungsreichen Zeiten gab es kleine Wunder. Ein solches war die Heirat von Pauline im November 1945. Ihr Hochzeitsessen war für ihre Familie und natürlich auch für Colette ein unverhofftes Festmahl von zwei Tagen, das in aller Heimlichkeit in der Backstube eines Bäckers stattfand, wo eine Tafel für fünfundzwanzig Gäste gedeckt war. Pauline hat uns erzählt, wie bei diesem pantagruelischen Gelage die verschiedenen Gänge im Bäckerofen — so schnell zur Hand wie im Mund — vor sich hinköchelten. Alle Verwandten aus den verschiedensten Gegenden Frankreichs hatten ein nahrhaftes Geschenk mitgebracht: Lammkeulen aus der Charente, Hühner aus der Corrèze, Schinken vom Schwarzmarkt, Weißbrote und massenhaft Gebäck, für das nicht weniger als vier Kilo Butter erforderlich waren! Colette gestand, daß ihr die Tage danach außerordentlich fade erschienen und daß vor der Hochzeit ihrer unübertrefflichen Chefköchin alles verblaßte.

RECHTE SEITE: COLETTES SAMMLUNG VON GLÄSERNEN BRIEFBESCHWERERN, GLÄSERNEN SPAZIERSTÖCKEN UND »LUDIONS«, GLASFLASCHEN MIT EINER INKORPORIERTEN FIGUR, DIE IM WASSER SCHWIMMT UND AUF- UND ABSTEIGEN KANN: »WAS NUTZLOS IST, IST AUCH FAST IMMER UNERSCHÖPFLICH.«
UNTEN: DER RUNDWEG UM COLETTES HAUS IN MONTFORT-L'AMAURY: EINE LINDENALLEE, DIE VON VIERHUNDERT GLYZINIEN GESÄUMT IST.

EINE FREUNDSCHAFT AUS DEM BEAUJOLAIS. Eine weitere Möglichkeit, dem täglichen Einerlei zu entfliehen und dem Charme eines gastlichen Hauses auf dem Lande, das von sympathischen Menschen bewohnt war, zu erliegen, bot sich Colette bei der Begegnung mit Madeleine und Jean Guillermet. Jean Guillermet (1893–1975) war Buchhändler in Villefranche-en-Beaujolais. Er war Humanist und Menschenfreund, der die Kunst und die Natur liebte und beschlossen hatte, den Winzern des Beaujolais in ihrer Notlage zu helfen. Er ermutigte sie, die Qualität ihrer Weine zu verbessern, und begann einen regelrechten Kreuzzug für die Anerkennung dieses Landstrichs. Seit 1930 machte er sich in allen nationalen, später auch internationalen Winzergenossenschaften zum Sprecher des Beaujolais, und mit befreundeten Winzern und Weinhändlern wie Claude Geoffray und Léon Foillard kreierte er eine neue Appellation, die zu einem großen geschäftlichen Erfolg wurde: den »Beaujolais nouveau«.

Seine feinsinnige, sehr kultivierte und intelligente Frau, Madeleine Guillermet (1887–1978), wirkte im Hintergrund an seiner Seite und empfing jeden Besucher mit großer Herzlichkeit. Eines Tages griff sie zur Feder, um Colette ihre langjährige Bewunderung zu gestehen und sie einzuladen, sich in ihrem Haus in Limas zu entspannen. Die Schriftstellerin lehnte die Einladung aus Gesundheitsgründen ab, ließ aber, indem sie um Fotos des Hauses, seiner Bewohner und auch des Gartens bat, ihr Interesse durchblicken, wenigstens auf diese Weise »ein schönes Plätzchen, von netten Leuten bewohnt«, kennenzulernen. Schließlich traf man sich mehrfach in Paris, in Monte Carlo und in Uriage, bis Colette nicht mehr widerstehen konnte. Im September 1947 macht sie den ersten Besuch bei den Guillermets. Das ganze Haus stellt sich auf ihren Lebensrhythmus ein; man gönnt ihr schweigend ihre Ruhe und läßt ihr doch freundlichste Fürsorge angedeihen. An dem alten kleinen Schreibtisch im Zimmer Madeleines schreibt sie an den letzten Kapiteln des *Fanal bleu*, und im Schatten des Mammutbaumes im Garten von Limas, eingewiegt vom Murmeln der wunderbaren Quelle, die seitdem »Colette-Fontäne« heißt, beschreibt sie in dem Text *Beaujolais 1947* die Weinlese an den Hängen von Brouilly: »*Als die großen Tore heruntergelassen waren, schien der neue Wein wie in einer Höhle ausgesetzt zu sein, und von der hohen Decke warf er mir ein eisiges Pluviale aus unbewegter Luft, dem göttlichen Schmuddelgeruch von zerstampften Trauben und ihrem Zischen und Brodeln über. Auf hundert Meter war das Gewölbe mit Lampen bestirnt; über den Rand der Bottiche verdichtete sich in langen Schlieren der rosa Schaum. Ein Gespann von Apfelschimmeln, im Halbschatten bläulich verschwimmend, kaute unverdrossen heruntergefallene Trauben. Die Seele des neuen Weines, so schwer, kaum geboren, noch unrein, vermählte sich mit dem Dampf der feuchten Pferde.*« (*Le Fanal bleu*, 1949)

Diese Freundschaft, die der Wein prägte, steht und fällt mit der Frau des Hauses. Jeden Morgen, wenn Made, die auch eine exzellente Köchin ist, das Frühstück bringt, bespricht sie mit Colette das Menü des Tages. Beide verstehen sich auf Anhieb, denn sie haben die gleiche Erinnerung an eine einfache, freie Kindheit auf dem Lande. So kommt es zu langen Gesprächen, die sich bei Tisch oder beim Goûtillon, der Vesperzeit um vier Uhr, erst richtig entfalten, wo der kräftige Duft des Weines, »frisch und rot wie Himbeeren«, wo das »Blut mit Fruchtgeschmack« sich mit den Fleischwürsten in der Farbe von altem Bordeaux und mit der

OBEN: DAS BERÜHMTE OPERNGLAS AUF DEM MANUSKRIPT VON *LA JUMELLE NOIRE*.
LINKE SEITE: COLETTES BEHÄLTER FÜR IHRE SCHREIBGERÄTE.

fädenziehenden, überbackenen Zwiebelsuppe vermischt. Wenn die ganze Familie versammelt ist — Made, zärtlich die »Guillermette« genannt, Jean, »le grand Danois des cristalleries« (der große Däne aus der Kristallfabrik), die Tochter Susanne, »Suzon« genannt, der Sohn Claude, der »kleine Page«, der uns all diese Details erzählt hat, und nicht zuletzt »Vizou«, die goldbraune Siamkatze —, hören alle fasziniert zu, wie Colette weit ausholend, so poetisch wie scharfsinnig über die Feinschmeckerei spricht.

Wenn Colette nach Paris zurückgekehrt ist, fangen die Guillermets wieder an, Pakete zu schicken. Beaujolais-Wein und Lebensmittel — Hechtklößchen, Kapaune, Enten, Zervelatwürste — werden begeistert in Empfang genommen, »weil sie so herrlich dem Gaumen schmeicheln«. Diese herzerwärmende Freundschaft ist eine glückliche Abwechslung im Leben von Colette, das bereits von der schmerzhaften Arthrose überschattet ist. Alle im Hause beschützen sie wie einen Schatz. Claude Guillermet, der damals als jugendlicher Zeuge zu ihrer Rechten am Tisch saß und von ihr fasziniert war, hatte die Freundlichkeit, uns gegenüber sein Schweigen zu brechen, und er hat uns in langen und spannenden Gesprächen manches anvertraut. Dafür gebührt ihm unser Dank.

LE GRAND VÉFOUR. Die Menschen, die im Palais-Royal mit Colette Umgang haben, lieben alle das gute Essen. Jean Cocteau, der seine alte, unbequeme Wohnung im Zwischenstock hat, besucht sie sehr oft; er kommt und verschwindet wieder »wie ein Leuchtkäfer«. Es ist kaum bekannt, daß der Verfasser der *Parents terribles* (dt. *Nein, diese Eltern*) die Kunst des Kochens hochschätzt und die großen Küchenchefs für Genies hält.

Mit Emmanuel Berl und Maurice Goudeket trifft man sich täglich gegen 13 Uhr in einem Restaurant, das in der Gastronomie Geschichte gemacht hat. Es ist das »Grand Véfour«, das berühmte Restaurant des 19. Jahrhunderts, das um die Jahrhundertwende in Vergessenheit geraten war und das Yvette und Raymond Oliver gerade übernommen haben. Die neuen Nachbarn hegen eine grenzenlose Bewunderung für die Autorin von *Sido*, und eines Tages faßt sich Raymond ein Herz und klopft an ihre Tür. Ihr burgundischer und sein gascognischer Akzent mischen sich bald in endlosen Gesprächen über Küchenrezepte, und sie sind sich sofort sehr sympathisch. Wenn Colette ihn zu sehen wünscht, kritzelt sie ein paar Worte auf ihr blaues Briefpapier und schickt Pauline als Botin hinüber. Dann streift Raymond Oliver jedesmal seine Kochuniform ab und eilt die Treppe hinauf, um ihr so manchen Nachmittag Gesellschaft zu leisten. Immer die gleiche kleine Zeremonie eröffnet ihre langen Zwiegespräche: eine Flasche Champagner, und immer ist es ein gut gekühlter Pommery. Dieser Champagner ist ihr Lieblingsgetränk geworden, »wenn eine angenehme Stunde schlägt«, wenn sie sich nach anstrengender Arbeit entspannen will oder wenn es darum geht, einen Geburtstag »würdig« zu feiern. Sie findet es herrlich, »die vergoldete Verschlußkappe« abzureißen, »die Explosion zu hören, die das

LAMPEN AUS PORZELLAN UND EINE SÄCHSISCHE STANDUHR AUS COLETTES BESITZ, VOR EINEM VON SACHA GUITRY SIGNIERTEN PORTRÄT.

ungeduldige Gas befreit«, »zuzusehen, wie aus dem goldenen Wein Blasen, Blasen, Blasen aufsteigen und lachen …« Sie spendiert die »kostbaren Flaschen«, um mit lärmender Freude einen guten Jahrgang mit »hüpfenden Luftperlen« zu feiern.

In *Chéri* klingt das so:

»*Was trinkst du eigentlich, seit du verheiratet bist?* fragt Desmond. ›Kamillentee?‹

›Pommery‹, sagt Chéri.

›Vorher, den Pommery?‹

›Immer Pommery, vorher und nachher!‹

Und im Geiste schlürfte er, wobei er die Nüstern öffnete, den rosenduftenden, moussierenden alten Champagner von 1889, den Léa für ihn ganz allein aufgehoben hatte …«

Um sich diesen »murmelnden Schaum« zu verdienen, muß Raymond Oliver ihr stets einen kleinen Dienst erweisen: Er muß auf allen vieren unter das Bett der Schriftstellerin kriechen, um eine enorme Schokoladendose aus ihrem Versteck zu holen, aus der Colette um so lieber naschte, als es ihr eigentlich verboten war.

Der Küchenchef des »Grand Véfour« pflegte in seiner Küche zuweilen für einige wenige privilegierte Freunde Menüs zu erfinden, die nicht auf der Karte standen und bei deren Zubereitung er stets für Colette mitkochte. Sie dankte ihm jedesmal mit kleinen Elogen, lobte »diesen Schinken, so dunkelrot und durchscheinend, gerade so, wie ich ihn liebe«, oder eine Pastete, »ein Meisterwerk, bei dem die Teighülle, das Innere und die Sauce gleichermaßen wohlgeraten sind«, und ein andermal: »*Lieber Freund, ich verhehle Ihnen nicht, daß wir uns Paulines ewige Bouletten mit dem immer wiederkehrenden Hammel leidgegessen und uns mit Begeisterung auf das bemerkenswerte und so familiäre Cassoulet gestürzt haben, oben krustig, innen saftig-flaumig, eben ein Cassoulet für Nachbarn und Kenner! Vielen Dank, und hoffentlich bleiben Sie uns erhalten!*«

COLETTE UND MAURICE GOUDEKET BEI TISCH IN IHREM KLEINEN ESSZIMMER IM PALAIS-ROYAL, DAS SEIN LICHT DURCH EIN OBERLICHT ERHÄLT.

DER ACHTZIGSTE GEBURTSTAG. Zu Colettes achtzigstem Geburtstag hatte Raymond Oliver die Idee, Curnonsky einzuladen, »den rundlichen Typ voller Esprit«, den »Fürsten der Gastronomen«, der zur Zeit der Schriftstellerin im Alter von zwanzig Jahren »Neger« bei Willy gewesen war. Colette wünschte sich zu diesem Anlaß einen Hasen à la Royale, zubereitet mit 40 Knoblauchzehen und 40 Schalotten. Oliver war aber nur das traditionelle Rezept mit Foie gras bekannt. Er hörte sich um und entschied dann, für dieses Essen, das zwei so große Feinschmecker vereinen sollte, zwei Hasen »royale«, einen »à la Colette«, einen »à la Oliver« zuzubereiten. Die beiden Hasen wurden dann gemeinsam auf die Tafel getragen, und die kleine Runde war hochbeglückt.

Auch die Mitglieder der Académie Goncourt wollten den Geburtstag ihrer Präsidentin würdig begehen, und da sie nicht mehr ausgehen konnte, fanden sich alle bei ihr zu Hause ein. Die Küche des Restaurants Druant stellte ihr Lieblingsmenü zusammen: Marennes-Austern, Coulibiac (eine scharfgewürzte, mit Lachs gefüllte und mit Briocheteig überzogene Pastete, Anm. d. Ü.) vom Lachs à la Russe, Frikassee vom Huhn mit Champagner und Gâteau Quillet.

Viele bedeutende Persönlichkeiten kamen zu Ehren der Schriftstellerin ins Palais-Royal. Maurice Goudeket und Pauline lenkten als freundliche Zerberusse den Besucherstrom in Bahnen, um sie nicht zu sehr zu ermüden. Ein Gast ist besonders hervorzuheben: die Königin Elisabeth von Belgien, die der Schriftstellerin zur Stärkung Honig aus den eigenen Bienenstöcken von Schloß Laeken mitbrachte. Colette äußerte den Wunsch nach »Krieklambic«, einer populären Biersorte aus gekeimtem Weizen und Braugerste, versetzt mit Kirschen aus Schaerbeek, das sie als junge Frau in Brüssel getrunken hatte. Die Königin war über diese mehr als bescheidene Bitte überrascht und schickte ihr schon wenige Tage später die erbetenen Flaschen.

So erfüllte sie einen der letzten Wünsche der Schriftstellerin, die ihr folgendes antwortete: »*Wie froh bin ich, daß ich es gewagt habe, Majestät um den Kriegck-lambic zu bitten, auf den ich ganz versessen war. Wie schreibt man das nun, Kriek oder Cric oder Crick? Ich weiß es nicht, aber er ist es in der Tat, ich erkenne ihn an seiner scharlachroten Farbe, dem rosa Schaum und vor allem an seiner Kraft, die noch trinkfestere Naturen als mich umwerfen könnte. Er ist ein guter Komplize und erinnert an manch populäres Zechgelage. Am Weihnachtstag wird er seinen Platz auf unserem kleinen runden Tisch haben, und er ist es, durch den mir die Königin Elisabeth ›Gesundheit‹ zurufen läßt. Autorisieren Sie ihn zu solcher Ehrenbezeugung, Madame: Er ist so durch und durch belgisch!*«

Colette ließ ihren Kopf zum letzten Mal mit »einer Bewegung von unendlicher Grazie« langsam auf das Kopfkissen sinken. Es war am 3. August 1954. Für uns ist sie das Beispiel einer Frau, die alle Spielarten der Gourmandise durchprobiert hat: Genießerin aus Neugierde, manchmal auch zur Völlerei neigend, war sie stets intelligent genug, Feinschmeckerin zu bleiben. Sie gab sich allen Wonnen des Gaumens hin, doch könnten wir heute nicht ihr Loblied singen, wenn sie es nicht verstanden hätte, sie uns mit so viel Frische, Poesie und Wahrhaftigkeit mitzuteilen.

COLETTE HATTE VON SIDO GELERNT, SICH NACH
DEN VIER HIMMELSRICHTUNGEN ZU ORIENTIEREN
UND WAR WIE IHR VATER, DER HAUPTMANN,
VOM FERNEN FLIMMERN DER STERNE UND IHREN
»SIDERISCHEN WIRBELN« FASZINIERT.
LINKE SEITE: KOMPASS, BAROMETER UND
HIMMELSGLOBUS, DER AUF DEN ABENDSTERN
GERICHTET IST, INMITTEN VON REISEBESCHREIBUNGEN
FERNER LÄNDER.

»Man wird zum Feinschmecker geboren. Der wahre Feinschmecker ist derjenige, der sich an einem Butterbrot ebenso delektiert wie an gegrilltem Hummer, wenn die Butter erstklassig und das Brot gut durchgebacken ist.«

Colette in: *Marie-Claire*, 1939

»Hätte ich einen Sohn zu verheiraten, so würde ich zu ihm sagen: ›Nimm dich in acht vor einem Mädchen, das weder Wein noch Trüffel, weder Käse noch Musik liebt.‹«

Paysages et Portraits, 1958

»VERGNÜGEN,
DIE MAN LEICHTHIN ALS PHYSISCH BEZEICHNET«

Den Geschmack einer Schriftstellerin zu bestimmen, das könnte leicht zu einem Glücksspiel werden. Wie eigentlich ließe sich über ihre unsagbar feinen und zugleich so vergänglichen Sensorien Rechenschaft ablegen? Schließlich gehört viel von dem, was über den Geschmackssinn geschrieben wird, zum Genre der gastronomischen Literatur und ist es nicht wert, daß man es zur »großen, wahren« Literatur zählt.

Colette allerdings wollte von derartigen Vorurteilen nichts wissen. Sie folgte ausschließlich ihrem Instinkt und vertraute sich blind der Wahrheit des Wirklichen an, wie es ihr die Sinne wiedergaben, alles ohne Ausnahme hochentwickelte, intelligente Sinne, die mit Begeisterung und gierig den delikatesten Experimenten ausgesetzt wurden. Colette machte aus ihrem Geschmackssinn ein unaufhörliches Vergnügen und aus der Eßkunst eine Lebenskunst, die ihr gesamtes Werk durchdrang. Ihre zahlreichen kleinen Nebenbemerkungen über ihr alltägliches Leben erlauben es uns heute, uns ein sehr genaues Bild über ihren Geschmack zu machen. Einem Gewürz gleich, das unerläßlich und zugleich unaufdringlich ist, springen sie einem ins Auge und beleben als zusammengehöriges Ganzes die Zunge. Sie alle zusammengenommen stellen ihren Geheimcode dar, der zuweilen von einer gewissen Moral geprägt und von einem rustikalen Geschmack gefärbt ist, gewidmet der guten, wahren, unverfälschten und authentischen Sinneswahrnehmung.

ERSTER KONTAKT. Angenommen, Sie wären an die Tafel von Colette eingeladen worden, wie, glauben Sie, hätte man Sie empfangen? Colette hätte Ihnen vielleicht der Schicklichkeit halber und um Maurice Goudeket nicht alleine trinken zu lassen, einen Aperitif serviert, doch dies sicher nicht aus Überzeugung, denn für sie war und blieb der Wein der einzig wahre Aperitif. Wären Sie gute Bekannte gewesen, dann hätte Colette Sie an ihrer sonderbaren Angewohnheit teilnehmen lassen, die Mahlzeit mit einer … Frucht zu beginnen! In jedem Fall hätte

sie Ihre Aufmerksamkeit auf den ersten Bissen der Mahlzeit hingelenkt, hätte Sie ermahnt, ihn mit Bedacht zu kosten, weil sein Genuß »mit nichts zu vergleichen« sei. Ebenso wie die Morgenröte, meinte sie, in der sich die Natur gleichsam als Geschenk darbietet und in der ein Geräusch eine symbolische, immaterielle Bedeutung annimmt, sei der erste Bissen ein Geschenk an den Gaumen. Danach gebe es nicht mehr denselben »Honigmond im Munde«.

HARMONIE. In der *Marie-Claire* von 1939 erklärt Colette: »Mein noch erstaunlich gut erhaltener Magen ist der einer viel essenden und gut essenden Bürgerin, die auf nichts verzichtet hat, was dem Gaumen und mithin auch dem Gehirn wohltut.« Sie weiß, wie man die Dinge genießt, aber ganz besonders weiß sie herauszuschmecken, also ein Gefühl zu einem intellektuellen Vergnügen zu erheben. Schauen wir uns nun also an, welche Freuden einen solchen Magen und einen so anspruchsvollen Geschmack leiten konnten, der vorzugsweise »alles, was gut ist, auswählt, alles, was dazu gemacht ist, aus der Stunde der Mahlzeit ein kleines Fest der Geschmacksnerven und des Intellekts werden zu lassen«.

Colette, die ein ausgeprägtes Gefühl für Harmonie hat, möchte diese auch an ihrer Tafel wiederfinden. Sie verbannt daher das Nebeneinander von Zutaten, die nicht miteinander in Einklang zu bringen sind und sich nicht ergänzen, die Berücksichtigung von Produkten ohne Geschmacksfunktion, die nur Konzession an eine Mode oder überflüssige Dekoration sind, wie etwa dieser »unsägliche italienische Salat«, der aus Dingen hergestellt wird, »die nichts miteinander zu tun haben«. In gleicher Manier kritisiert sie die Überwürzung eines Gerichts, kritisiert eine allzu aufdringlich schmeckende Sauce oder eine Zutat, die sich zu stark hervordrängt; denn sie strebt vor allem eine Vermählung der Geschmacksnuancen an, ein in sich stimmiges Gesamtkunstwerk, einen umfassenden und perfekten Geschmack, eine kulinarische Sinfonie. *»Ein gutes Gericht ist vor allem eine Sache der Mäßigung und des Klassizismus. Hinweg mit den Totschlag-Gewürzen und dem übermäßigen Alkohol!«* (Colette in: *Marie-Claire*, 1939)

MONSEIGNEUR, DER WEIN. Colette wendet mit Ausdauer und starkem Willen das Prinzip der Harmonie auf jede Art Lebensmittel an, ein Prinzip, das sie übrigens auf die gesamte Mahlzeit ausdehnt. Sie tadelt das unsinnige Gemenge von Gängen und Weinen, die kulinarischen Weitschweifigkeiten, qualifiziert ein Mittagessen als »schrecklich«, während dem ihr »acht Gänge und ebenso viele Weine« serviert wurden, und hütet sich vor »unzeitigen Verbindungen«, denn, so schreibt sie, »man tut gut daran, die Freundschaft wie die Weine zu behandeln und sich

VORHERGEHENDE DOPPELSEITE: SAFTIGE ORANGEN AUS DEM GARTEN DER »TREILLE MUSCATE«. LINKE SEITE: COLETTE AUF IHREM BALKON IM PALAIS-ROYAL. IHR HAARSCHOPF MISCHT SICH MIT DEM DES »DÄMONISCHEN« BASILIKUMS.

vor Verschnitten zu hüten«. Wenn sie es am Tisch mit nur einem Wein zu tun hat, dann zollt Colette »Monseigneur, dem Wein« ihre Verehrung. Er ist der Komplize der Mahlzeiten, der Katalysator der Freundschaft: *»Die Gaumen befeuchten und die Zungen lösen sich. Das ist nicht das geringste der Wunder des Vin de France — ob er nun warm oder kalt ist, leichtflüssig und perlend oder dickflüssig und schwer vom Kristallglas herunterrinnt —, nämlich, die französische Konversation in Schwung zu bringen.«* (*Le six à huit des vins de France*, ed. Nicolas) Oft belächelt sie den »von Übertreibungen bekränzten Wein, den Reimeschmied, den Wein, der erst unter Menschen seine wohlbekannte und wunderbare Form der Allegorie annimmt«.

COLETTE TRANK GERN AUS EINEM EINFARBIGEN BECHER, »MAKELLOS, SCHMUCKLOS, WINZIG, DEN LIPPEN UND DER ZUNGE SCHMEICHELND«.

Eingewiesen durch die wunderbare Erziehung durch Sido und den Hauptmann und gefördert durch den »tagtäglichen und diskreten« Weingenuß und einen geradezu sagenhaften Gebrauch ihres Sensoriums, ist Colette zu einer Meisterin in der Kunst des Weinschmeckens geworden. Sie hätte, inmitten ihrer Areopagen sitzend, sicherlich auch einmal eine Weinprobe zu ihren Ehren verdient gehabt. Sie weiß, wie man einen Wein schmeckt, kennt den Ritus perfekt: »Zuerst das Auge, dann die Nase, schließlich der Mund …« und weiß die »Hinter-Gedanken« kongenial wiederzugeben. In der »Topasfarbe eines Yquem« oder dem »zuweilen ein wenig mauvefarbenen Ballasrubinrot des Bordeaux mit einem Duft nach Veilchen« oder bei »einem großen, uralten Burgunder« entschlüsselt sie das Geheimnis der Erde. »Weinberg und Wein sind große Mysterien. In der Welt der Pflanzen ist es allein der Wein, der uns die Einsicht dafür öffnet, was der wahre Duft der Erde ist. Und wie getreulich er ihn übersetzt!« Durch ihn wird der Kieselstein »lebendig, schmelzend, nahrhaft« und die undankbare Kreide »weint in Form des Weines goldene Tränen«.

Ihr Freund, der Gastronom Henri Béraud, hat schon 1925 ihre fabulösen Fähigkeiten gerühmt und deren Qualität und Seltenheit bestätigt: »Man merkt sogleich, daß sie zu essen weiß, was bei einer Frau selten ist, und daß sie sich in Weinen auskennt — was wahrscheinlich einzigartig ist … Ihre unruhigen Rehaugen blitzen über einer Nase, wie man sie sich, was Aromen und Essenzen anbetrifft, an einer Tafel von Kennern nicht feiner vorstellen kann.«

WEINPROBE. Es ist wahr, daß sie Gerüche erstaunlich nuancenreich unterscheiden kann, so etwa in *Prisons et Paradis* die Düfte eines Baumes, der Tag und Nacht »einen ganzen Glockenturm von Blumen in sich trägt; wie ein ununterbrochenes Gerisel geht von ihm eine Duftwolke hernieder, in der sich ein teigiges Aprikosenaroma, das Aroma gekochter Erdbeeren, verblühter Maiglöckchen, das von Tuberosen und jenes einer verwelkten Rose finden«. Übrigens macht Colette sich selbst über ein Eß-Vokabular lustig, das nach derartigen Vergleichen sucht, um damit auszudrücken, was die eigenen Sinne wahrnehmen: *»In uns haust ein Dämon, der die einfachsten Gaben der faßbaren Welt vergleicht, umtauft, umwendet, denaturiert. Wir lieben es eben zu behaupten, die Kalbsbeinscheibe habe einen ›Haselnußgeschmack‹, wir loben am Perlhuhn, daß es nach ›Rebhuhn‹ schmeckt.«* (*Prisons et Paradis*, 1932) Freunden, die nach einem Vergleich suchen, um den Duft einer Pfingstrose zu beschreiben, antwortet sie humorvoll: »Die Pfingstrose riecht nach Pfingstrose, das heißt nach Maikäfer.«

In ihrem Geschmacksuniversum nimmt das Riechvermögen einen hervorragenden Platz ein. Sie bestätigt, es sei sowohl der »wildeste« als auch der »aristokratischste« unserer Sinne und lasse niemals mit sich handeln. Einer Freundin gesteht Colette, ihre Nase sei so mächtig, so »gehorsamsgebietend«, daß sie Königin der Welt sein müßte oder Jagdhund hätte werden müssen!

ALLUMFASSENDER GESCHMACK. Ihre Kunst des Schmeckens wendet sie natürlich auf jede Form von Nahrungsmitteln und nicht allein auf den Wein an: Als Colette bei Maurice Saurel »Tourron«, eine spanische Leckerei probiert, weiß sie auf ihrer Zunge nicht nur den unverkennbaren Geschmack von Nüssen und Mandeln zu unterscheiden, sondern, viel sublimer, den Geschmack von in Öl gerösteten Erdnüssen herauszufinden. Von ihrer Geschmackspalette, reich wie ein Pfauenrad, verbannt sie keine einzige Nuance. Vor allem erfreut sie sich an den ursprünglichen Geschmackseindrücken, an die sie seit ihrer Jugend gewöhnt ist. *»Mit achtzehn Monaten saugte ich an dem angemachten Salat auf dem Teller meiner Amme, um ein Bedürfnis nach natürlicher Säure zu befriedigen. Man akzeptiert das heutzutage als normales Bedürfnis bei den Kleinen, die nicht wachsen wollen, denn man gibt ihnen Zitronensaft und Orangenscheiben. Man kann sich auf den Instinkt eines jungen, gesun-*

den, menschlichen Tieres, das gerade geboren wurde, ziemlich verlassen. Es greift nach Ungekochtem wie die Katze nach dem Grün.« (*Prisons et Paradis*, 1932) Später wurde es zu einem ihrer großen Vergnügungen, eine weiße Zwiebel zu kauen. Es war dies eine Erinnerung an ihre ländliche Kindheit voller Ungebundenheit und ohne die Furcht, empfindliche Seelen oder Gaumen mit fühllosen Geschmacksnerven zu schockieren.

Oft ist sie nicht nur auf Saures, sondern auch auf Grünzeug geradezu versessen. *»Es gibt Leute, die eine Tafel Schokolade nicht verlockt, die aber schwach werden, wenn sie der Gedanke an eine frische Orange packt, die noch ein kleines Blatt an ihrem Stengel trägt. Ich gestehe, daß ich zu ihnen gehöre.«* (*Flore et Pomone*, 1943)

Colette liebt insbesondere einen Geschmack, der bis zu seinem Paroxysmus getrieben wird bei den überreifen Früchten, »voller Sonnenfalten, in der eigenen Schale gekocht, wo sich der Zucker unter der Wirkung der Hitze und der Zeit so verwandelt, daß ihm diese »süße und saftige, göttliche Fäulnis« entsteigt, diese Birnen aus Sidos Garten, »zugleich matschig und reif«, die noch im Fallen von Wespen angefressen werden, dieser Bratapfel unter einem kleinen Häufchen Asche, »im eigenen Saft gestockt«, oder diese Kerne von Muskattrauben, die man, eingehüllt in ein kleines »Pochetto« aus Kastanienblättern, mehrere Wochen lang in der Sonne kochen läßt ...

Colette liebt den Fruchtzucker, der luftdicht verschlossene Früchte fermentieren läßt, oder den Einmachzucker, der es vermag, sie über ihre Lebenszeit hinaus zu konservieren, indem er

WÄHREND EINER WEINPROBE IN NUITS-SAINT-GEORGES.

ALLES NAHE ZU SICH HERANHOLEN, »WAS SICH SCHMECKEN, BERÜHREN, BESCHNUPPERN LÄSST«.

sie in ihrem vollen Saft in einer Art kulinarischer Ewigkeit festhält. *»Es gab da mit Zucker glasierte Früchte, von Zucker durchzogene Früchte, solche, die nichts als Zucker waren, von einer gläsernen Transparenz wie Halbedelsteine, Aprikosen-Topase, Jade-Melonen, Mandel-Chalzedone, Kirsch-Rubine, Feigen-Amethyste ... Einmal, es war in Cannes, habe ich eine Barke aus farbigem Zucker gesehen, überquellend von kandierten Früchten. Zwei Passagiere hätten gut darin Platz gehabt. Welche Feinschmeckerin, welches verwöhnte Kind hatte seinen Traum an Bord eines solchen kleinen Bootes eingeschifft? Ich betrat es ...«* (*Flore et Pomone*, 1943)

DIE TEMPERATUR. Um solche Genüsse in optimaler Weise zum Munde zu führen, muß man vor allem die natürlichen Temperaturen der Produkte respektieren. So hat Denise Tual festgehalten, daß es für Colette nicht irgendeine Küchenarbeit war, »eine Auster zu öffnen«. Man mußte sie mit aller Vorsicht öffnen, mußte »aus ihr den Sand entfernen, ohne aber dabei ihren Meeressaft auszuleeren«, und vor allem durfte man »sie weder zu warm noch allzu eisig servieren«. Ebenso schärfte sie den Ihren ein, daß »Früchte mit der Temperatur gegessen werden sollten, mit der sie in der Sonne gereift sind«. Als Beispiel nannte sie die zweijährige Feige: *»Eßt sie unter dem Baum, und, wenn euch meine Gedankengänge einleuchten, bewahrt sie nicht kühl auf oder legt sie gar — welch Greuel und Sakrileg! — in den Kühlschrank, dieses von den fürchterlichen amerikanischen Gaumen erfundene Ding, in das alles hineinpaßt, nur damit es darin um so schlechter wird, und das jeden Geschmack paralysiert, die Melone hart werden läßt, die Erdbeere anästhesiert und eine Scheibe Ananas in eine Faser — mehr Textilie als Speise — verwandelt.*

Die Frucht lauwarm, das Wasser im Glase kalt: so scheinen mir Frucht wie Wasser am besten zu sein. Was soll man von einer Frucht halten, die sich, so wie sich ein Planet abkühlt, von der Wärme abwendet, durch die sie geformt wurde? Eine Aprikose, die man in der Sonne pflückt und dort ißt, bleibt unnachahmlich.« (*Flore et Pomone*, 1943)

»ALLTÄGLICHE ABENTEUER ...«

MANNIGFALTIGKEIT. Colette komplettiert ihre vollkommenen Kenntnisse über die Kunst des Essens durch ein wahrhaft enzyklopädisches Wissen über die Mannigfaltigkeit der Produkte. Das erst macht aus ihr einen wahrhaften Gourmet. Jedes Nahrungsmittel, das auf ihre Tafel kommt, muß die denkbar höchsten kulinarischen Qualitäten aufweisen, und Pauline sucht im Viertel des Palais-Royal nach dem besten Brot, dem besten Fleisch, den reifsten Früchten, denn ihre Arbeitgeberin mit ihrer immensen Erfahrung weiß, daß gerade die Natur imstande ist, allerfeinste Sinneseindrücke zu vermitteln. Jedes Nahrungsmittel, und sei es das gewöhnlichste, ja gerade weil es anderen unbedeutend oder elementar erscheint, muß mit Sorgfalt ausgewählt werden, und so wiederholt sie gegenüber ihrer Köchin unaufhörlich die weise Maxime: »Einfache Mahlzeiten erfordern erstklassige Zutaten.«

Dieses unablässige Streben nach Qualität verbindet sich mit botanischen Kenntnissen, die sich auf die unerhörte Vielfalt von Früchten, aber auch von Gewürzen und sonst verkannten Gemüsen beziehen. So befriedigt sie zu gleichen Teilen ihre geschmacklichen Ansprüche wie auch ihre literarische Suche nach dem passenden Wort. Deshalb protestiert Colette, wenn ein Tischgenosse einfach nur nach einer Orange verlangt, »als ob es auf der ganzen Welt nur eine einzige Art gäbe, nur eine Lage, nur einen Baum, nur eine völlig unterschiedslose Masse von Orangen ...« Während der Hochsaison im Februar ißt sie die lebhaft roten, länglichen tunesischen Orangen, die den Mund »mit einem Saft ohne Fadheit füllen, mit einer milden, durchzuckerten Säure«, und von denen eine nicht der anderen gleicht. Neugierde steigert den Konsum ... Im März und April, nach dem kurzen Zwischenspiel der Orangen aus Philippeville und Palermo, die zwar »den Mund anfeuchten«, aber auch nicht mehr, kommen iberische und provenzalische Orangen auf den Markt, die erst spät gereift sind. Sie erreichen zwar nicht die Qualität ihrer im Winter gereiften Schwestern, aber heizen – mit einem Hauch von Zitrone versetzt – den sommerlichen Wunsch nach Orangeaden an und erlauben es, wohlschmeckende Konfitüren zu kochen.

Aus der *Grande Pomologie* bezieht sie ihre Bewunderung für den Pfirsich »Téton de Vénus« (Venusbrust), mehr oval als rund, der an seinem samtigen Ende jenen hervorspringenden Nabel trägt, der ihm seinen Namen eingebracht hat. Sie ist ungehalten, wenn sie auf dem Markt ihre bevorzugte Kirsche nicht findet, die schöne »Montmorency mit dem transparenten, lackroten Fruchtfleisch«, während ihr Cousin, der Bigarreau noir (Knorpelkirsche), im Vergleich dazu »nur Fadheit mit einem Geschmack nach Holunderbeeren ist«. Sie unterhält sich mit der Lektüre von Samenkatalogen, wobei ihre ironische Feder die »Zwiebel der Königin« als »die Schwiele eines hochwohlgeborenen Fußes« identifiziert und das »Monster von Viroflay« als »den Frauenwürger aus der Vorstadt«. Sie erfindet imaginäre Gärten, in dem »apfelrunder Chicorée« wächst und wo sie »mit der hübschen Geste einer Fleuristin« Kopfsalate zerzaust.

»Hinkefuß! Eisenschädel, Dickkopf! Zwergin, Bastardin! Wunderknabe! Dickes blondes Faultier ...

Hören sie endlich auf, sich zu giften mit ihrem losen Mundwerk?

Unterbrecht sie nicht, das ist die Litanei der Mai-Juni-Gemüse.« (Colette in: *Almanach de Paris An 2000*, 1949)

Durch Sidos Garten hat sich Colette ein für allemal den Sinn für die Unterschiedlichkeit der Erdbeeren von anno dazumal bewahrt, etwa die »belle-de-juin«, den »capron«, eine kleine Erdbeere von gelbweißer Färbung und mit dem leichten Himbeergeschmack der wilden Erdbeere, oder für die häßliche, aber deliziöse »liégeoise-Haquin«, die, »wenn sie reif wird, ins Zyanidblau hinüberspielt und parfümiert ist wie eine Tropenfrucht; die schaffte den Weg vom Gemüsegarten zum Tisch nicht, ohne sich zu verletzen, zu bluten, Korb und Tischtuch zu beschmutzen ...« Unauslöschlich auch die Erinnerung an die nun nicht mehr auffindbare Birne »Messire-Jean«, die ohnegleichen ist, wenn sie gekocht wird, und über deren Qualitäten sich nicht streiten läßt.

»EINE FRISCH VOM BAUM GEPFLÜCKTE UND IN DER SONNE VERZEHRTE APRIKOSE HAT ETWAS SUBLIMES.«

ERDBEEREN AUS ALTER ZEIT: SORTEN WIE CAPRON, LIÉGEOISE-HAQUIN ODER BELLE-DE-JUIN IN DEN BÄNDEN DER *GRANDE POMOLOGIE*, DIESEM »UNERSCHÖPFLICHEN BILDERBUCH«.

Colette versichert sich der Lehren ihrer Jugend durch die Lektüre von Standardwerken wie etwa *La maison rustique des dames* der Madame Millet-Robinet, die in zwei Bänden alles Haushaltswissen so präsentiert, als habe es »einen entscheidenden Einfluß auf das Wohlergehen und das Glück der Menschheit«. Colette ist gar nicht weit davon entfernt, ein solches Ideal zu teilen, denn schließlich erklärt sie ja, aus dem Alltäglichen und der Wirklichkeit ihre Inspiration und die Quelle unerschöpflichen Entzückens zu beziehen. Obwohl sie nicht blindlings der offen zur Schau getragenen konservativen Tendenz dieser Dame anhängt, bekennt sie sich doch, »ohne rot zu werden«, zu gewissen archaischen Prinzipien und wendet sich zum Beispiel entschieden gegen den Pomologen ohne Apfelkenntnis, der dem Verbraucher lediglich die Wahl läßt zwischen zwei Äpfeln, »dem roten und dem weißen, dem roten mit seinem intensiven Rot, seiner gesunden Geschmacklosigkeit nach rohem Gemüse — dem weißen mit seinem süßsauren Wasser, der ein wenig persönlicher schmeckt«, und der nach »Größe, Transportfähigkeit und Lagerfähigkeit« fragt statt nach dem Geschmack.

VERGESSENES. Als Autorin von *Pour un herbier* macht sie sich das Prinzip zu eigen, das von der gewissenhaften und fleißigen Verfasserin von *La maison rustique des dames* aufgestellt worden war: »Eine gute Hausfrau weiß all die Möglichkeiten, die das Land bietet, ins rechte Licht zu setzen und sich dieses Überflusses zu versichern, den man dort zu geringen Kosten erstehen kann und der eines der großen Labsale des Lebens ist.« Sie versucht, ihren Lesern vor allem zur Zeit der Lebensmittelknappheit während des Zweiten Weltkriegs diese Botschaft zu vermitteln. So stellt sie im Jahre 1942 in *De ma fenêtre* dar, wie dringlich und notwendig es sei, sich der bis dahin verachteten Gemüse zu bedienen, auf die sie selbst nie verzichtet hat.

Den schwarzen Rettich ißt sie roh wie eh und je, in Scheiben geschnitten von ihrem treuen Diener, »der Klinge, die für alles gut ist« und mit der sie ebenso Kastanien schält oder auf der sie, »um ihn zu essen«, einen durchscheinenden Tropfen transportiert, den sie im Kelch einer Blume aufgespürt hat. Schon in ihrer frühen Jugend hat sie den »gigantischen Sonnenschirm«, die Pastinake, aus dem Acker gezogen und zu Sido getragen, die sie in ihren Suppen verarbeitete. Eigentlich zieht sie das eßbare Zyperngras, »diese Erdnuß«, nicht an, doch sie hat im Limousin Kinder gesehen, die dieses »kleine, zerfurchte Knöllchen« ausgruben und es roh aßen, und sie hat dann wohl diese »schmackhafte Emulsion« gemocht, die sie zusammen mit ihrem spanischen Bruder, der »orchata de chufas«, zubereitet. Sie versucht, die Rapunzel, diesen alten Salat, wieder einzuführen, den ihre Vorfahren im 16. und 17. Jahrhundert kultivierten und schätzten und der die Ehre hatte, an der Tafel des Königs serviert zu werden. So will sie »wenigstens zuweilen und zu geringen Kosten von unseren ewigen und teuren Lattichen und Kopfsalaten« wegkommen, und sie konstatiert bedauernd: »von fünfzig Salatsorten kultivieren und essen wir — gekocht oder roh — nur vier oder fünf. In Friedenszeiten reicht das kaum aus, heute ist das einfach ungenügend.« Selbst am Meeresstrand entdeckt ihr geübtes Auge eine Alge, »Ulve« mit Namen, »groß, zart und weich, ein falscher Meeressalat von smaragdgrüner Farbe«, die roh oder getrocknet gegessen werden kann. Sie nimmt dann einen deliziösen Meeresgeschmack an, salzig, jodig und würzig; zerkleinert mischt man sie unter einen anderen Salat, oder man ißt sie einfach so, wie sie ist. Und was den Seefenchel anbetrifft, mit seinem »knackigen und zarten, fetten und saftigen, säuerlichen« Fleisch, der auf Dünen »so bleich wie Schnee« grünt, so schickt sie den seit ihren ersten Besuchen am Meer an Sido, die ihn in Essig einlegt.

DIE EDLE FORM DER PFIRSICHSORTE »TÉTON DE VÉNUS«.

COLETTE ALS GÄRTNERIN IN IHREM GARTEN IN MONTFORT-L'AMAURY.

Mit einem Kräuterweiblein, genannt »La Varenne«, die, »nur noch rotgesichtiger«, der Hexe von Perrault in den Illustrationen von Gustave Doré aus dem Gesicht geschnitten ist, entdeckt die junge Colette die Gewürzkräuter. Sie will nur ihren volkstümlichen Namen, nur ihre »ländliche Intimität« kennenlernen, um sodann, angesichts der mythischen Beinamen, die der Volksmund ihnen gegeben hat, zu träumen. »Teufelsliebchen«, »Chirurgenweisheit«, »Liebesvernichterin«. Auf ihren Pfaden, auf denen ihr der »schuldige« Duft des Beifußes oder der Sumpfminze entgegenweht, wird sie bekannt mit der »consoude« (Schwarzwurzel), die der Volksmund in »grande console« deformiert hat (große Trösterin), ebenso wie mit dem Spinat, dessen lange, fleischige und flaumige Blätter sowohl als Umschlag Wunden schließen als auch Suppen und Krapfen ihren Geschmack verleihen. Eingeweiht in die poyaudinischen Abkürzungen und Verballhornungen ist sie fähig, im »boisdoux« (Süßwald) die Wurzel der Lakritze, in der »rouante« und

dem »tourmidi« den wilden Chicorée und den wilden Spinat und in den roten und harten »sinelles« die Frucht des Weißdorns zu entdecken. Von der Eselsdistel, dem »pet-d'âne«, dieser riesigen Distel »mit ihren violetten Kandelabern«, deren Stacheln sie oft in ihrem Lauf hemmen, ißt sie den Fruchtboden, »in Salz getunkt oder in Vinaigrette«, wie den ihres Verwandten, der Artischocke. Sie sagt von sich, sie kenne zahlreiche Pflanzen, die auf den Neuling abstoßend wirken: den Rainfarn, »den übelriechenden Rainfarn«, wie die Botaniker sagen, die Raute, die Schafgarbe, das Benediktenkraut, den Huflattich, das Schöllkraut, alles »herbes-à-seins« (Kräuter für den Brustkorb), aus denen ein verballhorntes »clair-bassin« wird, denen sie mit dem Fingernagel den Stengel aufritzt, um den »ockergelben Saft« zu gewinnen, und sagt, daß sie »den scharfen Geruch, der sich von den ein wenig fluchbeladenen Heilkräutern giftig verbreitet, den auf Flaschen gezogenen süßlichen Düften« vorziehe. Schon mit Sido zerrieb sie die duftenden Blätter des Ysop, des Majoran, der Zitronenmelisse, des Salbei oder der Pimpinelle und kaute die kleine, wächserne Frucht der Judenkirsche, versteckt in ihrem Lampion, »in der Farbe der blutgefaserten Ochsenlunge«.

Von allen Wildfrüchten kennt sie die Eigenschaften und den Geschmack. Sie weiß, daß die »kleine, rötliche Beere« der Berberitze eine vorzügliche Konfitüre wie die der Holzkirsche ergibt, daß der Nachtschatten eine kleine Kirsche ist, nach deren Genuß man sich erbricht, daß die Spiraea »ein Diminutiv des Apfels ist, rosig wie ein Zwergapfel«, »viel feiner als die Mispel«, daß die »kleine, dreieckige Mandel der Buche«, die Buchecker, knackig wie eine Nuß ist und ein mildes Öl ergibt, dessen Qualität mit dem Älterwerden steigt, weil es nicht ranzig wird. Da sie all die wilden, ihr »vertrauten« Früchte kennt, wird sie zornig, wenn man von ihnen als »Rätseln« spricht, und ermahnt ihre Leser besonders in den Zeiten der Lebensmittelknappheit, an die altväterliche Gewohnheit der Obsternte, mit der man früher die Keller mit den nötigen Vorräten für den Winter füllte.

DIE EXOTEN. Die Neugierde und die Kenntnisse von Colette sind, was Nahrungsmittel angeht, universell. Unermüdlich besucht sie die besten Gewürzläden der Stadt, die sie mit den Früchten »der glücklichen Inseln« versorgen: mit Mango, Cherimoya, Angsoka oder Corossol, dessen Spitzname »Riesenerdbeere« ihr Spaß macht. Ebenso kennt sie das englische Rezept, nach dem die Frucht der Passionsblume, die Grenadilla, mit Zucker und Madeirawein zubereitet wird. Da ihre Freunde ihre Neigungen kennen, bringen sie ihr aus fernen Ländern Früchte mit, »die nach Äther dufteten«, und eines Abends entwendet man für sie, ohne etwas Böses dabei zu denken, aus einem Garten der Hauptstadt einen geheimnisvollen japanischen Apfel, dessen Ausdünstung, »halb Quitte, halb Apfel«, »ohne jede Zurückhaltung« die unter ihr wohnende Buchhändlerin aus dem Schlaf aufweckt.

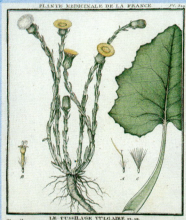  

EINIGE PFLANZEN AUS DEM HERBARIUM
VON COLETTE.
*VON LINKS NACH RECHTS UND VON OBEN
NACH UNTEN:* BEIFUSS, MEHLBEERE,
SCHÖLLKRAUT, HUFLATTICH, SCHAFGARBE,
DER ZARTBITTERE NACHTSCHATTEN UND DIE
BERBERITZE.

»DIE MENSCHLICHE PHANTASIE GREIFT ZU
KURZ; NUR DIE WIRKLICHKEIT IST OHNE
SCHRANKEN UND OHNE GRENZEN.«
PRISONS ET PARADIS, 1932

COLETTE BEI TISCH MIT IHRER FREUNDIN VERA VAN DEN HENST NACH EINER MAHLZEIT »IN NACHDENKLICHER LANGSAMKEIT«.

»GEFÄNGNISSE UND PARADIESE«

VORSEHUNG. All diese Produkte zusammen bilden eine Palette unterschiedlicher Geschmacksrichtungen, die sich nach Belieben zusammenstellen lassen. Colette aber will sie nur im Augenblick ihrer höchsten Entfaltung; für sie ist die ideale Mahlzeit die Vereinigung der Produkte im Raum, in der Zeit, durch die Vorsehung und die menschliche Generosität. Sie macht sich über den Touristen lustig, der im Midi »sein Beefsteak à point mit Pommes frites verlangt, seine Eier mit Speck, seinen Blattspinat und seinen Café ›spezial‹«, und der sich nicht befreunden kann mit »der Köstlichkeit eines alten provenzalischen Gerichts, den Vorzügen des Knoblauchs, der Transparenz des Olivenöls« und mit jenen »drei unzertrennlichen Gemüsen, wie lackiert, so farbig im Aussehen wie im Geschmack: die Aubergine, die Tomate und die Paprikaschote«. »Einzelgänger wie wir machen die Entdeckung, daß die Qualität der Mahlzeit in einer Gaststätte von der Sorgfalt, von der persönlichen Stimmung abhängen, nicht von Hast und Sich-Verpflichtetfühlen. Nur so geschieht es, daß die Butter frisch geschlagen auf den Tisch kommt, daß ein Fischer gerade diesen ›poing-clos‹ mit seinem zarten und rosigen Fleisch gefangen hat. ›Ich habe ein wenig Sahne übrig – wenn Sie die mögen …‹, schlägt die Wirtin vor. Und ihr kleiner Junge pflückt im Garten eine Schüssel Himbeeren, die nicht auf der Menü-Karte stehen … Selbst die Köchin nimmt sich zu unseren Gunsten ein wenig Zeit, zeigt ein bißchen ungewöhnliches Wohlwollen. ›Lassen Sie die gegrillten Sardinen sausen, ich nehme mir eine Viertelstunde Zeit, um Ihnen meinen Hummer Mélanie zu kochen …‹« (A la portée de la main, 1949) Colette verwendet eine unersättliche Neugierde darauf, alle Küchenreichtümer einer Region zu erkunden, denn jede hat ihre Persönlichkeit, ihre eigene Landschaft und ihren Volksstamm. Sie bewirken es, daß das gleiche Produkt von einer Region zur anderen nicht den gleichen Geschmack hat. Somit kommen sie dem Feinschmecker mit wahren »Wundergenüssen« entgegen, die sich nie erschöpfen, sich immer wieder erneuern.

WIDERSPRUCH. Diese Freude an der Nuance, dieses rückhaltlose Vertrauen in die Vermählungen, die in einer Region in natürlicher Weise zustande kommen, veranlassen Colette, sich gegen den Mißbrauch des Begriffs »regionale Küche« auszusprechen. Die dreißiger Jahre haben sich dieser Mode bemächtigt und präsentierten Gerichte in einem irreführenden und trügerischen regionalistischen Gewand, obwohl diese solche Verkleidungen, um schätzenswert zu sein, nicht nötig haben, ebensowenig wie andere Geschmacksvergewaltiger, die sich hinter diesem Allerweltsetikett verbergen. »Schönes Land Frankreich«, ruft sie aus, »lächelndes Vaterland des guten Essens, schüttle das falsche provinzielle Geschmeide aus deinem Kleid!« Sie warnt ihre Leser im Namen eines gesunden kulinarischen Verstandes vor den Rezepten mit den nicht zusammenpassenden Allianzen, die, um den Gast zu beruhigen, als alt, als wiederentdeckte Familientradition, ausgegeben werden, obwohl sie nichts anderes sind als formlose und degenerierte Abkömmlinge großer Klassiker vom Land.

Colette braucht da, wo ihre Sinne die einzigen und besten Richter sind, keine Folklore. Ihr Geschmacksempfinden benötigt keinerlei ideologische Rechtfertigung. Sie hat nur das einzig Wichtige im Sinn: die Harmonie der Gaumenfreuden. »*Ein miserabler Snobismus möchte die französische Eßfreude in einen Kult verwandeln, der sich als reines Affentheater entpuppt. Wem will man schon glauben machen, daß das Lammragout [navarin] nur hinter einem Vorhang aus baumwollenen, rotkarierten Küchentüchern verzehrt werden darf und daß der Wein im Fayencekrug mit Sinnspruch besser schmeckt? Nein, ich sitze auf einer hölzernen Bank ›in rustikalem Stil‹ überhaupt nicht bequem.*« (*Prisons et Paradis*, 1932) Denn Colette vertraut der französischen Tradition, die es im Laufe der Jahrhunderte gelernt hat, das Kochen, die langsame Verwandlung eines Produkts, zu beherrschen und die Ausgewogenheit der Gewürze zu respektieren, um daraus die französische Gourmandise zu formen, die verliebt ist in jene »Sinfonien des Gaumens«, die das Resultat von »unaufdringlichen, langsamen, reflektierten Kombinationen sind, deren Harmonie aus einer noblen Zurückhaltung entwächst.«

Auch bei »Gerichten mit langer Garzeit« nimmt sie es peinlich genau. »*Die französische Küche, die wahre jedenfalls, legt Wert auf Prinzipien, auf fünf oder sechs große Prinzipien, die ich*

COLETTE HATTE NICHTS ÜBRIG FÜR MENSCHEN, DIE, WIE SIE SAGTE, »IHREN BAUCH VERLEUGNETEN«.

EINE RAST MIT ANGENEHMEN TISCHGENOSSEN IST EINE BEGEGNUNG »DER LIEBE UND DER FREUNDSCHAFT«.

hochhalte. Ich fürchte beim ›Bœuf à la mode‹, daß der Kalbsfuß darin überreichlich ist, so daß das Gelee zur Gelatine wird, und das Herausschmecken der Karotte, weil die Gefahr besteht, daß sie die Sauce süßt. Andererseits werfe ich in dasselbe Bœuf zu Beginn des Schmorens zwei Stück Zucker. Gleiches tue ich bei der Aiguilette à l'ancienne [schmale Geflügelstreifen] wie beim Cassoulet. Warum? Weil das unsere Großmütter ebenso taten, und jeder fand das gut so.« (Colette in: *Marie-Claire*, 1939) Und weil es nicht möglich ist, »Seide ohne Seide zu machen, Gold ohne Gold, eine Perle ohne Auster und Venus ohne Fleisch«, kränken sie gewisse Unsitten, mit denen versucht wird, die Kochvorgänge abzukürzen und die Erbärmlichkeit der Ingredienzen durch ein Übermaß an Alkohol oder pappigen Käse zu verdecken. Mit derselben Schelte überschüttet sie den Zuchtchampignon, »dieses schale Geschöpf, im Dunkel geboren, im Feuchten ausgebrütet«. Sie verbannt ihn vom »Hühnchen Jägerart, vom sautierten Kaninchen, von den Kalbsscheiben, die er noch bleicher macht«, von den ihr so lieben Pasteten und den »anfallenden ›Resten‹, die angeblich durch ihn angereichert werden«, denn sie ist der Auffassung, daß er »den Bratensaft ohne wirklichen Vorteil nur dünner macht«. Aber sie stimmt zu, daß er da, »wo er allein auftritt, nackt und rosig, bereit, in frischer Butter sautiert zu werden oder gegrillt oder roh gegessen, beträufelt mit Öl und Zitrone«, eine gute Figur macht, wie die Moospilze aus dem Puisaye, der Franche-Comté oder ... aus dem Bois de Boulogne, »die man von ihrer Lederhaut befreit und am Fundort verzehrt und die etwas nach Trüffel, ihrem schwarzen, aristokratischen Bruder riechen«. Diesen »düsteren« Trüffel, »der sich nicht unterkriegen läßt, wenig bekannt, schlecht behandelt«, mag sie ebenfalls in seiner ursprünglichen Nacktheit, »gebürstet, nicht abgezogen, eingewickelt in gebuttertes Papier« und nicht verpfuscht durch »unsinnige Hochzeiten«, der Foie gras oder einem Geflügel einverleibt.

FINGERSPITZENGEFÜHL. Ein erfolgreiches Gericht erfordert eine nicht übertragbare Geschicklichkeit, die allein Erfahrung oder Intuition vermitteln kann. Colette hat beides, und sie vermag ebenso einen Salat nach allen Regeln der Kunst zu mischen, wie ein einfaches Stück Grillfleisch zuzubereiten. Damit das gelingt, bedarf es nur »des Sinnes für das Feuer und einer gewissen Kühnheit der Bewegung«. Ihre Fingerfertigkeit ist Anna de Noailles in Erinnerung geblieben: »Am Tisch beugt sie sich plötzlich über die Salatschüssel und bewegt Lattich-Salat, so, wie man ein Feld beackert. Mit Stolz und unermüdlich begießt sie das frühlingshafte Grün mit einer Vinaigrette, so reichlich wie ein Aprilschauer, spricht, den Salat betreffend, Wahrsprüche, fast Überzeugungen aus und läßt sich diesmal nicht von der Politik und den Frauenrechten, ja nicht einmal von Unterhaltungen über den Tod ablenken ...«

Auch die Auswahl des richtigen Käses kommt fast einer »Ahnung« gleich und ist natürlich eine Art »Gedankenübertragung«. Colette verstärkt diesen Empirismus, diese intuitive,

GERMAINE BEAUMONT, DIE »ROSINE MIT DEM HONIGFARBENEN HAAR«, WURDE VON COLETTE WIE EINE TOCHTER BEHANDELT.

quasi divinatorische Kenntnis in ihrer Beschreibung des Koches, den sie in sehr enthüllender Art in die Nähe eines Zauberers, eines Magiers rückt, so wie das bei Mageiros, dem Koch der Antike, der eine Zwischenstufe zwischen dem Volk und den Priestern darstellte, der Fall war. Sie beschreibt den schwarzen Arm des Koches, von dem man nur »den Schatten über dem Feuer« sieht, »bewaffnet mit dem Besen voller Aromen«, der sich über dem Rauch bewegt, oder seine Hand, »von einer wilden Noblesse, die Händevoll von ich weiß nicht welchem Zauberkraut in die Hitze wirft ...« Die Küche ist für sie eine Stätte des »Experiments, göttlicher Ahnung«, aber die Inspiration darf nicht mit Improvisation verwechselt werden. Man hüte sich vor Leichtfertigkeit! *»Der Improvisator richtet sich vor den Öfen wie überall sonstwo ein. Das Auge zum Himmel gerichtet und nicht auf seine Kasserollen, läßt er da eine Fingerspitze voll Curry fallen, dort ein Löffelchen Cognac träufeln und, schlimmer noch, einige Tropfen Worcestersauce. Und ich spicke dir weiß Gott was mit welcher Farce, und ich schmeichle dir mit einer geradezu sündigen Essenz, und ich vermische dir alles, und ich fülle auf, und schließlich bekommst du auch noch einen Überzug ... Ehrwürdige Worte, klassisches Vokabular, Riten, mit denen die Priester der Improvisation ihren Mißbrauch treiben.«* (Prisons et Paradis, 1932)

COLETTE ALS KÖCHIN. Wie aber nun? Hat Colette selbst gekocht? War sie eine gute Köchin? Anna de Noailles beschreibt sie in einem unveröffentlichten Manuskript als sehr aufgeregt bei der Bereitung eines berühmten Mahls für Freunde, das sie »von weitem, ohne es zu sehen, überwacht und vorempfindet. Das Gericht, das sie ankündigt, wird langsam fertig und tut sein Bestes im Ofen, denn es fürchtet sie, es kennt ihre Launen.« Es weiß, daß es, wenn es nicht perfekt ist, nicht unter die Augen »dieser Genießerin« zu treten braucht, die »unbarmherzig auf eine verkochte Pastete« reagieren würde. Aber ein solcher Mißerfolg ist nicht zu befürchten. Ihre Spezialitäten: »kochendheißer Glühwein« und »überdimensionale Kuchen«.

Die junge Germaine Beaumont, die sich zu Beginn des Ersten Weltkriegs zum erstenmal mit Colette traf, entwarf, fiebrig aufgeregt wie sie war, lyrische Reden, um vor der berühmten Schriftstellerin zu brillieren. Sie fand sie damit beschäftigt, irgend etwas Alltägliches in der Küche zu erledigen, und plötzlich wurde ihr das Geheimnis von Colettes Persönlichkeit klar: *»Tochter von Annie, du kommst mir gerade recht. Du kannst mir dabei helfen, die grünen Bohnen zu Ende zu putzen, ich mache Konserven ein.‹ Einen Augenblick später saß ich Colette in einer ländlichen Küche gegenüber, zwischen leeren Einmachgläsern, vor einer Pyramide feiner grüner Bohnen, während das Wasser in einem Wasserschaff leise auf dem sanften Küchenfeuer summte.«* (Germaine Beaumont in: Colette par elle-même, 1951)

Colette hatte das Glück, in einer Epoche zu leben, in der es noch üblich war, sich bedienen zu lassen. Auf die zahlreichen Bediensteten, die mit dem Hause der Familie de Jouvenel verbunden waren, folgte Pauline Tissandier, die sie von der langweiligen täglichen Haushaltsführung während der letzten Hälfte ihres Lebens entlastete. Weil sie von dieser weiblichen Pflicht entbunden war, ist es sicher, daß Colette nicht oft in der Küche arbeitete und sich vor allem dem Schreiben widmete. Sollen wir uns darüber beklagen? Ohne die Hilfe von Pauline hätten wir vielleicht nicht diese vielen Seiten gar wunderbarer französischer Literatur. Colette akzeptierte dies ebenso wie die Tatsache, daß sie oft nur die Hand derjenigen führte, die alle Stadien eines Rezepts ausführte, das sie selbst aber nicht mehr realisierte. *»Es hieße die Wahrheit schönen, wenn ich mich als große Nummer hinstellen wollte, wo ich doch nur fähig bin, die Ausführung eines Gerichts zu überwachen und Ratschläge im Sinne einer aufgeklärten Küche zu geben.«* (Colette in: Marie-Claire, 1939)

GUT ESSEN:
EINE PHILOSOPHIE?

Bei Colette die Lust am guten Essen zu beobachten, heißt weit mehr, als nur schlichte Anekdoten aneinanderzureihen, denn hier offenbart sich ein wesentlicher Zug ihrer Persönlichkeit und ihres Schreibens. Die Gourmandise war für sie ein hervorragendes Mittel, so oft wie möglich die ununterdrückbare Neugierde zu illustrieren, die sie immer weiter trieb, und diese passionierte Gier nach dem Wirklichen zu befriedigen. Denn es war, so gestand sie, das »Alltägliche«, das sie reizte, das ihr Lebendigkeit verlieh. Und was gibt es schon Alltäglicheres als eine Frucht, eine Pflanze, eine Scheibe Brot? Aber wer weiß schon wie sie die unauffindbare Birnensorte Messire-Jean auszumachen, mit ihrem unsagbar saftigen und knackigen Fruchtfleisch, oder in der zu Hörnchen gebogenen Schale der Wasserkastanie ihren Kern zu erkennen, der nach Kerzen und Schleim schmeckt. Jedes, auch das geringste Objekt, bekam unter ihrem aufmerksamen Blick die ihm eigene Bedeutung, erhielt einen geradezu märchenhaften Wert. Aber sie ließ sich nicht täuschen: Ihr Geschmackssinn, der mit extrem leistungsfähigen Sinneswerkzeugen ausgestattet war, übermittelte ihr sogleich die Wahrheit.

Geschmacksreize haben die Besonderheit, daß sie sich zwar unablässig erneuern, doch ebenso konstant bleiben. Die Jahreszeiten bringen erst die Erdbeere, dann den Pfirsich, dann die Feige hervor; sie verschwinden, um im nächsten Jahr wiederzukehren. Eine Wasserkastanie, die sie im Alter von siebzig Jahren ißt, hat denselben Geschmack wie in ihrer Kindheit, und nur dank der unveränderlichen Fortdauer des Reizes verlangt der Geschmack immer wieder nach der Vergangenheit. So teilte Colette, die die Schokolade »den Zaubertrank, der die Jahre vergessen macht«, taufte, das Gefühl für die Zeitlosigkeit des Geschmackssinns mit Marcel Proust.

Sensibler noch als der Autor von *Auf der Suche nach der verlorenen Zeit* gegenüber der Kunst der Gaumenfreuden hob Colette ebenfalls die Zeit mit jedem Bissen auf, den sie zum Teil ihrer Lebenskunst, »diesen einzigen Luxus, der mir bleibt: die Langsamkeit«, machte. Sie nahm sich die Zeit, ihre Nahrung sorgsam auszuwählen und sich an ihr zu delektieren. Die Kunst des Schmeckens wurde so zu einem Mittel, die Gegenwart zu genießen: Ihre Sinne erlaubten ihr, damit der Ewigkeit ein Stückchen näher zu kommen.

In diesem übertragenen Sinne wird die Kunst des Essens zu einem Prinzip und bekommt eine philosophische Dimension. Sie wird Weisheit, Mittel der Welterkenntnis und der Wahrheit, wird Lebens-, Schreib- und Denkkunst. Colette und die Gourmandise bilden also ein Paar, das es versteht, »in Weisheit die Zeit zu verschwenden«.

BIRNEN AUS DER *GRANDE POMOLOGIE*. DER BAND LIEGT AUF EINEM SESSEL MIT EINEM VON COLETTE GESTICKTEN GOBELINKISSEN.

*»Wenn Sie nicht ein wenig von Zauberei verstehen,
geben Sie sich besser nicht mit Kochen ab.«*

PRISONS ET PARADIS, 1932

DIE
REZEPTHEFTE
VON COLETTE

UMFANGREICHE RECHERCHEN

Nachdem Claude Chauvière ein Jahr bei der Schriftstellerin verbracht und die ganze Bandbreite ihrer Gourmandise erkannt hatte, legte sie ihr 1931 ans Herz, »ein Kochbuch oder einen gastronomischen Führer zu schreiben«. Wenige Jahre später war Germaine Beaumont derselben Meinung und bedauerte, daß Colette niemals »ein praktisches Handbuch« verfaßt hatte. *»Wie viele Frauen, aber auch wie viele Männer könnten es mit Gewinn lesen! Sie fänden darin das Gegenmittel, das eine ungeduldige, lädierte Menschheit braucht, die unfähig ist, sich durch einfache Beobachtung und Vernunft glückliche Inseln des Wohlbefindens, Zufluchten der Ruhe und Entspannung zu verschaffen.«* (Germaine Beaumont in: *Colette par elle-même*, 1951)

Wir haben nun versucht, dieses Vorhaben zu verwirklichen und ein Küchenbuch zusammenzustellen, wie Colette selbst es hätte schreiben können, mit ihren Kochrezepten, aber auch mit ihren Ratschlägen für Schönheit und Gesundheit. Diese Spurensuche riß uns für mehr als zwei Jahre in einen Wirbel hinein, der sich zu einer umfangreichen Untersuchung auswuchs. Nach genauer Lektüre ihrer Werke und ihres Briefwechsels legten wir einen Zettelkasten mit über zweitausend Zitaten an. Nun konnten wir zwar ein Porträt der Feinschmeckerin skizzieren, doch fehlten uns die authentischen Zeugen. Also machten wir uns auf die Suche nach Personen, die Colette nahegestanden hatten, und nach langen Irrwegen fanden wir in einem Häuschen im Pariser Umland unsere Hauptzeugin, ihre Köchin Pauline, die heute 89 Jahre alt ist. Immer wieder empfing sie uns freundlich, und wir legten ihr all unsere Vorschläge und die Liste mit unseren Rezepten vor. Mit viel Geduld und Einfühlungsvermögen hat sie unsere Fragen beantwortet und uns einige kostbar gehütete Geheimnisse über die Gewohnheiten ihrer früheren Herrin anvertraut. Auf diese Weise konnten wir unser Manuskript mit authentischen Details bereichern.

Sehr schwierig war es, die Tafel von Colette wiederstehen zu lassen, denn keiner ihrer Erben besaß noch irgendwelche Teile ihres Geschirrs oder Gläser aus ihrem Besitz. Pauline, durch deren Hände das alles vierzig Jahre lang gegangen war, beschrieb uns die farbigen Tischdecken, die Gläser und Trinkbecher, die grünen Teller mit den Weinblättern, das Porzellan mit den blauen Streublümchen und das Silber mit der Baronskrone der Jouvenels. Wir brachten ihr alte Kataloge für Tischdekorationen mit, und mit ihrer Hilfe konnte sie uns die Tafel der Schriftstellerin bis ins letzte Detail beschreiben. Unsere Ausdauer wurde reichlich belohnt, denn wir spürten dabei Sammler auf, die in ihren Schränken noch Gegenstände besaßen, die Colette Mitgliedern ihrer Familie geschenkt hatte. Auch die Objekte, die unsere Fotos zeigen, haben ihr einmal gehört. Sie sind nun Teil einer Schenkung, die Bertrand de Jouvenel dem Musée Colette in Saint-Sauveur-en-Puisaye vermacht hat. Das Museum wurde 1991 eröffnet; dort kann man das alles wiederfinden.

Was die Texte der Rezepte angeht, so sind sie akribisch genau wie ein Puzzle zusammengesetzt worden, abgestimmt auf die Zeit und den Geschmack der Schriftstellerin. Dort, wo sich Pauline nicht mehr an Einzelheiten erinnern konnte, halfen uns unser eigenes »Spielmaterial« und die Konsultation der zeitgenössischen Literatur schließlich, genau herauszufinden, was Colette liebte. So konnte beispielsweise in dem Rezept für »grüne Fondants mit Pistazien« der Ausdruck Fondant sowohl ein Bonbon als auch eine Glasur für einen Kuchen bedeuten. In einem Zitat jedoch sagte Colette ausdrücklich, sie fände die Phantasielosigkeit der Konditoren lobenswert, weil sie ihr noch immer die Fondants (gefüllte Bonbons) ihrer Jugendzeit lieferten; also handelte es sich hier um eine Süßigkeit. Diese Bonbons waren also, wie ihr Name sagt, »schmelzend«, aber in einem Brief schrieb sie, daß sie auch »rauh« auf der Zunge seien. Diese kleine Andeutung, die ganz unbedeutend zu sein scheint, hat uns bewogen, sie »mit Kristallzucker zu umhüllen«, wie es zu Beginn des Jahrhunderts für diese Bonbonsorte typisch war. Dies ist ein Beispiel unter hunderten, wie wir uns an unseren Gegenstand herangetastet haben.

Und schließlich noch dies: Um den Fluß der Lektüre nicht zu sehr zu belasten, haben wir die Mengenangaben in den Text integriert. Sie wurden ganz bewußt nicht getrennt aufgezählt, weil es hier nicht darum gehen soll, ein »lupenreines« Rezept nachvollziehbar und unpersönlich zu vermitteln, sondern Colettes persönliche Geschmacksrichtung zu veranschaulichen. Aus dem gleichen Grund haben wir nicht jedesmal die Anzahl der Personen angegeben, für die das Rezept bestimmt ist; es handelt sich im allgemeinen um sechs Esser.

Wir hoffen, Sie haben beim Lesen, beim Betrachten und beim Ausprobieren dieser Gerichte genauso viel Freude wie wir, als wir diesen Band, Rezept für Rezept, zu einem wahren Feinschmecker-Roman zusammenstellten.

BROT UND SUPPEN

COLETTE BESTREICHT EINE GROSSE
SCHNITTE BROT ÜPPIG MIT BUTTER:
FETT IST FÜR SIE »WÄRME« UND
»VITALE GLÜCKSELIGKEIT«.
VORHERGEHENDE SEITEN: COLETTE BEIM
KOCHEN, FOTOGRAFIERT VON ROGER SCHALL.
»WIR HIER ESSEN VIEL BROT. UND WIR
BESCHNUPPERN ES, BEVOR WIR ES ESSEN,
WEIL SEIN GERUCH BEWEGEND UND
EHRLICH IST, WEIT WEG VON ALLER
SCHÄRFE, NAHE DEM WEIZEN UND DEM
ROGGEN, GUTES, FESTES GRAUBROT,
DAS DIE ZÄHNE SAUBER HÄLT...«
JOURNAL À REBOURS, 1941

Ein Brotlaib aus Graubrot

»Feinschmecker zu sein bedeutet, bescheiden zu sein und in die Tiefe zu gehen. Es will auch heißen, sich mit wenigem zu begnügen. Sehen Sie, gestern morgen bekam ich per Flugzeug vom Lande ...
— Mir läuft das Wasser im Mund zusammen!
— Oh, nicht das, was Sie denken. Meine feine Zunge hat ihren Ursprung im bäuerlichen Milieu, es war nämlich ein Brotlaib von zwölf Pfund, versehen mit einer dicken Kruste, die Krume von der Farbe grauen Leinens und von fester, gleichmäßiger Konsistenz, nach frischer Gerste duftend. Außerdem ein dicker Klumpen Butter, geschlagen vom späten Nachmittag bis zum Abend, deren Molke noch unter dem Messer hervorrann, leicht verderbliche Butter, nicht zentrifugiert, mit der Hand gepreßt, nach zwei Tagen ranzig, wohlriechend und vergänglich wie eine Blume, Luxusbutter ...
— Das richtige für ein Butterbrot!
— Sie sagen es, ein perfekter Genuß!«

A Portée de la main, 1949

In einer großen, irdenen Schüssel löst man 25 Gramm Bäckerhefe in 0,4 Liter Wasser auf. Man läßt 400 Gramm Mehl der Type 55 hineinrieseln, vermischt alles, deckt es zu und läßt die Hefe an einem kühlen Ort aufgehen. Auf den aufgegangenen Hefeteig gibt man dann 1 Kilogramm Mehl der gleichen Type, dazu 100 Gramm Gerstenmehl und einen gehäuften Eßlöffel voll Kleie. Dazu schüttet man ¼ Liter Wasser und arbeitet den

Teig etwa 10 Minuten durch. Zum Schluß fügt man noch 25 Gramm Salz hinzu und bearbeitet den Teig weitere 5 Minuten.

Man formt ihn zu einer Kugel, bedeckt ihn mit einem Tuch und läßt ihn 3 Stunden gehen. Bläht er sich zu stark auf, so unterbricht man den Treibvorgang, indem man den Teig mit kreisförmigen Handbewegungen vom Boden löst.

Man schneidet nun den Teig in Stücke von etwa 600 Gramm und formt daraus 4 Kugeln. Diese legt man auf ein bemehltes Backbrett, bedeckt sie mit einem feuchten Mulltuch und läßt sie zugedeckt weiter aufgehen.

Man heizt den Backofen auf 220 Grad vor und schiebt ein leeres Backblech hinein. Kurz bevor das Brot in den Ofen kommt, entfernt man das Tuch, bestäubt die Brote mit Gerstenmehl und ritzt mit einem Rasiermesser die Oberfläche eines jeden Laibes ein. Dann gießt man Wasser auf das Backblech, schiebt die Brote hinein und verschließt den Backofen unverzüglich. Der so entstehende Dampf ist unerläßlich für das gute Gelingen des Brotes und verleiht ihm eine herrliche tiefbraune Kruste.

Man läßt die Brote 35 Minuten backen, bevor man sie herausnimmt. Bevor man sie anschneidet, legt man sie zum Abkühlen auf einen Rost.

»Fleurer« ist im französischen Bäckerei- und Konditoreiwesen ein Terminus technicus, der bedeutet, daß man die Arbeitsplatte, die Teigschüssel oder die Oberfläche der Brote mit Mehl bestäubt. Es gibt ein spezielles Mehl dafür: »Fleurage«.

Milchsuppe mit gerösteten Brotscheiben

»Damals war man bei uns zulande noch genügsam, Ausnahmen waren nur die großen Hochzeiten, die Taufen und die Essen zur ersten Kommunion mit wahren Hekatomben von Wildbret. Der Milchsuppe mit Zucker, Salz und Pfeffer (dazu ein Stich frische Butter und geröstete Brotscheiben, im letzten Augenblick in die Suppenschüssel gelegt), ich bin ihr mein Leben lang treu geblieben.«

Ces Dames anciennes, 1954

Man schneidet das Weiße von 3 Lauchstangen in feine Ringe und läßt sie in einem nußgroßen Stück Butter zergehen, ohne daß sie Farbe annehmen. Dann gießt man 1,5 Liter kalte Milch darüber und fügt 3 in Scheiben geschnittene Kartoffeln hinzu. Man salzt sparsam, dazu 2 Zuckerstückchen und einige Umdrehungen aus der Pfeffermühle. Man läßt das Ganze 30 bis 40 Minuten auf kleinem Feuer kochen, damit die Kartoffeln in der Milch garen und die Suppe cremig wird.

Man schneidet pro Person zwei bis drei feine Brotscheiben vom Laib ab, läßt sie in der Pfanne halb in Butter, halb in Öl goldbraun werden, läßt sie gut abtropfen und salzt sie mit feinem Salz. Man schüttet die Milchsuppe in die Suppenterrine und legt die gerösteten Brotscheiben, mit einem weiteren nußgroßen Stück Butter verfeinert, darauf, so daß sie obenauf schwimmen.

Jean Guillermet hatte die Idee, einen »Almanach des Beaujolais« herauszugeben, der jedes Jahr die Ereignisse in der Region zusammenfaßte und in dem mehr oder weniger bekannte Autoren den Ruhm des Beaujolais-Weins besangen. In diesem Almanach gaben sich zahlreiche Künstler und Literaten ein Stelldichein, und so wurde die kulturelle Identität des Beaujolais in zunehmendem Maße gefördert.

MADE UND JEAN GUILLERMET IN IHREM HAUS IN LIMAS, WO SIE AUCH COLETTE EMPFINGEN.

IN LIMAS PFLEGTE COLETTE IM SCHATTEN EINER HUNDERTJÄHRIGEN SEQUOIA (MAMMUTBAUM) ZU SITZEN, NAHE EINER WUNDERBAREN KLEINEN QUELLE, DIE SICH MIT SANFT KRISTALLENEM TON WIE »EINE FLÜSSIGE DRAPERIE« IN EIN WEIHWASSERBECKEN ERGOSS. DIESER SPRINGBRUNNEN TRÄGT HEUTE DEN NAMEN »COLETTE-FONTÄNE«.

Zwiebelsuppe, gratiniert

Colette kochte gern die Zwiebelsuppe nach, wie sie der Senator Justin Godart, ehemals Minister und Mitglied der »Académie des Gastronomes« in seinem Artikel »Le petit quatre heures Beaujolais« (etwa: Was man im Beaujolais zur Vesper ißt, Anm. d. Ü.) im Almanach du Beaujolais *beschrieb, dessen eifrige Leserin sie war.*

Man läßt 500 Gramm feingehackte Zwiebeln in Butter goldgelb bräunen und fügt 50 Gramm Mehl hinzu. Dann mischt man alles gründlich durch und läßt das Mehl nur leicht anbräunen. Auf diese Einbrenne gießt man 2 Liter Hühnerbrühe, läßt alles eine Stunde leicht köcheln und würzt mit Salz und Pfeffer.

Man schneidet 2 »flûtes« (kleine Baguettes) in Scheiben und läßt sie in Butter bräunen. Dann kleidet man den Boden einer geräumigen Suppenterrine mit den Brotscheiben aus, deckt sie mit einer Schicht geriebenem Gruyère ab und verteilt auf dieser Unterlage die gut abgetropften Zwiebeln. Darüber kommt eine weitere Schicht Croûtons, und so fährt man fort, bis die Schüssel zu zwei Dritteln gefüllt ist.

Anschließend gießt man die ambrafarbene Brühe über dieses kunstvoll geschichtete Bett und streut obenauf nochmals geriebenen Käse. Das Ganze läßt man nun im Backofen gratinieren.

Kurz vor dem Servieren schlägt man pro Person ein Ei in jeden Suppenteller, salzt und pfeffert es, gießt einen Spritzer Madeira dazu und schlägt alles mit einer Gabel. Man nimmt die Suppe aus dem Ofen, schneidet ihren Panzer aus Käse auf und serviert die kochendheiße Suppe, die sich mit dem Ei vermischt und es stocken läßt, während der Madeira die herbe Sanftheit des Zwiebelmuses unterstreicht.

Suppe mit Speck

Von Castel-Novel aus erging Colettes herzliche Einladung an Hélène Picard, bei ihr »Suppe mit Speck« zu essen und dazu einen »göttlichen Cidre« zu trinken. »Im reinen Speck wohnen Kraft und Wohlgeschmack, worüber ich mir seit Jahren Professor René Moreau gegenüber den Mund fransig rede und worüber schon Monselet alles nötige gesagt hat.« Ces Dames anciennes, 1954

Man läßt ein Pfund gesalzenen und gewürfelten Speck aus und fügt 2 Karotten und 2 gehackte Zwiebeln sowie ein Lorbeerblatt, einen Thymianzweig, eine Nelke und einige Pfefferkörner hinzu. Auf das Ganze gießt man 2 bis 3 Liter Wasser und gibt einen kleinen Krauskohl und 300 Gramm Bohnen dazu, die man einige Stunden zuvor eingeweicht hat. Man läßt alles etwa 3 Stunden köcheln. Bevor serviert wird, schneidet man große Schnitten von einem Landbrot ab, die man röstet und »in der Suppe ertrinken läßt«; man gießt also die Bouillon über das Brot. Auf einem Teller serviert man dazu das Gemüse und besagte »zartrosa umrandete Speckwürfel«.

Die Schriftstellerin Hélène Picard (1873–1945), Mitglied der Académie française, teilte sich mit Colette das literarische Ressort der Zeitung *Le Matin*. In von frischer Tinte noch feuchte Blätter mit eigenen Gedichten wickelte sie ein Stück Kuchen oder Käse ein und ließ es verstohlen in Colettes Handtasche gleiten. Ihre Freundschaft führte sie oft in Hélènes kleine »azurblaue« Wohnung — die bald mit den blauen Briefchen Colettes tapeziert war —, »wo diese asketische Feinschmeckerin mir nichts, dir nichts den Kaffee filterte und ein kleines Cassoulet mit Speckschwarten kochte, das uns als Hauptgericht diente«. Ihr persönlicher Beitrag »zu allem, was sie tat, waren die liebenswertesten Manieren, der Diensteifer und die Sorgfalt der französischen Provinz«. Colette übernahm diskret die Verantwortung für die materielle Existenz dieses Wesens, das sich »die drei Gipfel: Sittenstrenge, Stolz und Armut« zum Lebensprinzip gewählt hatte.

VORSPEISEN

»Crevettes bouquets«
(Eine größere Garnelenart)

Auf dem Felsen, die den Strand von Rozven umschlossen, stand Colette und fischte aus den grünschimmernden Wasserlöchern bärtige Garnelen, die mit den Enden ihrer transparenten Scheren irritiert das Krabbennetz betasteten, bevor sie darin landeten und durch einen kräftigen Schlag mit dem Handgelenk zur Strecke gebracht wurden.

In einer Kasserolle bringt man Meerwasser zum Sieden, legt die achatfarbenen Garnelen hinein und läßt sie 2 Minuten lang kochen. Pro Person rechnet man 150 Gramm Bouquet-Garnelen, und man verspeist sie genauso wie Colette, indem man mit reichlich gesalzener Butter alle »Augen« einer dicken Landbrotscheibe »erblinden« läßt.

CREVETTES BOUQUETS,
»DIE MIT DEN SCHWÄNZEN KLATSCHEN«.

Gefüllte Sardinen

In La Naissance du jour, *einem Roman, der in der Provence spielt, macht die Heldin, hinter der sich Colette verbirgt, ihrem Freund Vial den Vorschlag, sich mit ihr zum Mittagessen zu treffen, das aus gefüllten Sardinen besteht.*

Man entfernt von 30 Sardinen den Kopf, öffnet sie auf einer Seite, nimmt sie aus und zieht dabei auch die Mittelgräte heraus. Man säubert sie unter klarem Wasser und läßt sie auf einem Tuch trocknen. Dann läßt man 100 Gramm Schalotten in Butter goldgelb braten und fügt 500 Gramm feingehackte weiße Champignons hinzu. Man salzt die Farce und bindet sie mit 2 Eigelb und 2 Eßlöffeln Crème fraîche und fügt ein wenig Zitronensaft hinzu. Aromatisiert wird mit 3 Eßlöffeln frischer Kräuter »in ihrer Duftglorie«: Kerbel, Petersilie, Estragon und Schnittlauch, von denen man noch etwas beiseite legt. Man stopft diese Füllung in die Sardinen, legt sie schachbrettartig in eine ausgebutterte Form, gießt ein Glas trockenen Weißwein darüber und stellt sie für 3 Minuten in den gut vorgeheizten Ofen.

Die Kochflüssigkeit schlägt man mit 200 Gramm Butter auf und würzt, wenn es sein muß, nach. Dann gießt man diese Sauce über die gefüllten Sardinen und streut zum Schluß die restlichen Kräuter darüber.

Sandwich mit Sardinen

»Im Februar gab es bereits schöne Tage. Wir nahmen unsere Fahrräder, frisches, mit Butter bestrichenes und mit Sardinen belegtes Brot, zwei köstliche Blätterteigpasteten vom Metzger aus La Muette und Äpfel; das Ganze wohlverschnürt nebst einer Korbflasche voll Weißwein ... Den Kaffee tranken wir am Bahnhof von Auteuil, ziemlich schwarz, ziemlich fade, aber heiß und vom vielen Zucker süß wie Sirup ...
Wenige Erinnerungen sind mir so nah wie diese Brotzeiten ohne Teller, ohne Tischtuch, während unserer Ausflüge auf zwei Rädern ...«

»La Lune de Pluie« in: *Chambre d'Hôtel*, 1940

Man filetiert 20 Sardinen, salzt und pfeffert sie, kocht sie in Zitronensaft und läßt sie 30 Minuten marinieren. Mit einer Gabel mischt man die Fischfilets unter 200 Gramm weiche Butter. Dann bestreicht man große Baguette-Scheiben mit dieser Sardinenbutter.

COLETTE AUF DER »FLACHEN, SALZIGEN« WIESE AM MEER, INMITTEN BLÜHENDER SKABIOSEN.

Marinierte Heringe

»Gib acht, mein kleiner Luc, zum Mittagessen gibt es bei uns fleischige Taschenkrebse, rosa Garnelen, Uferschnecken, Seemuscheln, die noch von frischem Wasser tropfen (die kleinen Austern essen wir später zur Vesper), hausgemachtes Rillette, Heringe nach Hausfrauenart, nur schwach gesalzen, kleine gegrillte Meerbarben ... der Rest ist auch nicht übel: gesalzene Butter, mehr als genug.«

Colette an L. A. Moreau

Für 12 bis 14 frische Heringe bereitet man eine Marinade vor, die aus ¾ Liter trockenem Weißwein, ¼ Liter Weißweinessig, einer Zitrone und einer kannelierten, in feine Rädchen geschnittenen Karotte, einer in Scheiben geschnittenen Zwiebel, 2 Lorbeerblättern, 12 Thymianzweiglein, einer Nelke, 20 Gramm grobem Salz, einem Stückchen Zucker, einigen Pfefferkörnern und etwas glatter Petersilie besteht. Dann läßt man die Mischung aufkochen, damit sich das Aroma besser entfaltet.

Man legt die ausgenommenen Heringe in eine ausgebutterte Terrine und gießt die kochende Flüssigkeit mit den Gemüsen und den Gewürzen darüber. In einem auf 200 Grad vorgewärmten Backofen läßt man die Terrine 10 Minuten im Wasserbad garen. Vor dem Verzehr sollten die Heringe 24 Stunden lang durchziehen.

1944 vertraut Colette Marguerite Moreno an, es sei ihr größter Wunsch, sich einmal satt zu essen. Zwei Gerichte hatten es ihr besonders angetan: ein Bœuf à la mode und marinierte Heringe. Sehr gern mochte sie auch sauer eingelegte Heringe, zu denen sie zum Erstaunen der Tischgäste einen aristokratischen Sauternes trank. Henri Béraud, ein Gastronom von Rang, während eines Diners zu dieser überraschenden Wahl befragt, meinte, dieses sei eine durchaus vernünftige Kombination, und Colette habe im Grunde recht ...

PASTETEN UND WURSTWAREN

RECHTE SEITE: DIE BLAUE KÜCHE VON ROZVEN MIT VIELEN BRETONISCHEN WURSTSORTEN UND EINEM UNTERWEGS GEPFLÜCKTEN VERGISSMEINNICHT-STRAUSS.

Marmorierte Zervelatwurst

Made Guillermet schickte ihrer Pariser Freundin zur Erinnerung an den Aufenthalt im Beaujolais häufig getrüffelte Zervelatwurst. Den Paketen fügte sie kleine Hinweise über die Zubereitungsart und die Garzeit bei. Für die Zubereitung der Zervelatwurst benötigt man insgesamt 35 Minuten.

Für die Wurst bereitet man grobgehacktes Fleisch vor, das aus 500 Gramm Schweineschulter und Schweinehals und 400 Gramm fettem Speck besteht. Gewürzt wird mit 40 Gramm Salz, 5 Gramm Pfeffer und einem Gramm Muskatblüte. Man gibt 150 Gramm in Würfel geschnittene Trüffel hinzu und vermischt das Ganze. Dann weicht man 2 Meter Schweinedarm in Wasser ein, stopft das Fleisch auf eine Länge von je 30 Zentimeter hinein und verknotet den Darm danach jeweils. Anschließend läßt man die Zervelatwürste 48 Stunden an einem kühlen Ort ziehen.

Zum Schluß pochiert man sie 35 Minuten in Salzwasser, dem man ein Gewürzsträußchen beigegeben hat. Man ißt die marmorierten Würste warm mit Kartoffelsalat, oder man kocht sie in Kohl, den sie besonders delikat machen. Man kann sie auch einfach kalt essen.

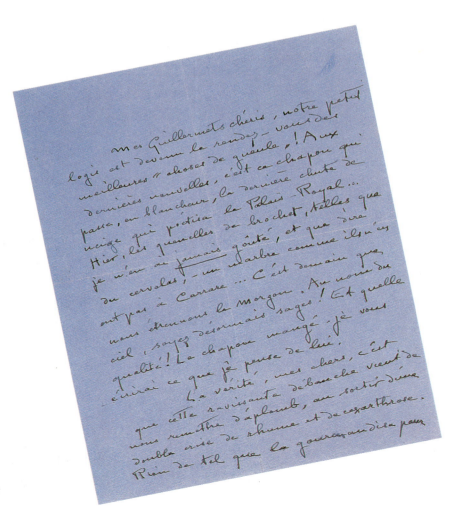

DIE »HÜHNERKUGEL« UND IHR
»SCHWARZES AUGE« IN EINEM TUCH, DAS
VOM GELIERTEN KOCHSUD GLÄNZT.

La Boule de Poulet
(Hühnerkugel)

»*Ich bin auf dem Land groß geworden, wo man Rezepte noch wie die Geheimnisse eines Parfums oder einer Wundersalbe hütete; sie waren in keinem kulinarischen Werk zu finden. Sie wurden nur mündlich überliefert, bei Gelegenheit eines hohen Kirchenfestes, bei der Taufe eines Neugeborenen, bei einer Firmung. Sie kamen einem bei einem langen Hochzeitsmahl über die Lippen, wenn der alte Wein die Zunge gelöst hatte. Auf diese Weise, also streng vertraulich, kam meine Mutter in den Besitz eines Rezepts für die ›Hühnerkugel‹, ein eiförmiges Projektil, das in die Haut eines entbeinten Huhns eingenäht wurde. Wie stellt sich das Geheimnis besagter Kugel wohl heute dar: in dicken, runden Scheiben auf dem Tisch thronend, aus denen das schwarze Auge der Trüffel und der grüne Kern der Pistazie leuchten?*«
Prisons et paradis, 1932

Man löst ein 2,5 Kilogramm schweres Huhn von den Knochen, ohne die Haut zu verletzen. Dabei behält man die beiden Filets zurück, um sie mit 150 Gramm ungeräuchertem Schinken, 150 Gramm Schweinehals, 250 Gramm Kalbfleisch, 200 Gramm fettem Speck und 250 Gramm Wurstfleisch fein zu hacken. Man würzt mit 30 Gramm Salz und mit Pfeffer, bindet die Füllung mit einem Ei und verfeinert noch mit 100 Gramm Pistazien und 8 Eßlöffeln Marc de Pays.

Dann breitet man auf dem Tisch ein feuchtes Tuch aus, legt das entbeinte Huhn darauf und schichtet die Füllung darüber. Man gräbt eine kleine Rinne über die ganze Länge, füllt diese randvoll mit Trüffeln und bedeckt diese wieder mit der Füllung. Nun klappt man die beiden Seiten des Huhns übereinander und näht sie mit einer Nadel und Küchenschnur zu. Schließlich schlägt man die Geflügelkugel in ein Tuch ein, dessen beide Enden man zusammenschnürt. Die Kugel soll in einer Fleischbrühe 2 Stunden lang leicht simmern. Wenn sie erkaltet ist, zieht man die Enden des Tuches nochmals fest und stellt die Kugel eine Nacht kühl, bevor man sie aus ihrer Umhüllung auswickelt.

Man serviert sie mit der gelierten Bouillon und einem gemischten grünen Salat, den man mit Nußöl anmacht.

Geflügelleber à la Marguerite Moreno

»Wer zählt die Wohltaten, die ich in der Wohnung der Moreno an der Place Pereire zu einer Zeit erfuhr, in der ich dringend moralische Unterstützung brauchte und sie nur von Marguerite annehmen mochte ... Ich stieg die Treppe hinauf und läutete im Zwischenstock. Ich erinnerte mich an eine robuste spanische Truhe, an einen runden Tisch, der von Büchern überquoll, nur verdrängt von einem bäuerlichen Käse, einer Foie gras oder Wurstwaren, gerade aus dem Lot eingetroffen ... Die Sonne meinte es gut mit uns. Die Pflaumentorte war aus der Pâtisserie um die Ecke. – Nimm dir einen Teller, Macolette. – Ich habe keinen Hunger. – Doch, du hast Hunger, nimm dir einen Teller. Das, was dir fehlt, kannst du kurieren, indem du ißt. Setz dich hin. Ich erzähl' dir aus meinem Leben und von meinen Wundern.« Le Fanal bleu, 1949

Eine Entenleber von etwa 500 Gramm reicht für eine Terrine aus. Man schneidet die beiden Leberlappen innen der Länge nach auf, entfernt mit einem spitzen Messer vorsichtig den Hauptnerv und bemüht sich, die Leber dabei nicht zu verletzen. Salzen, pfeffern und mit einigen Eßlöffeln eines guten Cognacs und Süßweins begießen. Man läßt die Leber 12 Stunden marinieren.

Dann läßt man sie abtropfen, bevor man sie in die Terrine legt. Zur Abdeckung gießt man heißes Gänseschmalz darüber. Man heizt den Backofen auf 180 Grad vor und läßt die Terrine 15 Minuten im Wasserbad kochen.

Nun läßt man die Leber ein weiteres Mal abtropfen und gießt das Fett mit einer kleinen Schöpfkelle ab; die Leber legt man zum Erkalten in die Terrine zurück.

Wenn sie fest geworden ist, gießt man eine Schicht Fett darüber, wartet, bis es sich gesetzt hat, und gießt zum Abschluß flüssiges Schmalz über das Ganze.

Man kann die Geflügelleber bei einer Temperatur von 2 bis 3 Grad bis zu 3 Wochen aufbewahren.

Colette sah in der berühmten Schauspielerin Marguerite Moreno (1871–1948) eine Art Doppelgängerin: so hoch schätzte sie ihre Freundschaft ein. Die Darstellerin der »Irren von Chaillot« war ebenfalls eine eingefleischte Feinschmeckerin. Vor allem war sie auf die Foie gras erpicht, die sie sich aus ihrem Besitz Touzac im Lot schicken ließ und die auch Colette bei ihr nebst einigen Kilo Schweinefleischkonserven und Gänse-Confit bestellte.

Krammetsvogel-Pastete mit Wacholderbeeren

Diese Pastete kann warm oder kalt serviert werden. Warm gegessen ist sie ein Hauptgericht und wird mit einer Rotweinsauce gereicht. Diese wird mit einer Kraftbrühe vom Wild verfeinert, der man zuletzt noch einige Wacholderbeeren, »diese bescheidenen Schätze des Herbstes«, hinzufügt.

»Es ist zwar bekannt, daß sie die Tiere liebte, doch war sie völlig unsentimental, wenn es um Fettammern ging. Wie viele habe ich für sie ausgenommen, wie viele Feigenfresser und Lerchen, wie viele Wachteln und Krammetsvögel! Außer den Blätterteigpasteten, über die ich bereits sprach – die schätzte sie vor allem wegen ihres ›spektakulären Aussehens‹ –, liebte sie Pasteten in jeder Form. Die Krammetsvogel-Pastete mochte sie wegen des bitteren Geschmacks dieser Wildvögel, die sich von Holunderbeeren ernähren, besonders gern. Manchmal fügte sie noch eine Spur Galle aus der Wildleber hinzu, um diesen Geschmack zu verstärken.«
Raymond Oliver, *Adieu Fourneaux*, 1984

Man entbeint sorgfältig 6 Krammetsvögel. Um sie zu füllen, stellt man eine sogenannte »Farce à gratin« her, die speziell für Wild gedacht ist und aus 125 Gramm durchwachsener Schweinebrust, 125 Gramm Kaninchenfleisch und 125 Gramm Geflügel- und Krammetsvogel-Leber besteht. Die drei Fleischsorten separat hacken, bevor man sie in der Pfanne mit Butter anbrät.

Bevor das Fleisch ein zweites Mal in die Pfanne kommt, püriert man es und versetzt es diesmal mit 50 Gramm Champignons und 10 Gramm frischen Trüffeln. Gewürzt wird mit 30 Gramm Salz, mit Pfeffer, Muskatnuß, Nelken und Wacholderbeeren.

Man fügt 10 Eßlöffel weißen Portwein und 10 Eßlöffel kräftige Bouillon hinzu, läßt alles 3 Minuten schmoren und gibt dann 100 Gramm in Würfel geschnittene Gänseleber und 2 Eigelb hinzu. In die abgekühlte Farce mischt man 100 Gramm gut ausgereifte Holunderbeeren. Man kleidet eine Pastetenform mit Teig aus, füllt als erstes ein Drittel der Farce hinein, stellt dann die gefüllten Krammetsvögel mittels Speckstreifen aufrecht in die Form und bedeckt die Vögel mit dem Rest der Farce. Oben auf die Pastete drückt man einen Teigdeckel und verschließt die Ränder hermetisch, indem man den Teigrand zwischen zwei Fingern entsprechend formt.

Man schneidet sich zwei Schornsteine aus Pergamentpapier zurecht und bohrt für jeden, damit die Feuchtigkeit gut abzieht, ein Loch in die Pastete, die man nun 75 Minuten bei mittlerer Hitze backen läßt. Wenn man sie aus dem Ofen nimmt, gießt man durch die Schornsteine ¼ Liter verflüssigtes, gut gewürztes Aspik und bräunt den Teig mit einem verquirlten Ei.

Die »Pathérèse«

So hatte Colette die rustikale Pastete getauft, die Thérèse Sourisse, die »kleine Bäuerin«, für sie zubereitete. Voller Begeisterung meinte sie, wenn sie so gute Pasteten machen könnte, gäbe sie sofort den Beruf der Schriftstellerin auf und würde ihr Glück in der Charcuterie machen ...

Man hackt 600 Gramm Schweineschulter und 400 Gramm Schweinespeck mittelfein. In einer mit Butter ausgestrichenen Pfanne erwärmt man 300 Gramm grobgehackte Geflügelleber und läßt sie erkalten, bevor man sie mit dem Schweinefleisch vermischt. Dann fügt man noch 5 Eßlöffel Cognac, 5 Eßlöffel Portwein, 4 ganze Eier, 35 Gramm Salz, Pfeffer und Muskatnuß hinzu.

DIE »KLEINEN BÄUERINNEN« AUS NANTES, YVONNE BROCHARD UND THÉRÈSE SOURISSE, DIE »NAHRUNGSSPENDENDEN ENGEL«, VERSORGTEN COLETTE WÄHREND DER VIERZIGER JAHRE MIT DEN KÖSTLICHSTEN ESSPAKETEN. JEDE IHRER SENDUNGEN BEGRÜSSTE COLETTE MIT EINEM DER BLAUEN BRIEFE VOLLER DANKBARKEIT UND FREUDE.

Mit dieser Mischung füllt man zwei Terrinen, die man mit Speckscheiben ausgekleidet hat. Zuoberst legt man wiederum Speckstreifen und garniert mit einem Lorbeerblatt. Man läßt die Terrinen im Wasserbad bei 180 Grad im Backofen 30 Minuten lang garen.

Man sollte mit dem Anschneiden 3 bis 4 Tage warten, weil die Pastete durchgezogen am besten schmeckt.

ZWISCHEN-GERICHTE

Gebackene Artischocken auf italienische Art

»Weil ich die Landessprache nicht beherrschte, hatte ich wenig von der Ewigen Stadt und noch weniger von den Besuchen im Museum, die ich immer ganz erschlagen und eingeschüchtert ob der vielen Meisterwerke verließ. Ich aß recht bescheiden in kleinen Restaurants, und das ›Basilica Ulpia‹ stellte mich immer zufrieden, wenn es mir außer einem Teller Pasta den täglichen Berg mit kleinen, ganz jungen Artischocken zu bieten hatte, die in heißem Öl gebraten und steif wie fritierte Rosen waren.« Flore et Pomone, 1943

Man nimmt 3 Bund junge, kleine Artischocken, deren Boden nicht größer als eine Nuß sein sollte, bricht die Stiele ab und entfernt den äußeren Blätterkranz. Dann wäscht man die Artischocken in Essigwasser und trocknet sie sorgfältig ab.

Inzwischen erhitzt man 2 Liter Erdnußöl auf 180 Grad und fritiert die Artischocken etwa 4 Minuten, bis sie vollkommen starr sind. Man läßt sie auf einem Tuch abtropfen und ißt sie pur, nur mit etwas Zitronensaft beträufelt und leicht gesalzen.

Colette verbrachte 1917 mehrere Monate in Rom, wo Henry de Jouvenel, ihr zweiter Mann, als Diplomat Dienst tat.

COLETTE UND HENRY DE JOUVENEL 1917 IN ROM.

Trüffeln in Papilloten zum Knabbern

(Originalrezept von Colette)

Colette pflegte im Departement Lot selbst auf »Trüffeljagd« zu gehen, mit einem Mutterschwein, »einer Künstlerin ihres Faches«, an der Leine. Niemandem überließ sie das Herrichten der frischen Trüffel — nicht einmal Pauline. Eigenhändig besorgte sie das sorgfältige Abbürsten. Lieber verzichtete sie ganz »auf diese Gemmen aus armer Erde«, als sie nicht in genügender Menge zu verspeisen; auch hatte sie nichts übrig für »Verkümmerungen« in Form von gehackten Trüffeln, Spänen, Schalen oder Scheibchen. Sie liebte sie so, wie sie von Natur aus waren: »ohne Beiwerk, wohlriechend, körnig« und in »üppigen Portionen«!

»Weil die Trüffel aus dem Périgord für uns zu teuer war, überließ sie im Winter ihren Platz der Trüffel aus dem Puisaye, die grau ist, ein wenig fade schmeckt und deren Duft den Nichteingeweihten abstößt. Doch ob grau oder schwarz, man wickelt die gut abgebürstete Trüffel in eine Hülle aus Pergamentpapier und läßt sie am Rand eines offenen Feuers in einen Maulwurfshügel aus kochendheißer Asche gleiten. Auf diesen winzigen Grabhügel läßt man nun winzige Glutstückchen fallen — man braucht etwas Inspiration und eine leichte Hand, um eine halbe Stunde später diese Trüffel für das Croque-au-sel wieder auszugraben.«   *Prisons et paradis*, 1932

Man umwickelt jede Trüffel mit einer kleinen Speckscheibe und feuchtet das Papier leicht an, damit es durch die Hitze nicht vorzeitig beschädigt wird. Einige Scheiben Bauernbrot, geröstet und mit frischer Butter bestrichen, und ein Salzfäßchen mit grobkörnigem Salz sind die geschätzten Beigaben zu diesen Trüffeln in Pergamentpapier.

Périgord-Trüffeln à la Colette

(Originalrezept von Colette)

Zu diesem Rezept für Puristen unter den Trüffelfreunden gehören die Trüffel, die in der zweiten Februarhälfte reif sind, nachdem sie die trockenen Winterfröste überstanden haben. Man kann mit 40 Gramm pro Person ein köstliches Mahl bestreiten. Pauline erläuterte uns, daß Colette die Trüffel im Kochtopf und in ihrer duftenden Sauce schwimmend auf dem Tisch haben wollte. Ein Teil dieser Weißweinsauce, die sich in ein bernsteinfarbenes Zauberelixier verwandelt hatte, wurde separat in kleinen Portweingläsern serviert.

»Sie macht einem, ist sie erst abgebürstet, keine Umstände. Ihr unnachahmlicher Wohlgeschmack läßt alle Schwierigkeiten und komplizierten Vorbereitungen vergessen. Sie sollte in einem guten, trockenen Weißwein baden — den Champagner mag man für die Festtafel reservieren, die Trüffel kommt ohne ihn aus —; nur leicht gesalzen und mit Fingerspitzengefühl gepfeffert, kocht sie im schwarzen, geschlossenen Eisentopf vor sich hin. Fünfundzwanzig Minuten lang sollte sie in der Kochflüssigkeit tanzen und herumwirbeln und schäumen — wie spielende Tritonen um eine schwarze Amphitrite — an die zwanzig Speckwürfelchen, halb fett, halb mager, die das Ganze bestens ausstaffieren. Und bitte keine anderen Gewürze! Und nichts da mit der zum Zylinder geformten, nach Chlor stinkenden Serviette als letztes Bett der gegarten Trüffel! Ihre Trüffeln sollten im eigenen Sud auf den Tisch kommen. Greifen Sie ohne falsche Sparsamkeit zu; die Trüffel ist Aperitif und Digestif in einem.«
»Man sollte keine Trüffeln essen, ohne etwas dazu zu trinken. Wenn Sie keinen großen alten Burgunder mit vollmundigem Bukett im Hause haben, besitzen Sie vielleicht einige Flaschen Mercurey, der Kraft und Milde in sich vereint. Und bitte, trinken Sie wenig. In meiner Heimat sagt man, daß man bei einem guten Essen keinen Durst hat, sondern ›Hunger darauf, etwas zu trinken‹.«

Prisons et paradis, 1932

Foie gras in der Kasserolle

Man stelle sich vor, daß Colette einen der bedeutendsten französischen Industriellen des 20. Jahrhunderts, Maurice Saurel (1877–1953), den Gründer der Compagnie des Lampes Mazda und späteren Präsidenten von Thomson-Houston als »Zauberer«, »Hexer« und »Spitzkopf« (ein Schimpfwort für Calvinisten) titulieren durfte. Die Dame des Palais-Royal und ihr »Saurelami« fanden sich oft am »runden Tisch« unter dem Glasdach des Speisezimmers zusammen, und ihre gemeinsame Vorliebe für das gute Leben ließ sie über subtile Geschmacksfragen plaudern.

Maurice Saurel, mit dem Colette lange über die Kunst der Degustation zu diskutieren pflegte, servierte ihr eines Tages eine Foie gras, die, um der Kunst des Kochens einen neuen Akzent zu verleihen, »in der Kasserolle« gegart worden war.

Man wählt eine feste Entenleber aus, die etwa 500 Gramm schwer sein sollte. Man würzt sie von allen Seiten, läßt sie in einer stark erhitzten, irdenen Kasserolle in Butter bräunen und fügt dann ein großes Glas süßen Weißwein und ½ Liter Entenfond hinzu. Die Bouillon sollte kochen, bevor man den Deckel wieder auflegt.

Man verrührt 200 Gramm Mehl mit 10 Eßlöffel Wasser und formt daraus einen genügend langen Wulst, um den Deckel mit der Kasserolle fest zu verkleben. Die so verkittete Kasserolle kommt für 45 Minuten in den auf 130 Grad vorgeheizten Backofen.

Man zerbricht die gehärtete Teigkruste vor den Tischgästen, schneidet die Leber auf, die auf diese Weise ihren vollen Wohlgeschmack bewahrt hat, und begießt sie mit dem Bratensaft.

Pilze à la crème

»Diner bei den Girods mit Monsieur de Segonzac, Madame Bousquet, Colette, Paul Morand, Marie Laurencin […] Als die Pilze à la crème serviert wurden, rief Colette: ›Das ist ja kolossal!‹ – ein Ausdruck, der einem Handlungsreisenden wohl angestanden hätte […] Sie gefiel sich darin, detailliert über Küchenrezepte zu sprechen.«
Journal de l'Abbé Mugnier, 1924

Man putzt, möglichst ohne sie zu waschen, damit sie ihren Geruch nach frischer Erde behalten, einige Moospilze, Pfifferlinge, Rosés des prés und Stachelpilze, »so rosig in ihrer Hülle wie eine Muschel«. Man brät jede Sorte für sich in schäumender Butter kurz an, wobei man darauf achten muß, daß die Pilze nicht zu weich werden. Danach läßt man sie abtropfen und fängt den austretenden Saft auf.

In einer Pfanne schwitzt man 2 Eßlöffel gehackter Schalotten an, befeuchtet sie mit der Pilzflüssigkeit und fügt ½ Liter Crème fraîche hinzu. Man läßt alles so lange einkochen, bis man eine cremige Sauce erhält.

Nun übergießt man die zarten Pilze mit der dickflüssigen Crème, salzt nach Belieben und streut gehackten Schnittlauch darüber.

Weichgekochtes Ei mit Rotwein

»Woher mag mir dieser durchdringende Geruch ländlicher Hochzeitsessen ins Gedächtnis kommen? Welcher Vorfahre vererbte mir über so genügsame Eltern diesen Glauben an sautiertes Kaninchen, an Hammelkeule mit Knoblauch, an weiches Ei mit Rotwein, in einer Scheune auf ecrufarbenen Tischdecken serviert, die mit leuchtenden Juni-Rosen geschmückt sind?«

La Maison de Claudine, 1922

Man läßt den Inhalt einer guten Flasche Rotwein mit einer Handvoll zerkleinerter Schalotten, 4 Knoblauchzehen, einigen zerstoßenen Pfefferkörnern, einem kleinen Lorbeerblatt, einem Salbeiblatt und einem Thymianzweig auf zwei Drittel einkochen.

Dann bindet man die Sauce mit 10 Gramm Butter, die zuvor mit Mehl vermengt wurde, und fügt ½ Liter Bratensaft und ein Zuckerstückchen hinzu, um die Säure zu mildern. Zugleich kocht man ein Dutzend Eier 6 Minuten lang.

Die von ihrer Schale befreiten Eier werden in eine Schüssel auf dünne, in Butter goldbraun geröstete Brotscheiben gelegt und mit der purpurnen, mit Butter versetzten und durch ein Sieb passierten Sauce übergossen.

Colette bat Sido oft um diese burgundische Spezialität: ein weiches Ei in einer geschmeidigen Rotweinsauce, »eine Art purpurnes Matrosengericht«.

Gefüllter Kohl mit Ysop

Pauline bereitete Colette einen »vorzüglichen gefüllten Kohl« mit Ysop zu. *»Ysop, glaube ich, Monsieur, Ysop, ein trockenes noch immer stark duftendes Zweiglein, so zart wie Schneekristalle […] Ursprünglich ist er ein bißchen wie reiner Kampfer, dann nimmt er den Geruch von zwei oder drei unaufdringlichen, leicht pfeffrigen Düften wie Lavendel und Rosmarin an, bis er schließlich … na was denn schon, eben zu Ysop wird. […] Merken Sie sich also: Ysop ist die kleine Pflanze mit dem guten Duft, und ich nehme sie als eines der Geschenke, wie sie von einem Brief ausgehen, wie sie aus einem Kohlblatt, einem Pillendöschen herausrollen, kurz, als eines jener Geschenke, die ich nie leid werde.«*

Le Fanal bleu, 1949

Für 6 bis 8 Personen läßt man einen großen Wirsingkohl 8 Minuten in kochendem Wasser blanchieren. Man schreckt ihn ab und läßt ihn abtropfen. In einem Eisentopf schwitzt man eine dicke, gehackte Zwiebel an und fügt dann 2 Gemüselöffel zerriebene Ysop-Blätter, 500 Gramm Wurstbrät und zwei feingewiegte, gut durchgebratene Enten-Schenkel hinzu. Auf einem Tuch öffnet man den Wirsing Blatt für Blatt. Man entfernt das Innere und ersetzt es durch die Füllung. Danach schließt man den Kohl wieder, wickelt ihn in das Tuch ein und verschnürt dieses. Im Brattopf läßt man Karotten, Zwiebeln und Sellerie zusammen mit einer Speckschwarte und einer ganzen Knoblauchknolle einkochen. Man legt den Kohl hinein und übergießt ihn mit einem Liter Fleischbrühe. Dann läßt man ihn im Backofen bei mittlerer Hitze 2 Stunden garen. Man entfernt die Umhüllung und legt den Kohl in eine tiefe Servierschüssel. Die Gemüsebrühe läßt man einkochen, passiert sie und gießt sie über den Kohl. Man dekoriert das Gericht mit einigen Ysop-Blättchen.

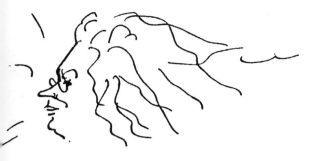

UNVERÖFFENTLICHTES SELBSTPORTRÄT VON LÉOPOLD MARCHAND.

Oft werden Kutteln mit Rinderpansen verwechselt; letztere sind ausschließlich die doppelte Magenwand des Rindes, während man in »Kutteln à la mode de Cæn« zusammen mit dem Vormagen Schweinswurst und Innereien vom Rind nebst dem unerläßlichen Ochsenfuß antrifft.

Gras-double

(Ochsenpansen)

1923 lädt Colette Misz und Léopold Marchand zu einem »Postbeamten-Festmahl« ein. Das Menü ist etwas »ganz possierlich Burgundisches«: Wurst und Gras-double.

Man kauft beim Metzger 750 Gramm frisch gekochten Ochsenpansen, den man in große, breite Streifen von etwa 6 Zentimetern Länge und 2 Zentimetern Breite zerteilt. In einer schwarzen Eisenpfanne läßt man bei starker Hitze 50 Gramm Rinderfett zergehen, würzt es mit Salz und Pfeffer aus der Mühle und brät den Pansen unter häufigem Wenden kräftig von allen Seiten an.

Dann schöpft man das Bratenfett ab, um es durch 80 Gramm frische Butter zu ersetzen, fügt 2 gehackte Zwiebeln und 4 zerdrückte Knoblauchzehen hinzu, die man goldbraun röstet, und streut schließlich noch 100 Gramm Brösel von frischem Brot in die Pfanne.

Sobald die Brösel gut gebräunt sind, trägt man das Gericht in einer tiefen Schüssel auf und überstreut es mit Schnittlauch.

Rote Bete in Asche

»Die Rote Bete kann abschließend in der heißen, noch nach Trüffeln duftenden Asche gebraten werden. Man beträufelt sie, kaum gesalzen, stark gepfeffert, mit Olivenöl und verpaßt ihr einen Helmbusch aus weißem Sellerie. Und was ist mit dem Essig? Nehmen Sie ihn, wenn es sein muß, aber fügen Sie dem Essig zur Abrundung einen süßen Wein hinzu.« Prisons et paradis, 1932

Man wickelt 6 kleine Rote Bete roh in geöltes Pergamentpapier ein. Dieses Paket legt man im offenen Kamin in ein Nest aus Asche und verteilt drumherum die Glut, aber so, daß sie das Papier nicht berührt. Die Bratzeit beträgt 2 bis 3 Stunden.

Dann nimmt man die Rote Bete vorsichtig aus dem trockenen, brüchig gewordenen Papier heraus, schält die harte äußere Haut ab und schneidet die Rote Bete in Scheiben. Sie werden leicht gesalzen, nach Belieben mit Pfeffer bestreut, mit 3 Eßlöffeln Olivenöl und einem Eßlöffel Weinessig begossen und schließlich mit 3 Handvoll Feldsalat und mit einigen jungen Sprossen Staudensellerie vermischt.

BRIEF AUF SPITZENPAPIER AN LÉOPOLD
MARCHAND.

COLETTE RÄUMTE NUR IHREN BESTEN
FREUNDEN DAS PRIVILEG EIN, VON IHR
BRIEFE AUF DIESEM PAPIER MIT DEM
ALTMODISCHEN CHARME ZU ERHALTEN,
PAPIER, NACH DEM SIE IN ALTEN PAPETERIEN
STÖBERTE.

BACKTEIG UND KUCHENTEIG

Krapfen, mit Hirn gefüllt

»In dem Speisesaal, der keineswegs monumental, sondern eher niedrig wirkte und sorgfältig abgedunkelt war, wurde ich durch ein Dutzend willkürlich verstreuter Tischchen, die mit groben baskischen Tischtüchern bedeckt waren, in meiner Menschenscheu bestärkt. Keine Butterfäßchen, kein Oberkellner im schwarz-grünen Frack, keine sparsam verteilten Blumenväschen mit Kamillenstengel, schlaffer Anemone und Mimosenzweiglein, aber ein großer Würfel eiskalter Butter, und auf der gefalteten Serviette eine Blüte der Kletterrose, eine einzige Rose mit etwas verrostet aussehenden Blütenblättern, das kam vom Mistral und vom Salz, eine Rose, ich hätte sie mir an meinen Pullover stecken oder als Hors-d'œuvre essen können [...]

Zwischen den Tischen bewegte sich Lucie, zerstreut, müde, stark gepudert, und servierte das Omelette mit Schnittlauch, die mit Hirn gefüllten Krapfen und den Rinderschmorbraten.«   Bellavista, 1937

Man wässert eine Nacht lang 6 Lammhirne in kaltem Essigwasser. Dann läßt man sie abtropfen und macht sie küchenfertig. Man läßt sie 5 Minuten in einem Sud aus Zitronensaft, Thymian, Lorbeerblatt, grobem Salz und Pfefferkörnern leicht köcheln, läßt sie wiederum abtropfen und schneidet jedes Hirn in 2 Teile. Schließlich läßt man die Hirnhälften noch 15 Minuten in einer Marinade ziehen, die mit Zitronensaft und frisch gehackten Kräutern wie Kerbel, Estragon, glatter Petersilie und Schnittlauch gewürzt wurde.

Man knetet einen Backteig aus 125 Gramm griffigem Mehl, 2 Eßlöffeln Öl und 2 Eßlöffeln kaltem Wasser, läßt ihn 5 Minuten ruhen, vermischt ihn danach mit 2 zu Schnee geschlagenen Eiweißen, rollt den Teig aus und schneidet ihn in gleichgroße Stücke. Nun wickelt man jede Hirnhälfte in ein Stück Teig und fritiert die Hälften in 180 Grad heißem Öl, nimmt sie heraus, saugt das überschüssige Fett mit einem Tuch auf und streut Salz und Pfeffer darüber.

Als Beilage zu diesen goldgelben Krapfen reicht man fritierte Petersilie und eine Sauce Tatare.

Auberginen-Krapfen

Der Garten der »Treille Muscate« ist der Lieferant für die »karagösischen« Auberginen, die alsbald zu Krapfen verarbeitet werden.

Man schneidet 4 dicke Auberginen in Scheiben von 5 Millimetern Dicke und reibt sie mit zerdrücktem Knoblauch ein, bevor man sie einige Minuten in 4 bis 5 Eßlöffel gesalzenes und gepfeffertes Olivenöl legt. Darauf läßt man sie abtropfen, wälzt sie von beiden Seiten in Mehl und klopft das überflüssige Mehl mit den Fingerspitzen ab.

Dann schlägt man 2 Eier schaumig und wälzt die bemehlten Scheiben darin. Man wirft sie in heißes Öl (160 Grad) und läßt sie, wobei man sie von Zeit zu Zeit umwendet, 3 Minuten bräunen. Zum Entfetten legt man sie auf ein Tuch, wo man sie leicht salzt. Zu den knusprigen Auberginen reicht man frischen Tomatensaft, der gesalzen, gepfeffert und mit einem Schuß Weinessig versetzt wurde.

Karagös, der die Rolle des wilden und manchmal unflätigen Hanswursts spielt, ist eine Figur des türkischen Schattenspiels.

RECHTE SEITE: AUF EINEM TURMALINGRÜNEN TELLER, »GRÜN WIE EIN FEUCHTER REINETTE-APFEL«, DAS MIT KNOBLAUCH EINGERIEBENE, MIT GROBEM SALZ GEWÜRZTE UND MIT OLIVENÖL GETRÄNKTE BROT. EIN LIEBLINGSIMBISS VON COLETTE IN DER »TREILLE MUSCATE«.

Diese Sitte ist heute noch in Saint-Sauveur und im Nachbardorf Moutiers lebendig. An jedem 24. Juni backen die Bäcker und auch die Dorfbewohner einen Kuchen mit weißem Käse (fromage blanc), der in dieser Gegend »fras« genannt wird (vom lateinischen *fractus*, zerschlagen, zerbrochen) und im Idiom des Departements Yonne ganz allgemein alle Arten gefüllter salziger Torten bezeichnet, die Käse, Mehl, Eier, Butter und Salz mit gehackten Füllungen wie Spinat, Kartoffeln oder Kürbis vereinen. Die typischen burgundischen »galettes« mit Käse und Creme kann man mit der Quiche Lorraine vergleichen; ursprünglich sind die beiden Gerichte identisch und wurden ohne Speck und Schinken zubereitet, Zutaten, die erst im Laufe des vorigen Jahrhunderts hinzugefügt wurden. Der Fras, wie er noch heute im Puisaye serviert wird, ist also ein lokales Relikt der ehrwürdigen gefüllten Torten aus dem Mittelalter.

Käsefladen zum Johannistag

»Gestern und vorgestern wurde das Johannisfest gefeiert, aber es ist nicht so wie in Saint-Sauveur, wo man ja zu Johannis acht Tage lang die verschiedensten Küchlein ißt. Erinnerst Du Dich? Und der Käsefladen? Rameau machte ihn so köstlich, und ich habe ihn, seit wir aus Saint-Sauveur weggezogen sind, nie wieder gegessen. Weißt Du noch, daß dieser Fladen aus Frischkäse, Sahne, Butter und Eiern gemacht wurde?«   Sido an Colette, 1908

Man siebt 250 Gramm Mehl auf das Backbrett und bohrt in die Mitte eine Vertiefung. Mit den Fingerspitzen vermengt man 125 Gramm weiche Butter, 3 Eigelb, 5 Eßlöffel Milch, eine Messerspitze Salz und arbeitet das Mehl rasch ein. Man rollt den Teig passend für eine Tortenform von 25 Zentimeter Durchmesser aus und läßt ihn einige Stunden ruhen.

Für den Belag des Tortenbodens mischt man 300 Gramm gut abgetropften Frischkäse mit $1/5$ Liter Crème fraîche und 3 ganzen Eiern. Man würzt mit Salz, Pfeffer, Muskatnuß und bedeckt die Oberfläche mit Butterflöckchen, die man mit der Messerspitze einrollt.

Man backt die Torte 20 Minuten im auf 200 Grad vorgeheizten Backofen. Die »Galette-Saint-Jean«, die sich so schön goldbraun aufbläht, wenn sie den Ofen verläßt, sollte man unbedingt noch warm auf den Tisch bringen.

Kürbistorte

»Ein Schüsselchen mit weißem Käse, gut gepfeffert, ist mir als Mittagessen genauso lieb wie die Kürbistorte, der gratinierte Lauch. Die ausgehöhlte Tomate, die dicke Zwiebel, der mager oder fett gefüllte Flaschenkürbis rivalisieren mit dem Minuten-Steak.«   De ma fenêtre, 1942

Man stellt einen Blätterteig her, indem man rasch 300 Gramm Mehl, 250 Gramm Butter, 10 Gramm Salz und 15 Eßlöffel Milch miteinander verknetet. Man läßt den Teig etwa 30 Minuten ziehen, rollt ihn der Länge nach aus und faltet ihn dreifach. Den ganzen Arbeitsgang wiederholt man dreimal und läßt den Teig zwischendurch immer 30 Minuten ruhen.

Anschließend kleidet man eine Tortenform mit dem Teig aus und sticht dann mehrfach mit einer Gabel in ihn hinein.

Nun erhitzt man ein nußgroßes Stück Butter und eine gehackte Zwiebel in 2 Eßlöffeln Wasser. Wenn die Zwiebel glasig ist, fügt man 750 Gramm in 2 Zentimeter große Würfel geschnittenen Kürbis nebst Pfeffer und Salz hinzu. Man läßt alles 10 bis 15 Minuten einkochen, bevor man den Tortenboden üppig damit belegt. Die Torte wird mit Teigstreifen, die man zum Gitter anordnet, dekoriert und mit geschlagenem Ei bestrichen, bevor man sie 30 Minuten lang im 180 Grad warmen Ofen backen läßt. Nachdem man die Torte aus dem Ofen genommen hat, gießt man warme, dickflüssige Crème fraîche darüber.

RECHTE SEITE: DER TRADITIONELLE KÄSEFLADEN, WIE ER ZUM JOHANNISTAG GEBACKEN WIRD.

Spinattorte Claudine

»Sie müssen wissen, daß ich es war, die den Schokoladengrill erfunden hat, dieses geniale Maschinchen, das trotz meiner Angaben mit einem zu kurzen Griff versehen wurde. Ich habe auch für Fanchette den ›Läusekamm‹ erfunden, den Topf ohne Löcher, um im Winter die Kastanien zu rösten, die Ananas mit Absinth, die Spinattorte (Mélie sagt zwar, sie war's, aber das stimmt nicht), und auch meinen hiesigen Küchen-Salon.«

Claudine s'en va, 1903 (dt.: *Claudine in der Ehe*)

Man bedeckt den Boden einer Tortenform mit einem Geflecht aus Blätterteig, der einem von einem anderen Blätterteiggebäck übriggeblieben ist, und sticht mehrfach mit einer Gabel hinein. Dann läßt man den Teig eine Stunde ruhen. Anschließend schiebt man den Tortenboden zum Vorbacken in den Ofen, wobei man ihn mit Alufolie abdeckt und mit Linsen oder anderen Hülsenfrüchten beschwert, um zu verhindern, daß er sich aufwirft. Man läßt ihn 10 Minuten vorbacken.

Nun wäscht man ein Pfund jungen Spinat und läßt ihn gut abtropfen. In einer Sautierpfanne schäumt man ein nußgroßes Stück Butter mit einer zerdrückten Knoblauchzehe auf und gibt den rohen Spinat hinein. Gewürzt wird mit einer Prise Salz und Muskatnuß.

Man läßt den Spinat kurz zusammenfallen, verteilt ihn auf dem Tortenboden und füllt mit ¼ Liter Crème fraîche, in die man 2 Eigelb hineingerührt hat, auf. Man gibt eine Schicht geriebenen Parmesan darüber und läßt alles 15 Minuten lang im Backofen gratinieren.

DIE VON GEORGES COUDRAY GESCHAFFENE
PLASTIK »CLAUDINE«.

Torte mit Anchovis

»Die Quelle ist eine gute Nachbarschaft, man hält ihr den leeren Becher oder eine dickbauchige Feldflasche hin, während man den Korb mit den violetten Feigen öffnet und die Anchovis-Torte in große Stücke schneidet.«

Prisons et paradis, 1932

Um einen Brotteig herzustellen, löst man 5 Gramm Hefe in ¼ Liter Wasser auf und verarbeitet damit etwa 10 Minuten lang 400 Gramm Mehl. Dann fügt man 10 Gramm Salz hinzu und läßt den Teig 1½ Stunden bei entsprechender Temperatur gehen. Man unterbricht nun den Gärvorgang und rollt den Teig mit dem Nudelholz auf einem rechteckigen Backbrett aus.

Man püriert ein Kilogramm frische Tomaten, läßt das warme Mus in einer Schüssel erkalten, die mit Olivenöl und Knoblauch, »so weiß wie Jasmin«, ausgerieben wurde, und verteilt es auf dem Brotteig.

Darüber legt man ein Karree aus 30 gewässerten und abgetropften Anchovis, gießt ein wenig Olivenöl darüber und verteilt noch einige schwarze Oliven obenauf. Man läßt den Brotteig eine weitere Stunde lang gehen, bevor man die Anchovis-Torte für 20 Minuten in den 180 Grad heißen Ofen schiebt.

Die Lauchtorte der »Wilden«

»Zwei Wilde [die beiden älteren Brüder Colettes], leichtfüßig, drahtig, ohne ein Gramm Fett zuviel, genügsam wie ihre Eltern, die Landbrot, Hartkäse, Salat, frische Eier, Lauchtorte oder Kürbistorte dem Fleisch vorzogen. Gestandene Männer — echte Wilde …« Sido, 1929

Man zerreibt mit den Handflächen 100 Gramm Butter und verarbeitet sie rasch mit 250 Gramm Mehl, einem ganzen Ei und 5 Gramm Salz. Man läßt den Teig eine Stunde ruhen, dann rollt man ihn aus und legt damit eine Tortenbodenform aus. 8 mittlere Lauchstangen werden geputzt und gewaschen. Man zerschneidet sie in ein Zentimeter dicke Scheiben, glasiert sie mit 50 Gramm Butter in einer Sautierpfanne und fügt 10 Eßlöffel Wasser und 5 Gramm Zucker hinzu. Man salzt und pfeffert alles und bedeckt die Pfanne mit einem entsprechend zugeschnittenen Pergamentpapier, unter dem man den Lauch 20 Minuten lang braten läßt, bis er musig ist, wobei man darauf achten muß, daß er sich nicht zu stark verfärbt.

Der erkaltete Lauch wird auf dem Tortenboden verteilt, dann gießt man $\frac{1}{5}$ Liter Crème fraîche, unter die 2 Eier geschlagen wurden, darüber. Man zerstößt 4 Pfefferkörner, streut sie auf die Torte und läßt alles bei 180 Grad 30 Minuten lang backen.

Man darf nicht ungeduldig werden und die Torte zu früh aus der Form herausnehmen; der Teig ist sehr zerbrechlich, verbindet sich aber wunderbar mit dem sanften Geschmack und der Saftigkeit des Lauchs.

EINER DER BEIDEN »WILDEN« AM KLAVIER. ES IST LÉO, DER VON COLETTE WEGEN SEINER SANFTEN »BLEIERNEN BLAUAUGEN« DEN KOSENAMEN »SYLPHE« BEKAM.

Ravioli nach Art der Mutter Lamponi

»Nach dem Baden behielt mich Colette öfters noch zum Mittagessen da … Der Tisch war auf der Terrasse gedeckt, im Schatten eines Weinspaliers, das von Glyzinien und wildem Wein umsponnen war. Das Essen war exzellent: gegrillter Skorpionfisch, Ravioli nach Art der Mutter Lamponi, das Ganze abgerundet mit einem ›Frais Rosé‹ aus Saint-Tropez.«

Dunoyer de Segonzac, in: *Le Figaro littéraire*, 1953

Madame Louise Lamponi war die Haushälterin der »Treille Muscate«.

In die Mitte von 500 Gramm durchgesiebtem Mehl gibt man 5 Eigelb, 10 Gramm Salz, das zuvor in 15 Eßlöffeln Wasser aufgelöst wurde, und 2 Eßlöffel Olivenöl. Die Mischung wird gut durchgearbeitet und der Teigkloß in einem feuchten Tuch aufbewahrt.

Für die Füllung zerkleinert man gekochtes Rind- oder Kalbfleisch, bräunt eine gehackte Zwiebel goldgelb, fügt einen Eßlöffel Tomatenmark, 100 Gramm blanchierten Spinat und neben dem feingewiegten Fleisch Basilikumblätter und 2 zerdrückte Knoblauchzehen hinzu.

Man wellt den Teig sehr dünn aus, er sollte eine Dicke von einem halben Zentimeter haben. Darauf verteilt man in regelmäßigen Abständen von 4 Zentimetern kleine Häufchen von der Füllung. Der Nudelteig wird rund um die Füllung mit einem Pinsel angefeuchtet. Man deckt eine zweite Teigbahn darüber und verklebt die beiden Schichten miteinander, indem man sie mit den Fingerspitzen zusammendrückt. Man schneidet die Ravioli mit einem Teigrädchen auseinander.

Dann läßt man sie 10 Minuten in siedendem Salzwasser kochen, schüttet sie ab und serviert sie in einem Püree aus frischen, kochendheißen Tomaten, salzt, pfeffert und rundet den Geschmack mit einer Messerspitze Zucker und 100 Gramm weicher Butter ab. Über das fertige Gericht reibt man 50 Gramm Gruyère und 50 Gramm Parmesan.

Reis mit »Favouilles«
(Taschenkrebsen)

»Favouille« ist eine Neuschöpfung aus dem provenzalischen *favouio* (= Krebs). Es handelt sich um die kleinen, abgeplatteten, grünen Taschenkrebse, die die Fischer von den Felsen der Mittelmeerküste sammeln.

Colettes Tafel in Saint-Tropez war stets reich mit allen Spezialitäten der Provence gedeckt, wobei der »Reis mit ›Favouilles‹« vor allem zu Weihnachten auf den Tisch kam.

Man hackt 100 Gramm Schalotten, 100 Gramm Zwiebeln und 12 Champignons getrennt voneinander. In einem schweren Eisentopf schwenkt man alles zusammen in 100 Gramm Butter und einer Mischung aus einem Pfund Tomaten, einem Kräutersträußchen, einigen Knoblauchzehen, einer Prise Safran, den »Quatre-épices« (Gewürzmischung aus gemahlenem Ingwer, Muskatnuß, weißem Pfeffer und Nelken) und zwei kleinen Pfefferschoten.

Jetzt wirft man die Krebse in den Topf. Man rührt ununterbrochen und läßt die Krebsschalen Farbe annehmen, bevor man 500 Gramm Reis darunter mischt. Man löscht mit einem Glas trockenem Weißwein und 1,5 Liter Wasser ab und würzt mit grobkörnigem Salz. Dann bedeckt man den Topf mit einem Pergamentpapier und schiebt ihn bei einer Temperatur von 170 Grad 25 Minuten in den Ofen.

Unmittelbar vor dem Servieren entfernt man das Papier und bringt den Topf, so wie er ist, ohne den Reis in eine Extraschüssel zu geben, auf den Tisch.

RECHTE SEITE: REIS MIT TASCHENKREBSEN, SERVIERT AUF EINER TAFEL, DIE MIT WEIHNACHTLICHER STECHPALME GESCHMÜCKT IST.

KRUSTEN-TIERE, SÜSSWASSER-FISCHE UND SEEFISCHE

EIN VON FLIRRENDER SOMMERHITZE UND SUMMEN ERFÜLLTER WEG.

Der Fisch mit dem Fußtritt
(Originalrezept von Colette)

»Mitten im Forêt du Dom liegt ein Wirtshaus... Es steht in so gutem Ruf, daß man es nicht näher beschreiben muß. Es steht an einem schönen Platz mitten im Hochwald, und die romantische Straße windet sich wunschgemäß für die anrollenden Kutschen... An Sommerabenden erwarten zwei, drei unter den Akazien verstreute rohe Holztische die Freunde des Wildbrets und die Liebhaber des Fisches, den ich ›den Fisch mit dem Fußtritt‹ nennen will.

Handelt es sich um ein Rezept? Mitnichten, eher um eine primitive kulinarische Beschreibung... Nie brauchte ein Gericht weniger Vorbereitung, man muß nur wissen wie.

Das, was man allein braucht... ist ein provenzalischer Wald, oder wenigstens ein meridionaler. Versorgen Sie sich mit allerlei Holz: mit den hornigen Scheiten des Olivenbaums, Zweigen von der Zistrose, mit Reisig und Wurzeln vom Lorbeer, mit Kiefernknüppeln, von denen noch das goldene Harz tropft, etwas Gestrüpp von Terebinthen und Mandelbäumen, und vergessen Sie nicht das Rebenholz. Auf der blanken Erde baut man sich zwischen vier dicken Granitblöcken einen Scheiterhaufen auf und entzündet ihn. Während er rot, weiß, kirschfarben aufflammt, gold und blau züngelt, hat man nichts zu tun, als ihn zu betrachten...

Die Flammen werden immer kleiner und verlöschen, und nun, nicht wahr, haben Sie einen oder auch mehrere schöne Mittelmeerfische zur Hand, ausgenommen natürlich. Sie haben in Saint-Tropez ein Monster von einem Skorpionfisch mit seinem Drachenmaul erstanden, aus Toulon hat man Ihnen die neckischen Meerbarben mit dem schwarzen Rücken mitgebracht, und Sie haben hoffentlich nicht vergessen, beim Ausnehmen hier und da einen Streifen Speck in ihre hohlen Bäuche hineingleiten zu lassen? Gut so, und nun nehmen Sie Ihren ›Besen‹, so nenne ich das duftende Sträußchen aus Lorbeer, Minze, Pebredai,

»Pebredai«: Eselspfeffer, ein Spottname für das Gebirgspfefferkraut.

COLETTE IN SAINT-TROPEZ, UNTER EINEM »REGUNGSLOSEN AZURHIMMEL«, IN DER »BLAUEN LUFT DES ESTÉREL-GEBIRGES«.

Thymian, Rosmarin und Salbei, das Sie sich zusammengebunden haben, bevor Sie das Feuer angezündet haben. Nehmen Sie also Ihren Besen zur Hand, und tauchen Sie ihn in einen Topf, der mit dem feinsten Olivenöl gefüllt ist, das mit Weinessig vermischt wurde – hier ist nur der milde rosa Essig zugelassen. Knoblauch – nicht, daß Sie so naiv sind zu glauben, es ginge auch ohne ihn –, zu einer cremigen Masse zerstampft, gibt der Mischung das gewisse Etwas. Salz wenig, Pfeffer genügend.

Aufgepaßt. Ihr Feuer besteht nur noch aus Glut, einer dicken Schicht Glut, die nicht mehr singt; die halbverkohlten Holzscheite flammen noch ein wenig nach. Eine durchsichtige, leichte Rauchwolke trägt die aufgezehrte Seele des Waldes bis zu Ihren Nasenlöchern ... Dies ist der Augenblick für den alles entscheidenden Fußtritt, der Holzscheite, Brandfackeln, Fumarolen von ferne zurückholt, der die rosig glühende Kohlenglut zudeckt und eindämmt, der das reine Herz des Feuers freilegt, auf dem ein kleines, bläulich glühendes Gespenst hechelt, noch feuriger als das Feuer selbst.

Ein alter Eisengrill, drei Fuß hoch, ein gewundener Feuergeist im Dienste der Flamme, empfängt den Fisch mit der geweihten Sauce und pflanzt sich lotrecht in dem Flammeninferno auf. Da! Noch beherrschen Sie nicht ganz die Geschicklichkeit des Dom-Menschen, des Mannes, von dem man nur den Schatten über dem Feuer sieht, den schwarzen Arm mit dem Besen bewaffnet, den schwarzen Arm, der unablässig den Fisch befeuchtet, berieselt, auf dem Grill umwendet ... Wie lange er dazu braucht? Der schwarze Mann weiß es. Er wiegt nichts ab, er schaut nicht auf die Uhr, er schmeckt nicht ab, er weiß es. Es ist eine Sache der Erfahrung, der göttlichen Eingebung. Wenn Sie nicht ein wenig von Hexerei verstehen, sollten Sie die Finger vom Kochen lassen.

Der ›Fisch mit dem Fußtritt‹ springt von seinem alten Grill direkt auf Ihren Teller. Sie sehen es, er ist steif geworden, er ist mit einer knusprigen Haut bekleidet, er enthüllt sich, klaffend liegt er da in seinem festen Fleisch, dessen Wohlgeschmack einen an das Meer und an balsamische Walddüfte erinnert. Die harzige Nacht senkt sich herab, eine schwache Lampe auf dem Tisch läßt die Granatfarbe des Weines erraten, der Ihr Glas füllt ... Danken Sie für diese Libation, es war ein glücklicher Augenblick, halten Sie ihn fest.«

Prisons et paradis, 1932

Bourride

(Mediterrane Fischsuppe)

Gern pflegte Colette ihre Malerfreunde, diese »fleißigen Liebhaber der Farbe«, »zu bestechen«: Sie schleppte sie in ein kleines Restaurant im Hafen von Saint-Tropez, wo sie in der Nachbarschaft des elektrischen Klaviers »der Bourride opferten«, die, nach ihren Angaben mit einer »großen Portion Knoblauch, provenzalischem Thymian und Skorpionfisch« versehen, vor sich hinkochte ...

Man wählt für diese Suppe einen Seeteufel, einen Merlan, einen Skorpionfisch, einen Knurrhahn und einen Loup de mer aus. Vorab bereitet man eine Fischbrühe zu, indem man die Fischköpfe in Olivenöl zusammen mit 2 Zwiebeln und 2 kleingeschnittenen Lauchstangen anschmoren läßt. Man gießt 2 Liter Wasser dazu, läßt alles 20 Minuten leicht kochen und passiert die Brühe durch ein Sieb.

Dann schneidet man Lauch, Zwiebeln und Fenchel klein, läßt sie anschwitzen, zerteilt die Fische in mundgerechte Stücke und legt sie auf das Gemüsebett; dazu ein üppiges Gewürzsträußchen, verstärkt durch einen »elfenbeinfarbenen« Selleriestengel. Man gießt die Fischbrühe darüber, würzt mit grobkörnigem Meersalz und fügt noch 4 in dicke Stücke geschnittene Kartoffeln hinzu. Nun läßt man alles 20 Minuten vor sich hin köcheln.

Inzwischen rührt man eine Knoblauchmayonnaise an. Dazu braucht man 12 zerdrückte Knoblauchzehen, 4 Eigelb, Salz, Pfeffer und ¾ Liter Olivenöl. Die Mayonnaise wird in zwei Teile aufgeteilt. Die eine Hälfte verrührt man mit einer Suppenkelle voll Fischbrühe und gibt das Ganze dann in die Fischsuppe, die nicht mehr kochen darf — das wäre in diesem Stadium eine Katastrophe. Man rühre also unverdrossen, denn die Mayonnaise bindet die Sauce und verleiht ihr ein samtiges Aussehen.

Zur Bourride serviert man gegrillte Brotscheiben, die mit der zweiten Hälfte der Mayonnaise bestrichen werden.

DUNOYER DE SEGONDAC, VON COLETTE »DÉDÉ MIT DEM ZAUBERBLICK« GENANNT.

Gefüllter Skorpionfisch

Unter dem Vorwand, das Fest eines Ortsheiligen begehen zu wollen, brach Colette mit dem »Clan Cannebier« zum Picknick auf. Auf einem Hügel mit Blick auf das Meer aßen sie gefüllten Skorpionfisch, Auberginenkrapfen, gegrillte Vögel und Obsttorte; dazu tranken sie einen spritzigen jungen Wein.

Man entschuppt einen schönen rosa Skorpionfisch, nimmt ihn aus und säubert ihn gründlich. Den aufgeschnittenen Bauch füllt man mit einer Farce aus einer feingehackten Zwiebel, einer zerdrückten Knoblauchzehe, 6 gehackten Champignons, 50 Gramm gekochtem Spinat, 2 Löffeln gehackter Kräuter, 100 Gramm gerösteten Semmelbröseln; alles wird mit Salz, Pfeffer und Muskat gewürzt. Man näht den Bauch mit Nadel und Faden zu.

Den gewürzten Fisch legt man in einer feuerfesten Form auf ein Bett aus gehackten Schalotten und Butterflocken und gießt 2 Gläser Weißwein darüber. Man schiebt den Fisch für 30 Minuten in den auf 170 Grad geheizten Backofen und vergißt nicht, ihn öfters mit der Sauce zu begießen.

In einer kleinen Sautierpfanne läßt man ein Dutzend Taschenkrebse rötlich werden, fügt 6 Knoblauchzehen, 6 zerkleinerte Tomaten und ein Sträußchen aus frischen Kräutern hinzu und würzt noch zusätzlich mit einer kleinen Pfefferschote und einer Messerspitze Safran. Man bringt alles kurz zum Kochen, nimmt es sofort vom Herd und passiert es durch ein Sieb, wobei man die kleinen Krebse sorgfältig zerstampft, damit sie ihr Aroma abgeben. Zum Schluß fügt man dieser Sauce den Fischsud des Skorpionfisches hinzu und würzt eventuell nach. Dann übergießt man den Fisch mit der Sauce.

Die Naht des gefüllten Fisches trennt man erst kurz vor dem Servieren auf.

125

DER TEICH DER GUILLEMETTE, BEWACHSEN »VON DEN FETTEN WASSERPFLANZEN, DIE, WENN SIE EINE HAND BEWEGT, HIN UND HER WOGEN UND VERSINKEN«.

Krebse mit Pfeffer, als »Buisson«* serviert

»Ein Seufzer der Begehrlichkeit entringt sich mir, hervorgerufen durch die Duftschwaden von einer Schüssel mit Krebsen, die gerade vorbeigetragen wird.
— Es gibt also Krebse! Da schau her! Wie viele denn?
— Wie viele? Ich habe keine Ahnung, wie viele ich essen kann. Erst einmal ein Dutzend, dann wird man weitersehen […]
O diese Krebse! Wenn Sie wüßten, Renaud […] Bei uns zu Hause in Montigny sind sie ganz klein, ich fing sie am Gué-Ricard immer mit der Hand, die nackten Füße im Wasser. Diese hier sind wirklich wunderbar gepfeffert.«

Claudine à Paris, 1901

Man zieht an der mittleren Schwanzflosse der Krebse, um die Darmröhre zu entfernen. Es sind etwa 50 Krebse, die man in einen kochenden Sud wirft, der mit einem Gewürzsträußchen, einer kleingeschnittenen Karotte und einer Zwiebel gewürzt ist und dem man noch 20 schwarze Pfefferkörner, eine Nelke und eine Handvoll grobkörniges Salz hinzufügt.

Nachdem man alles 3 Minuten lang sprudelnd hat kochen lassen, tropft man die Krebse ab und arrangiert sie in Form eines »Buisson«. Man garniert sie mit einigen Petersiliensträußchen und legt obenauf noch einen Krebs.

Man sollte nicht vergessen, für Fingerschalen und einige butterbestrichene Brotscheiben zu sorgen. Sie sollten gesalzen und zusätzlich scharf mit Pfeffer gewürzt sein, »der alles reinigt und läutert«.

* Buisson, wörtlich Busch, ist ein strauchförmiges Arrangement auf einer Platte, eine klassische Präsentation für Langusten und Krebse, Anm. d. Ü.

Léas Langustinen à la crème

Obschon er, seit er verheiratet ist, an Appetitlosigkeit leidet, läßt die Erinnerung an ein Rezept mit cremigen Langustinen, die ihm Léa, seine alte Liebe, zubereitete, die Augen von Chéri glänzen …

Man löst die Panzerringe von etwa 30 gekochten Langustinen und entfernt den schwarzen Darm. Dann gibt man Butter an die Panzer, fügt kleingeschnittene Karotten, Zwiebeln, Lauch, ein Kräutersträußchen hinzu und aromatisiert alles mit einer Messerspitze Safran, mit Curry, einem halben Löffel Tomatenmark und einigen Knoblauchzehen. Man gießt ein Glas Weißwein dazu und läßt die Flüssigkeit völlig einkochen. Dann füllt man mit 1 Liter Crème fraîche auf; das Ganze soll so dickflüssig sein, daß es am Holzlöffel hängenbleibt. Nun wird die Sauce durch ein Sieb passiert, wobei man die Garnelenschalen kräftig auspreßt, damit sie ihren Saft abgeben.

Die abgeschälten Langustinen-Schwänze sollten noch 3 Minuten in der Crème ziehen und werden zum Schluß mit Petersilie bestreut.

Hecht aus den Teichen des Puisaye mit Mousseline-Sauce

»Ich glaube, daß das Essen sehr schlicht und sehr gut war. Doch zwischen dem Hecht in Mousseline-Sauce und dem Dessert — es war das Nonplusultra aus Savoyen, Nougat, auf dem eine Rose aus gesponnenem Zucker zitterte — setzt meine Erinnerung aus. Denn dank einiger kräftiger Schlucke Champagner fiel ich schlagartig in tiefen Schlaf, wie er überforderte Kinder bei Tisch überfällt.«

Noces, 1943

Man gibt in 3 Liter Wasser 2 Karotten und 2 in Scheiben geschnittene Zwiebeln, 6 Schalotten, ein Kräutersträußchen, einige Pfefferkörner, eine Handvoll grobes Salz, ein Glas Essig, eine halbe Flasche Weißwein und läßt alles 10 Minuten kochen. Auf den Rost eines Fischkochers legt man einen 4 bis 5 Pfund schweren Hecht, entschuppt, ausgenommen, gesäubert. Man bedeckt ihn mit dem Sud und läßt den Hecht darin 20 Minuten leicht köcheln.

In einer schweren Eisenkasserolle läßt man 5 Eßlöffel Wasser, 5 Eßlöffel Wein, eine Messerspitze grob zerstoßenen Pfeffer und feinkörniges Salz auf die Hälfte eindampfen. Der eingekochten Flüssigkeit schlägt man auf kleinem Feuer 8 Eigelb so regelmäßig und so lange unter, bis sie die Konsistenz einer Sauce Mousseline hat. Dann verarbeitet man darin 250 Gramm geläuterte Butter, den Saft einer halben Zitrone und 1/5 Liter Schlagrahm.

Man legt den Hecht auf eine ovale Servierplatte und reicht die Sauce Mousseline extra in einer Sauciere.

Colette erinnerte sich, daß aus dem Teich von Chassaing nahe ihrem Heimatdorf der einzige Fisch gefangen worden war, ein Monster von einem Hecht, der sich von allen seinen Artgenossen ernährt hatte. Der Hauptmann erwarb ihn als Kuriosität für einen Freund, und weil sich keine genügend große Verpackung fand, schickte er ihm den Hecht auf einem Brett festgebunden und in einen alten Stoffetzen gewickelt.

ANGLER AM TEICH VON MOUTIERS.
NACHFOLGENDE DOPPELSEITE: DER RÖTLICH SCHILLERNDE TEICH DE LA FOLIE.

VORBEREITUNG DER COURT-BOUILLON FÜR
DIE BLAUEN HUMMER IN DER KÜCHE
VON ROZVEN.

Court-Bouillon
aus bretonischen Hummern

*In der Bretagne ließ Colette es sich nicht nehmen, mit einigen Fischern selbst die
Hummerkästen zu inspizieren und die Prachtexemplare auszuwählen, die die
Court-Bouillon des Diners krönen sollten.*

In einer großen Kasserolle bringt man 3 Liter Meerwasser zum Kochen.
Man fügt 2 in dünne Scheiben geschnittene Karotten, 2 grob geschnittene Zwiebeln, 2 der Länge nach gespaltene Lauchstangen und einen Selleriestengel hinzu und würzt mit einer Nelke, 2 Knoblauchzehen, einem dicken Kräutersträußchen, 2 länglichen Pfefferschoten, 2 Stückchen Würfelzucker, 15 Eßlöffeln Weinessig und einer halben Flasche trockenem Weißwein.

Dann versenkt man 3 Hummer zu je 800 Gramm in diesem Kochsud und läßt sie 8 Minuten kochen.

Man schöpft ½ Liter von der Flüssigkeit ab und schlägt sie warm mit 250 Gramm Butter und einer Handvoll gehackter Petersilie auf. Man spaltet die Hummer in 2 Teile, zieht das korallenrote Geschlechtsteil heraus, zerstampft es fein, gibt es in die Brühe und bittet zu Tisch.

Karpfen in Gelee mit Bratensaft

»Als ich Ihnen Speck mit Fisch ans Herz legte, vergaß ich, den Ausspruch jener bischöflichen Köchin zu zitieren, die sich in ihrer Ehre verletzt sah und gestand: ›Wie kann ich am Karfreitag einen makellosen Karpfen in Gelee auf den Tisch bringen, wenn ich keinen guten Bratensaft vom Tag vorher dazu verwenden darf?‹«
Colette in: *Almanach de Paris An 2000*, 1949

DAS HERRENHAUS VON ROZVEN, VON DER LANDSEITE HER GESEHEN.

Man läßt einen entschuppten, ausgenommenen und gesäuberten Karpfen einige Stunden in Rotwein ziehen und würzt ihn mit einer in Scheiben geschnittenen Karotte, 10 gehackten Schalotten, einem Selleriestengel, 6 Knoblauchzehen, einem Lorbeerblatt, einem Thymianzweig, 2 Nelken, einer Prise Muskat und 6 Pfefferkörnern. In einem Schmortopf läßt man eine Speckschwarte mit den Gemüsen aus der Marinade anschwitzen, legt den Karpfen darauf und begießt ihn mit $1/2$ Liter des Rotweins, den man für die Marinade verwendet hatte. Man läßt den Karpfen zugedeckt 30 Minuten lang schmoren.

Dann nimmt man ihn heraus, löst vorsichtig die Filets ab und legt sie in eine tiefe Schüssel.

In den Schmortopf gießt man eine Tasse Bratensaft vom Vortag, läßt das Ganze leicht simmern und gießt die gefilterte Flüssigkeit über die Karpfenfilets.

Man stellt das Gericht 24 Stunden kühl, bevor man es auf den Tisch bringt.

Thunfisch mit Schalotten

»Der Regen an der Küste, dieser feine Sprühregen, der die Wangen und die Haare silbrig beschlagen läßt, durchnäßte uns von der einen Seite, der Wind trocknete uns von der anderen. Nur der Hunger trieb uns in unser großes Holzhaus zurück, das nach Schiff roch, und ich rannte durchs Treppenhaus, begeistert die Court-Bouillon für die kleinen Hummer und die Schalotten schnuppernd, die für die Thunfisch-Scheiben, dick wie Kalbsschnitzel, bestimmt waren. Meine nackten Füße hinterließen eine Spur, so frisch und feucht wie von den Füßen einer jungen Wilden.«
La Retraite sentimentale, 1907

COLETTE UND GERMAINE BEAUMONT WÄHREND DER FERIEN IN DER BRETAGNE.

Man legt 30 Schalotten der länglichen, rötlichen Sorte (échalotes grises) zusammen mit einem Lorbeerblatt und einem Thymianzweig in Olivenöl ein. Dann entfernt man die Schalotten und legt an ihre Stelle 2 dicke, 500 Gramm schwere Stücke roten Thunfisch, der etwas abgelagert sein sollte, und salzt und pfeffert die Stücke.

Man brät den Thunfisch auf beiden Seiten gar und paßt auf, daß er nicht austrocknet. Dann erwärmt man die Schalotten, bevor man sie auf der Servierplatte rund um den Thunfisch anordnet. In die Wirbelsäule des Thunfisches sticht man mit einem spitzen Messer ein kleines Loch, um etwaige Gräten herauszuziehen, und füllt diese Öffnung mit einem Löffel Anchovis-Butter.

Aïoli mit Gemüse

»Das menschliche Auge ist niemals gänzlich harmlos. Wundern Sie sich also nicht, wenn das Aïoli, das zu Ihrer Zufriedenheit aufs Schönste stieg und weiß wurde, plötzlich zu Klumpen gerinnt:
– Nur, weil Sie mir zugeschaut haben! beklagen sich dann die gedemütigten Köchinnen!«
Journal à rebours, 1941

In einem Mörser zerstampft man 20 Knoblauchzehen mit einer gekochten, mehligen Kartoffel. Man salzt, pfeffert, gießt einen feinen Strahl Olivenöl über die Knoblauchmasse und rührt kräftig, bis ¾ Liter Olivenöl verbraucht sind. Man darf nicht vergessen, zwischendurch immer wieder einige Tropfen warmes Wasser hinzuzufügen, damit das Aïoli fest wird. Zum Schluß gibt man ein paar Tropfen Zitronensaft hinzu. Man stellt das Aïoli kühl, bis man es serviert.

In kochendes Salzwasser, das milde mit Thymian, einem Lorbeerblatt, Fenchel, Nelken, Petersilie und 2 bis 3 Pfefferschoten gewürzt wurde, gibt man 6 Karotten, 6 Kartoffeln mit der Schale, 6 kleine lila Artischocken, 2 Handvoll grüne Bohnen, ein Bund kleine weiße Rüben, 3 gespaltene Fenchelknollen und ein Dutzend kleine Topinamburen.

In einen Teil dieser Gemüsebrühe gibt man 2 Dutzend Schnecken sowie 2 Kilogramm gesalzenen, unter fließendem Wasser abgespülten Stockfisch und läßt alles 15 Minuten lang kochen.

Dann kocht man 6 Eier hart. Man läßt den Stockfisch abtropfen, legt ihn in die Mitte einer großen Servierplatte, umlegt ihn rundherum mit den Gemüsen und verziert ihn mit den harten Eiern und den Schnecken. Man gießt noch einen feinen Strahl Olivenöl darüber und serviert das Aïoli in einer großen Sauciere.

»Aïoli« oder »Ailloli« leitet sich von den beiden provenzalischen Wörtern »ai« für Knoblauch und »oli« für Öl ab und bezeichnet die stark mit Knoblauch gewürzte Mayonnaise, die den Stockfisch und das Gemüse bindet. Heute wird damit auch das ganze Gericht bezeichnet.

Forelle mit Speckstreifen

»Zögern Sie, einen ausgenommenen Fisch mit einem Speckstreifen zu füllen, um sein Inneres noch schmackhafter zu machen? Zögern Sie nicht länger, ich kenne das Resultat.«
Colette in: *Almanach de Paris An 2000*, 1949

Einige Stunden vor der Zubereitung richtet man 6 schöne Lachsforellen her und legt in jede einen Streifen geräucherten Speck ein. Kühl aufbewahren. In einer schweren Eisenpfanne brät man die Forellen halb in Öl, halb in Butter goldbraun. Dann fügt man 24 blanchierte kleine Zwiebeln und 100 Gramm Speckwürfel hinzu. Das Bratfett wird abgeschüttet und durch 50 Gramm frische Butter ersetzt, mit der man die Forellen öfters begießt.

Man richtet die Forellen mit der Beilage auf einer großen Servierplatte an, läßt die in der Pfanne verbliebene Butter aufschäumen, gibt 2 Löffel gehackte Petersilie hinein und gießt beides anschließend über die Forellen.

RECHTE SEITE: LACHSFORELLEN MIT SPECKSTREIFEN.

Hélène Jourdan-Morhange, eine sehr talentierte Geigerin und Lieblingsinterpretin von Maurice Ravel, war die Frau des Malers Luc-Albert Moreau.

Gegrillter Loup de mer mit Fenchel

»Ich wohnte mit einer ganzen Maler-Clique, darunter Luc-Albert Moreau, Ségonzac und Villebœuf im ›Le Maquis‹. Auch Thérèse Dorny und Gignoux waren mit von der Partie, wenn wir uns mit Colette und Maurice in der Auberge du Don oder sonstwo auf dem Lande verabredeten, um ›Loup de mer vom Grill mit Fenchel‹, eine Bourride oder Aïoli zu essen. Colette gab sich so schlicht, so ehrlich, so natürlich, daß man ihre geistige Überlegenheit vergaß, denn ihre Lebensart war ihr eigentliches Genie. Zu sehen, daß sie lebte, war schöner als alles andere! Sie ließ ihre Freunde an ihren Passionen und Entdeckungen teilhaben, ob es sich um Kulinarisches oder um ›Kätzinnen‹ handelte, ob es um Pflanzen oder gar um Sternkunde ging. Alle, die ihr nahestanden, haben von ihr gelernt, jede Minute und die geringste Kleinigkeit, die das Leben verschönt, zu genießen. Wenn das nicht ansteckend ist?«

Hélène Jourdan-Morhange: Les Lettres françaises, 1954

Man entschuppt 2 kräftige Loups de mer zu je 800 Gramm, nimmt sie aus, spült sie unter fließendem Wasser ab und tupft sie sorgfältig trocken. Man macht leichte, viereckige Einschnitte in das Fleisch der Fische und legt sie in eine Marinade aus Olivenöl, das mit Fenchelsamen, Salz und Pfeffer gewürzt wurde.

Man zündet den Grill an und bedeckt den Rost mit trockenen Fenchelzweigen. Darauf legt man die Fische und achtet darauf, sie im richtigen Moment zu wenden und sie mit dem Öl der Marinade zu bepinseln.

Man schneidet eine kleine Fenchelknolle in dünne Scheiben, preßt eine halbe Zitrone aus, fügt Salz und Pfeffer hinzu, erwärmt den Saft zusammen mit einem Glas Olivenöl und serviert diese schlichte Sauce zu dem Loup de mer auf seinem anisduftenden Bett aus Fenchelzweigen.

Das »Sotto-coffi«

»Dieser Fisch ist ganz ausgezeichnet! Wie heißt er?
— Wer weiß das schon so genau? Wir geben ihm einen Namen von hier, Sottocoffi sagen wir dazu. Hätten Sie den ordinären Stockfisch so provenzalisch verkleidet wiedererkannt? Ich jedenfalls habe eine Zeitlang dazu gebraucht.«

Journal à rebours, 1941

Man wässert ein Kilogramm Stockfisch 2 Tage lang, wobei man das Wasser mehrfach erneuert. Dann läßt man 3 gehackte Zwiebeln und 6 Knoblauchzehen, das Fleisch von 6 Tomaten, ein Kräutersträußchen, eine Handvoll Basilikumblätter und eine Prise Gewürzsalz in Olivenöl anschwitzen und 15 Minuten bei mittlerer Hitze schmoren.

Inzwischen schneidet man den Stockfisch in dicke Würfel. Man legt ihn auf das duftende Kräuterbett und befeuchtet ihn gut. Das Ganze läßt man 30 Minuten eindicken, bis man einen dicklichen Brei erhält.

Man garniert das Gericht mit einigen gekochten Kartoffelscheiben und mit schwarzen Oliven.

Poulet au blanc

(Hühnchen in weißer Sauce)

»Ein Glück, das nichts mit meinen Lebensjahren zu tun hatte, das süße Glück des satten Genießers umfing mich dort; ich war gefüllt mit Kaninchen-Sauce, mit Poulet au blanc und mit gesüßtem Wein ...« La Maison de Claudine, 1922

Man bindet einem Huhn von 1,8 Kilogramm die Flügel und die Füße zusammen, bevor man es zum Garen in eine geräumige Kasserolle hineinlegt. Man bedeckt es mit kaltem Wasser, gibt Salz dazu und bringt es zum Kochen. Dann schäumt man vorsichtig ab. Zur Geschmacksabrundung fügt man eine Selleriestaude, eine dicke, mit Nelken gespickte Zwiebel, eine Karotte, eine Lauchstange, ein Kräutersträußchen und 10 Pfefferkörner hinzu.

Nach 50 Minuten sanften Köchelns nimmt man das Huhn aus der Brühe und wickelt es, damit es weiß bleibt, in gebuttertes Pergamentpapier ein. Man gießt die Hühnerbrühe durch ein Sieb und läßt sie auf etwa 1,5 Liter einkochen. Getrennt davon bereitet man eine Einbrenne aus 80 Gramm Butter und 80 Gramm Mehl zu, wobei man sie nur leicht Farbe annehmen läßt. Man löscht mit der Hühnerbouillon ab, rührt bis zum Aufkochen und fügt dann 300 Gramm gewaschene und abgetrocknete kleine weiße Champignonköpfe hinzu.

Die Sauce muß noch ein paar Minuten leicht weiterkochen, dann nimmt man sie vom Herd und schlägt mit einem Holzlöffel 4 Eigelb, 4 Eßlöffel Crème fraîche und den Saft einer Zitrone darunter. Eventuell nachwürzen.

Man legt das entbeinte Hühnchen in eine tiefe Schüssel, übergießt es mit der weißen Sauce und serviert es mit den kleinen Champignons.

GEFLÜGEL, FLEISCH UND WILD

»Die Hühner, die ich dir geschickt habe, hatten gerade die richtige Größe erreicht; man nennt sie Lolottes.«

Sido an Colette, 1909

Gegrilltes Huhn à la Treille muscate

»Früchte, Gemüse, Fisch und von Zeit zu Zeit ein halbes Hühnchen, sorgfältig mit Öl bestrichen und im Freien auf einer Glut aus Fenchel und Rosmarin gegrillt ...« Colette an A. Billy in: *Intimités littéraires*, 1932

Man schneidet 2 Hühnchen von 1,5 Kilogramm in 2 Teile und legt die 4 gesalzenen und gepfefferten Hälften zum Marinieren in ein Bad aus Olivenöl, das man mit zerdrücktem Knoblauch, Fenchelsamen, Rosmarinzweigen und dem Saft einer Zitrone gewürzt hat.

Unter einem Rost entfacht man ein prasselndes Feuer aus knorrigem Olivenholz, unter das man Fenchel- und Rosmarinzweige mischt.

Nachdem das Feuer heruntergebrannt ist, legt man die Hühner auf den Grill und wendet und begießt sie regelmäßig, wobei man darauf achtet, daß die Glut nicht aufflammt. Man läßt die Hühner 30 Minuten braten.

Man kann diese wohlriechende Glut auch dazu nutzen, als Beilage einige saftige Tomaten mitzugrillen, die man einfach nur salzt und pfeffert.

NACHFOLGENDE DOPPELSEITE: MITTAGESSEN AUF DER TERRASSE DER »TREILLE MUSCATE«; IM SCHATTEN DER INEINANDERGEWACHSENEN GLYZINIE UND DES WEINSTOCKS EIN GEDECKTER TISCH, »DER GENAUSO WOHLÜBERLEGT SEIN WILL WIE EIN GUTES BILD«.

Hühnchen,
in Asche und Tonerde gebacken

(Originalrezept von Colette)

Dieses Rezept wurde möglicherweise durch das Puisaye geprägt, denn Ton gibt es reichlich in dieser Gegend, und die Töpfereien sind zahlreich. Man kann sich keine schlichtere und natürlichere Art der Fleischzubereitung vorstellen, denn das Geflügel kocht im eigenen Saft, und das Fett bleibt ohne Luftzufuhr von außen. Diese Art zu garen hat sich in der französischen Küche in Form des Dämpfens von Fleisch unter einer Salzkruste erhalten.

»Für den Schluß habe ich mir das Rezept für ein Hühnchen in Asche und Tonerde aufbewahrt ... Auf den ersten Blick erscheint es barbarisch. Es erinnert an chinesisches Huhn, das man in Lack einsiegelt, nur daß man das ›Huhn in Asche‹ mitsamt den Federn in weichen Lehm, in die Tonerde der Töpfer, einschließt. Man braucht es nur sorgfältig auszunehmen und inwendig zu salzen und zu pfeffern. Sein eingeschlossenes Fett reicht vollkommen aus. Nun können der Lehmklumpen und das Huhn in seinem Inneren unbegrenzt lange unter einer dicken Ascheschicht braten, die ringsum von Kohlenglut, die man unentwegt anschüren muß, umgeben ist. Der weiche Lehm ist nach einer Dreiviertelstunde zu einem Tonei geworden. Brechen Sie es auf: alle Federn und ein Teil der Haut bleiben an den Tonscherben haften, und die wilde Vollendung des zarten Hühnchens beschert dem Feinschmecker einen etwas brutalen, prähistorischen Genuß ...«

Prisons et paradis, 1932

Eisbein

LAMPEN IN FORM VON HUNDEN AUS DEM BESITZ VON COLETTE.

Dieses butterweiche Eisbein bildete am 3. April 1935 das Hauptgericht beim Hochzeitsessen von Colette und Maurice Goudeket.

RECHTE SEITE: COLETTE PFLEGTE DIESES FOTO MIT DER WIDMUNG ZU VERSEHEN: »SECHS AUGEN SEHEN DICH AN!«

»Das Menü für das Hochzeitsessen wollte zu diesem winterlichen Termin keineswegs den Frühling vortäuschen. Es bestand aus saftigem Eisbein, in der Brühe gekocht, mit seinem Mantel aus rosa Speck und den Schwarten, die ein wenig nach Sellerie, ein wenig nach Muskat, ein wenig nach Meerrettich und all jenen gesunden Gemüsen dufteten, die dem Herrscher Fleisch zu Diensten sind. Außerdem gab es noch Crêpes ... Kann man denn ohne Champagner heiraten? Durchaus, wenn nämlich der Champagner vor einer dieser Begegnungen verblaßt, die so hell über unseren französischen Gasthäusern leuchten. Diesmal war es ein anonymer edler Tropfen, so dunkel und golddurchwirkt wie ein spanischer Reliquienschrein. Und er hat dem Schwein und dem Käse den Rang abgelaufen ...«

L'Étoile Vesper, 1946

Man spült 3 schöne, leicht gepökelte Schweinshaxen einige Minuten unter fließendem Wasser ab, dann gart man das Fleisch in einem großen Topf in einer Brühe, die man mit einer halben geriebenen Muskatnuß, 10 Pfefferkörnern und einem dicken Kräutersträußchen würzt. Man fügt außerdem 3 ganze Karotten, 3 mit Nelken besteckte Zwiebeln, 3 gebündelte Lauchstangen, eine halbierte Sellerieknolle, eine kleine Meerrettichwurzel und 3 kleine Pastinaken hinzu. Man läßt alles 3 Stunden leicht simmern.

Man kann das Eisbein warm oder kalt servieren. Im zweiten Fall wickelt man es in ein Tuch, das man zusammenbindet, um das Fleisch zu formen, und läßt es in der Kochbrühe, die auf natürliche Weise geliert, erkalten.

Colette hielt immer an der Gewohnheit fest, die sie bei Sido und später bei Annie de Pène beobachtet hatte: zu einem Hammelragout oder zu eingemachtem Kalbfleisch »zwei Stückchen Würfelzucker« in die Kasserolle zu legen. Ursprünglich war es nur ihr Nachahmungstrieb, doch bald begriff sie, daß dieser Kunstgriff einer Sauce mit geringem Aufwand die Säure nahm, sie ausgewogen machte und ihr Geschmeidigkeit verlieh.

RECHTE SEITE: IN DER SCHWARZEN EISENPFANNE SCHMOREN BEI SANFTER HITZE DIE BEINSCHEIBEN VOM KALB MIT KAROTTEN UND PFIFFERLINGEN.

Beinscheiben vom Kalb, mit Karotten und Pfifferlingen geschmort

»Unser bäuerlicher Backofen, uralt, wie ein Hammer aussehend, beherbergte geduldig Schmorgerichte, Kalbsbeinscheiben mit Karotten und Pfifferlingen, die nichts von ihrem Volumen und ihrer Saftigkeit einbüßten.«
Prisons et paradis, 1932

Man schneidet 2 zartrosa Kalbshaxen in 5 Zentimeter dicke Scheiben und läßt die Stücke in einem schwarzen Eisentopf in 50 Gramm Butter von jeder Seite anbraten. Dann gibt man 3 Karotten und 2 feingeschnittene Zwiebeln, ein Kräutersträußchen und einige Knoblauchzehen dazu. Man läßt das Fleisch mitsamt den Gemüsen ein Weilchen weiter Farbe annehmen, löscht dann mit soviel Fleischbrühe ab, daß das Fleisch bedeckt ist, und fügt 2 Stückchen Zucker hinzu.

Wenn das Gericht bei niedriger Hitze eine Stunde geschmort hat, entfernt man die Beilagen und ersetzt sie durch 500 Gramm junge Karotten. Die Sauce wird auf die Hälfte eingekocht.

Inzwischen putzt man 500 Gramm Pfifferlinge und läßt sie nach 50 Minuten noch 10 Minuten mitschmoren. Der braune, üppige Bratensaft wird durch diesen wohlriechenden Pilz, diesen »kleinen, nach oben gekippten Regenschirm, der die Sauce so angenehm macht«, in idealer Weise ergänzt.

Gebratenes Schweinefleisch mit Salbei

»Pati und ich, wir aßen eine herrlich samtige Bourride mit viel Knoblauch, ein dickes Stück Schweinebraten mit Salbei, flankiert von Äpfeln, die teils nach Frucht und teils nach Gemüse schmeckten, dann gab es Käse, Birnenkonfitüre mit Vanille, getrocknete Mandeln, eine Karaffe Rosé, und ich sah voraus, daß drei Wochen mit einer solchen Diät die Verheerungen von zwei Bronchialkatarrhen beseitigen könnten.«
Bella-Vista, 1937

Man würzt eine dicke Scheibe einer frischen, gut durchwachsenen Schweinshaxe von 1,2 Kilogramm mit Salz und mit Pfeffer aus der Mühle. Bevor man das Fleischstück in den Ofen schiebt, fettet man den Schmortopf mit einem guten Stich Butter aus.

Dann reibt man kleine neue Kartoffeln mit grobem Salz ab, um die Erde zu entfernen, spült sie kurz ab und verteilt sie rund um den Schweinebraten, den man ab und zu wenden muß. Man würzt nach Geschmack mit einem Dutzend ungeschälter Knoblauchzehen und mit 6 bis 8 frischen Sal-

beiblättern. Man begießt die Fleischscheibe öfter mit dem Fleischsaft und wendet die Kartoffeln. Das Fleisch sollte 40 Minuten im Ofen bleiben, die Kartoffeln jedoch nur 30 Minuten.

Inzwischen schält und viertelt man 3 Reinetten, kocht sie mit ein wenig Zucker, einer Prise Salz und einer kleinen Zimtstange weich und fügt 3 Salbeiblätter, »so samtig wie Hasenöhrchen« hinzu.

Den fertigen Braten legt man auf eine ovale Fayence-Platte, umsäumt ihn mit den Kartoffeln und den ungeschälten Knoblauchzehen und stellt ihn warm.

Man entfernt das überschüssige Fett aus dem Brattopf und löscht mit einem Glas Wasser ab. Man läßt diesen Bratenfond aufkochen und etwas Flüssigkeit verdampfen, bevor man ihn über das Fleisch gießt. Als Beilage serviert man das vom Salbei durchdrungene Apfelmus.

AUF DEN SPUREN IHRER BEIDEN ÄLTEREN BRÜDER, DIE SICH EINE SCHMETTERLINGSSAMMLUNG ZUGELEGT HATTEN, LERNTE COLETTE DIE »SPHINX«, DEN »KOHLWEISSLING« UND DEN »MARS« ZU BESTIMMEN. AUCH NOCH IN SPÄTEREN JAHREN INTERESSIERTE SIE SICH FÜR DAS VERHALTEN DER SCHMETTERLINGE. AMÜSIERT HIELT SIE IHNEN EINE MIT ROSÉ-WEIN BEFEUCHTETE HAND HIN UND BEOBACHTETE, WIE SIE IHN MIT IHREM KLEINEN SAUGRÜSSEL »NOCH FLINKER UND IMMATERIELLER EINSOGEN ALS DIE KLEINE ZUNGE DER EIDECHSE.« »DAS SIND LEICHT SCHWEBENDE, UNSCHULDIGE AUGENBLICKE. UNSER KOMPLIZIERTES UND WIRRES LEBEN BRAUCHT MEHR DENN JE SOLCHE HEITEREN BILDER.« (JOURNAL À REBOURS, 1941) SPÄTER DEKORIERTE SIE EINE WAND IN IHRER WOHNUNG IM PALAIS-ROYAL MIT DIESEN KLEINEN VERGLASTEN BILDERN. EINE GROSSE ANZAHL SCHMETTERLINGE, »GEÄUGTE UND PERLMUTTFARBENE«, SCHWALBENSCHWÄNZE, »MIT GOTISCHEN ZEICHEN GEÄDERT«, ODER DIE WUNDERBAREN »AGRIAS«, »IN REINSTEM ROT« UND »AUFREGENDEM BLAU«, LIESSEN IHRE BEWEGUNGSLOSEN FLÜGEL VOM LICHT UMSPIELEN.

Colettes berühmter Nachbar im Palais-Royal war ebenfalls der Gastronomie zugetan. Dieses Rezept wurde unter der Rubrik »Annales« in der Zeitung *Le Temps* im November 1912 abgedruckt. Wir hatten das Glück, das Originalmanuskript aufzutreiben, das dem rätselhaften Empfänger dieses Briefes eine »genußreiche Schlemmerei« garantiert ...

Das Festmahl des Hafis

(Originalrezept von Jean Cocteau)

»Athene hat uns überliefert, daß ein älterer griechischer Herr, gastronomisch bewandert, sehr gewandt, jedoch mit schlechten Manieren, in die Saucen spuckte, damit die anderen Gäste darauf verzichteten und um so mehr für ihn übrigblieb. Das geht eigentlich zu weit; doch finde ich andererseits, daß kulinarische Indifferenz eine Schwäche ist, und ich bewundere die Weisen, die all ihre Sinne auf die Kochkunst richten.

Eine Mahlzeit stillt den Hunger wie ein Gedicht die Emotion; diese Spitzfindigkeiten treffen hier zu, und das wiederum rechtfertigt, daß ich Ihnen etwas vom Geheimnisvollsten und Opulentesten aus der Alchimistenküche offeriere:

DAS FESTMAHL DES HAFIS:

I. 3 Pfund Lammfilet enthäuten und etwas entfetten, in sehr, sehr feine Scheibchen schneiden. In eine Schüssel legen, 3 Eßlöffel rohen Reis und 200 Gramm Butter dazugeben. Von 2 dicken Wirsingköpfen die äußeren Blätter abschneiden, immer 5 bis 6 auf einmal in kochendes Wasser geben, weichkochen und die Mittelrippen mit einer Schere ausschneiden. Dann ein kleines Häufchen der Fleischmasse auf eine Hälfte eines Wirsingblattes legen, einrollen und mit den anderen Blättern ebenso verfahren.

II. Den Boden einer Kasserolle mit Speckscheiben und Schwarten auslegen und darauf die Kohl-Zylinder anordnen. Wenn die Kasserolle halb gefüllt ist, 2 kräftige Knoblauchzehen, von denen man die erste Haut abgeschält hat, auf die erste Schicht legen und die restlichen Zylinder hineinlegen. Wenn die Kasserolle gefüllt ist, eine große Tasse mit Tomatensauce und eine ebenso große Tasse mit Bouillon darübergießen. Mit 2 großen Kohlblättern abdecken, damit das Ganze nicht austrocknet, und für 4 Stunden in den Backofen schieben. Man stürzt das Gericht wie ein Dessert.

Unbedingt kräftig würzen.«

COLETTE UND JEAN COCTEAU,
»IMMER NOCH LEUCHTKÄFER«,
IM »GRAND VÉFOUR«.

Colette reiste zwischen 1922 und 1938 mehrere Male nach Nordafrika, wo sie in Marokko auch vom Glaoui eingeladen wurde. Angesichts der Aufzählung der einzelnen Gerichte kann man sich vorstellen, daß sie die arabische Küche als »Gedicht in hundert Gängen« betrachtete.

Lamm mit Oliven und Zitronenschnitzen

»Diner beim Kammerherrn des Sultans. Mosaiken und Lichter überfluten die Wände. Das weiträumige, schöne Haus ist zudem noch vom Mond beschienen, der hoch über dem Innenhof steht, in dem die Wasser murmeln. Das arabische Diner beginnt mit einer stark gepfefferten Suppe. Dann gibt es:

Pastilla, eine Blätterteigpastete mit Eiern und gezuckertem Huhn
Tauben mit frischen Mandeln
Méchoui
Maifische
Lamm mit Oliven und Zitronenschnitzen
Artischockenböden auf sehr weich gekochtem Fleisch
Lamm mit gekochten grünen Äpfeln
Couscous in Rosinen und Kichererbsen mit Dickmilch
Turban des Kadi
Ohren des Kadi
Orangeade ohne Wasserzusatz
Kaffee, Pfefferminztee
und später Mandelmilch.«

Prisons et paradis, 1932

Man benötigt dazu ein Viertel Lammschulter mitsamt den Rippen, etwa 3 Kilogramm schwer. Man rührt eine Marinade aus Olivenöl, Salz, einem Kaffeelöffel zerstoßenem Kümmel und ebensoviel süßem Paprikapulver an. Mit einem Messer löst man einen Teil der Lammschulter von den Rippen ab und bepinselt das Fleisch mit dem gewürzten Öl.

Man heizt den Backofen auf 180 Grad vor und gart das Lamm mit der Fleischseite nach unten eine Stunde lang, wendet es um und gießt ½ Liter Fleischbrühe, die mit 2 feingeschnittenen Zwiebeln, 2 zerdrückten Knoblauchzehen, einem Kaffeelöffel gehacktem frischen Ingwer und 2 Gramm Safran versetzt wurde, über das Fleisch. Den Braten regelmäßig begießen.

Nach insgesamt 2 Stunden Bratzeit fügt man die in winzige Würfel geschnittene Schale einer eingelegten Zitrone, 30 eingelegte grüne Oliven und — sollte der Bratensaft stark eingekocht sein — ein Glas Wasser hinzu. Jetzt läßt man das Fleisch nochmals 20 Minuten weiterbraten: Wenn man das Fleisch mit dem Finger eindrückt, muß es sich von allein lösen.

Man serviert das Lammviertel auf einer großen runden Platte aus ziseliertem Kupfer und bedeckt es mit den grünen Oliven und den Zitronenwürfelchen. Von den Oliven und Zitronen kann man sich einen Vorrat anlegen: Sie können zu manchen Gelegenheiten als Gewürze dienen.

EINGELEGTE OLIVEN

Man zerstampft frische grüne Oliven und wässert sie 3 Tage, damit sie ihren bitteren Geschmack verlieren, wobei man zweimal täglich das Wasser erneuert. Man konserviert sie in einem Glasgefäß in Salzwaser und verwendet sie nach Belieben.

EINGELEGTE ZITRONEN

Man viertelt Zitronen, ohne die 4 Teile zu trennen, salzt mit feinkörnigem Salz und verwendet die mild gewordene Schale erst, nachdem sie einen Monat lang in einem mit Wasser gefüllten Glasgefäß mazeriert hat.

Cassoulet mit Speckschwarten

»Was gedenkst du heute abend bei Larue zu essen, Onkelchen?
— Wenn ich das wüßte! Vielleicht einmal zur Abwechslung Seezungenfilet mit Muscheln. Und einen Lammrücken mit Trüffeln natürlich ... Beeil dich, Gigi. Ich hab' fünf Karten.
— Und ich sag dir, du fällst aufs Kreuz! Ich hab' nämlich ein tolles Spiel. Wir könnten doch hier zu Hause den Rest von unserem aufgewärmten Cassoulet essen. Cassoulet mag ich besonders gern.
— Es ist aber nur ein Cassoulet mit Speckschwarten, meint Inès Alvarez, die gerade hereinkam, in aller Bescheidenheit. Die Ente war diese Woche einfach nicht zu bezahlen.
— Ich werde euch eine aus Bon-Abri schicken lassen, sagt Gaston.
— Vielen Dank, Gaston. Gigi, hilf Monsieur Lachaille in den Mantel und reiche ihm Stock und Hut.
Als Lachaille etwas säuerlich und betrübt abzieht, weil ihm das aufgewärmte Cassoulet in die Nase steigt, wendet sich Madame Alvarez ihrer Enkelin zu.«

Gigi, 1944

HENRY DE JOUVENEL BEI EINEM FESTMAHL VON PANTAGRUELISCHEM AUSMASS UNTER FREIEM HIMMEL, AN EINER HAMMELKEULE NAGEND; DER ANLASS IST DIE HOCHZEIT SEINER TOCHTER BEL-GAZOU.

Man läßt 3 Stunden lang 750 Gramm weiße Bohnen von der Sorte »Mogettes« (Bezeichnung für eine getrocknete weiße Bohnenart an der Atlantikküste, Anm. d. Ü.) quellen. Dann kocht man sie 15 Minuten lang zusammen mit 300 Gramm Speckschwarten, die man zu einem Bündel zusammenschnürt. Man schneidet die Schwarten in feine Streifen. In einer gußeisernen Pfanne läßt man 2 dicke, gehackte Zwiebeln, eine geschälte Knoblauchknolle, 2 zerstampfte Tomaten, einen Thymianzweig und ein zerkleinertes Lorbeerblatt mit einer Prise Pfeffer anschwitzen. Dann fügt man die kleingeschnittenen Schwarten, eine halbe, in Stücke zerteilte Gans, ein Kochwürstchen mit Knoblauch und die Bohnen mit der Brühe hinzu und läßt alles 3 Stunden sanft köcheln.

Man serviert das Cassoulet in kleinen einzelnen Töpfchen mit Silberrand, etwa so, wie es die Romanhelden in *Claudine en ménage* zu essen pflegten. — »Für jeden sein eigenes Töpfchen: Ist das nicht lustig, lieber Maître?« — Zuvor reibt man Boden und Wände der glasierten Tontöpfchen mit Knoblauch aus, füllt ein wenig von den Bohnen hinein, bedeckt sie mit Wurstscheiben und den Gänsestückchen und schließt wieder mit Bohnen ab. Man überstreut die Füllung mit Semmelbröseln und bräunt alles 45 Minuten bei sanfter Hitze, wenn möglich im traditionellen Bäckerofen.

»En musette« bezeichnet eine entbeinte, innen gewürzte Hammelschulter, die in der Art eines Proviantbeutels eingeschlagen wird. Musette ist auch eine Schultertasche aus Stoff, die man umgehängt trägt und die früher für den Proviant bestimmt war. Noch heute lebt der Name in dem Futtersack für Pferde weiter. Die alte Bezeichnung »en musette« liest man inzwischen selten, üblicher ist die Beschreibung dieser Zubereitungsart als »Hammelschulter im Ballon«.

Was die »spanische« oder die »italienische« Sauce angeht, so handelt es sich hier um zwei ausgesprochen klassische Saucen, die in der bürgerlichen Küche des 19. Jahrhunderts häufig vertreten waren. Die spanische Sauce wird aus einem Kalbsfond hergestellt, der, angebräunt und mit Tomaten angereichert, zur Herstellung vielfältiger brauner Saucen dient. Um die »Hammelschulter en musette« zu glasieren, muß man sie mittels einer Schöpfkelle immer wieder mit dieser Sauce begießen.

Die italienische Sauce besteht aus einem braunen Kalbsfond, der durch Einkochen eingedickt wurde und dem man in gleichen Mengen abgetrocknete, pürierte Champignons, gehackten mageren Schinken sowie ein Püree aus gekochten Tomaten und Kräutern wie Petersilie, Kerbel und Estragon beigibt. Diese Sauce eignet sich eher als Beilage als zum Glasieren, wozu man eine klare Sauce braucht.

Colette schrieb zwischen 1925 und 1932 gelegentlich für *Vogue*. All ihre gastronomischen Artikel wurden von 1928 an in *Prisons et paradis* aufgenommen.

RECHTE SEITE: DER PRALLE BALLON DER HAMMELSCHULTER »EN MUSETTE«.

Lammschulter »en musette«

(Rezept von Colette)

»Was die Verwendung von Zucker bei den Hauptgerichten betrifft, so will ich für einen Augenblick mein marokkanisches Mahl beiseite lassen und mich listig in einem der besten französischen Kochbücher umsehen, einem kleinen Band aus dem Jahre 1839. Ich entnehme ihm, unter hundert anderen, das Rezept für die ›Lammschulter en musette‹: ›Man entferne alle Knochen von zwei Lammschultern und schneide die Hälfte der überstehenden Lappen weg, füge die Schultern wieder zusammen, würze innen mit Salz, Pfeffer, feinen Gewürzen, binde die Schultern rund zusammen, spicke die Außenteile mit kleinen Speckstreifen, überziehe sie mit einer Schicht aus gekochter Farce; zuckern nach Belieben. Um sie noch zu verbessern, drücke man Cornichons und Trüffel leicht in die Farce ein. Man lege das Fleisch in einen Bräter, gebe noch ein wenig Beinfleisch dazu, bedecke es mit Speckstreifen und gefettetem Papier und schiebe es zwischen zwei Feuern in den Ofen …‹
Ich übergehe Details wie das Glasieren und das Würzen, jedenfalls endet das Rezept mit der folgenden doppelten Empfehlung: ›Man kann als Überzug auch eine pikante spanische oder eine reduzierte italienische Sauce nehmen‹, und ich kehre in die Gegend von Tanger zurück, nicht ohne nochmals zu betonen, daß das Zuckern ›nach Belieben‹ in so manchem alten Rezept bei gebratenem und gedämpftem Fleisch auftaucht und daß sich Zucker bei allen Gerichten empfiehlt, deren Garzeit eine Stunde überschreitet.« Prisons et paradis, 1932

Ochsenbrust auf Languedoc-Art

»Eine Stimme in meinem Zimmer: ›Heute sollte sie doch das Rezept für Ochsenbrust à la Languedocienne an Vogue *schicken …‹ […] Richtig, an* Vogue, *die reinste Obsession. Was* Vogue *nur hat mit ihrer Brust von Schaf, Ochse, Mastodon, von mir aus, mit ihrer Plesiosaurier-Keule, mit ihren farcierten Dinotherien … Fällt denen denn nichts Besseres ein? In meinem benebelten, durchlöcherten, vom Stakkato des Schlagzeugs meines 38,5 Grad Fieber schmerzenden Hirn schien es mir fast, als ob* Vogue *für Eleganz zuständig wäre …«*

Prisons et paradis, 1932

In einem Schmortopf läßt man 4 grobgeschnittene Karotten, 4 geviertelte Zwiebeln, eine halbierte Knoblauchknolle, 4 reife Tomaten mit Thymian, Lorbeer, 10 Pfefferkörnern, 2 Nelken und einer Zimtstange Farbe annehmen.

Nun legt man 2 Kilogramm Ochsenbrust darauf, die man zuvor in der Mitte durchgeschnitten hat. Man läßt das Fleisch ebenfalls Farbe annehmen und löscht dann mit einer Flasche süßem Weißwein ab. Diese Flüssigkeit läßt man zur Hälfte einkochen und füllt mit einem Fleischfond auf. Man läßt den Braten 3 Stunden bei sanfter und gleichmäßiger Hitze schmoren.

Dann legt man das Fleisch auf eine Servierplatte und gießt die durchpassierte Sauce darüber. Man serviert das Gericht mit einer Beilage aus in Scheiben geschnittenen, in Olivenöl geschmorten Steinpilzen und mit fritierten Auberginen. Zum Schluß streut man noch gehackte Petersilie darüber.

Der *puchero* ist ein spanisches Festmahl, das traditionell zu Weihnachten auf den Tisch kommt. Zu diesem überaus üppigen Pot au feu gehören die *longazins*, dicke katalanische Schlackenwürste, und *garbanzos*, Kichererbsen.

CAROLE OTERO, DIE »SCHÖNE OTERO« GENANNT, WAR ALS SPANISCHE TÄNZERIN ZU BEGINN DES JAHRHUNDERTS DER STAR DER PARISER MUSIC-HALLS.
»VON DEN AUFGEBOGENEN WIMPERN BIS ZUM GENIESSERISCHEN KINN, VON DER SAMTENEN NASENSPITZE BIS ZUR BERÜHMTEN, ZART GEWÖLBTEN WANGE WAGE ICH ZU SCHREIBEN, DASS DAS GESICHT VON MADAME OTERO EIN MEISTERWERK DER KONVEXITÄT IST.«
MES APPRENTISSAGES, 1936

ALS CAROLE OTERO COLETTE EINES TAGES ZUM PUCHERO EINLUD, BEGANN DER ABEND MIT EINER PARTIE BÉSIGUE, EINEM FRANZÖSISCHEN KARTENSPIEL. NUR EIN »TIERISCHER HUNGER« UND DIE DÜFTE, DIE AUS DER KÜCHE KAMEN, VERMOCHTEN DIE BEIDEN VOM KARTENSPIEL LOSZUREISSEN. OTEROS DEVISE FÜR DIE UNGETEILTE HINGABE AN EIN SCHWELGERISCHES MAHL LAUTETE: »KEINE MÄNNER UND KEINE RIVALINNEN AM TISCH.« NACHDEM SIE IHREN TELLER VIER- BIS FÜNFMAL LEERGEGESSEN HATTE, STIESS SIE DAS GEDECK ZURÜCK, SPRANG AUF DIE FÜSSE UND TANZTE DIE HALBE NACHT ZUM EIGENEN VERGNÜGEN VOR DEN GESÄTTIGTEN UND VERGESSENEN GÄSTEN.

Der Puchero der schönen Otero

»Das wahre Fest für den Gaumen ist keineswegs das Diner mit Vorspeisen, Zwischengericht und Braten. Darin waren wir uns einig, Madame Otero und ich. Ein Puchero dagegen mit Ochsenfleisch, Schweinskeulen und fettem Speck, gekochtem Huhn, longanizas *und* chorizos*, *mit sämtlichen Gemüsen, die in den Potaufeu gehören, einem Hügel von* garbanzos *und Maiskörnern, das ist ein Gericht für den leidenschaftlichen Esser ... Ich habe immer gern gegessen, aber was war mein Appetit gegen den von Lina? Ihre Majestät schmolz dahin und wich einem Ausdruck von süßer Wollust und kindlicher Unschuld. Die strahlend weißen Zähne, die leuchtenden Augen, der glänzende Mund waren die eines ganz jungen Mädchens. Wahrlich, selten sind die schönen Frauen, die ohne Reue schlemmen können!«* Mes Apprentissages, 1936

Man läßt ein halbes Pfund Kichererbsen, die am Vorabend eingeweicht wurden, gut mit Wasser bedeckt 2 Stunden leicht köcheln, zusammen mit einem ganzen Huhn, einer halben Ochsenkeule, 300 Gramm Schweinenacken, einer Schweinshaxe, einem Eisbein und einer Speckschwarte. Dann formt man noch einen Fleischkloß aus 250 Gramm Rinderhackfleisch, 250 Gramm gehacktem Schweinehals, 2 Löffeln gehackter Petersilie und vermischt diese Zutaten sorgfältig mit 2 Eiern und 100 Gramm in Milch eingeweichten Brotwürfeln.

Nun die Gemüse nicht vergessen: ein Maiskolben, 3 Lauchstangen, 6 kleine weiße Rüben, 6 Karotten, 2 Pastinaken, eine Selleriestange, 6 kleine Kartoffeln, denen 300 Gramm schwarze Wurst und 300 Gramm Kichererbsen beigegeben werden. Man würzt nur mit Salz, denn der Geschmack soll von natürlicher Lieblichkeit und Sanftheit sein.

Nach 3 weiteren Stunden leichten Kochens gibt man 300 Gramm Fadennudeln in die Brühe und läßt sie 10 Minuten lang aufquellen.

Man serviert das Fleisch in einer geräumigen Schüssel, ebenfalls die Würste. Der Hackfleisch-Kloß wird in Scheiben geschnitten, alle Gemüse werden angerichtet und mit der Nudelbouillon übergossen. Die Spanier servieren das Fleisch und die Gemüse gesondert.

* Spanische Würste mit Paprika, Anm. d. Ü.

Entrecôte Bercy

»Sie sagte mir ins Ohr: – Und was er kocht, ist große Klasse: Lammfüße Poulette und ein Entrecôte Bercy ...« Chambre d'Hôtel, 1940

Man legt 100 Gramm Ochsenmark 12 Stunden in Salzwasser, um es zu reinigen.

Dann läßt man $\frac{1}{4}$ Liter Weißwein mit 100 Gramm gehackten Schalotten auf zwei Drittel einkochen und vermischt die Flüssigkeit mit 200 Gramm weicher Butter. Man fügt das würfelig geschnittene Rindermark dazu, preßt eine Zitrone aus, überstreut alles mit gehacktem Kerbel, salzt und pfeffert die Buttermischung und gibt sie in eine Sauciere.

Im letzten Augenblick grillt man 6 gesalzene und gepfefferte Entrecôtes, die gut abgehangen und mit Fett durchwachsen sein sollten. Wenn Sie keinen Grill besitzen, »nicht verzweifeln«. Colette weiß auch in diesem Fall Rat: »*Man braucht eine große, schwere Bratpfanne, die nur dem Kurzbraten dienen sollte: Man setzt sie ganz trocken, ganz jungfräulich auf die voll aufgedrehte Gasflamme. Wenn der Pfannenboden dunkelrot glüht, geben Sie Ihr Entrecôte oder Ihr Beefsteak hinein, welche laute Schreie ausstoßen werden. Sie bräunen auf der Stelle und sind sofort mit der leichten Kruste überzogen, die das Blut zurückhält. Sollten sie ein wenig kleben, nehmen Sie eine Messerklinge oder eine Gabel zu Hilfe. Aber richten Sie sich unbedingt darauf ein, das Fleisch nur einmal zu wenden.*« Colette in: *Marie-Claire*, 1932.

Man richtet das Fleisch auf einem vorgewärmten Teller mit ein wenig zerstoßenem grobkörnigen Salz und gemahlenem Pfeffer an. Die Krönung für Ihr Entrecôte ist ein Eßlöffel glasierter Fleischsaft, den man aus einem bis zur Dickflüssigkeit eingekochten Kalbsfond gewinnt. Als Beilage reicht man die Buttermischung.

Und was die Pfanne betrifft: »*Lassen Sie sie nochmals glühend heiß werden, wenn sie leer ist, waschen Sie sie nicht aus, fetten Sie sie nicht ein. Jedesmal wenn sie ausgeglüht ist, ist sie auch sauber.*«

Elf-Stunden-Lammkeule

In einem unvollendeten Porträt beschreibt Anna de Noailles Colette »in ihrer bizarren, verführerischen Wohnung«, wo ein »zauberischer Wind weht«, wo der Blick der Gastgeberin »überall verweilt, auftaucht, wieder abirrt«, und sie erinnert sich an das »Elf-Stunden-Gigot«, das sie für ihre Freunde zubereitet, eine Keule, »so zart, daß man sie mit dem Löffel ißt …«

Man wählt eine Lammkeule von 1,8 bis 2 Kilogramm aus und brät sie mitsamt einer Speckschwarte im Bräter an, gibt 3 Karotten, 3 in Viertel geschnittene Zwiebeln, eine halbe Sellerieknolle, 2 Lauchstangen, 3 Nelken, ein schönes dickes Kräutersträußchen, eine ganze Knoblauchknolle, 10 Pfefferkörner und eine Handvoll grobkörniges Salz hinzu.

Nun gießt man soviel Rinderbrühe in den Topf, daß die Keule vollkommen mit Flüssigkeit bedeckt ist. Man läßt sie zugedeckt bei kleiner, aber gleichmäßiger Hitze vor sich hinschmoren und beachtet unbedingt, daß die Flüssigkeitsmenge ganze 11 Stunden konstant bleibt. Erst zum Schluß läßt man den Bratensaft einkochen, begießt damit die sehr zart gewordene Keule und serviert sie nur mit Eßlöffeln. So läßt sich dieses saftige, völlig mürbe gewordene Lamm am besten essen.

DIE BLUTJUNGE DICHTERIN ANNA DE NOAILLES IM GARTEN.

ALS ANNA DE NOAILLES COLETTE BESUCHTE, BEKAM SIE VON IHR »EINE HANDVOLL ZERKLEINERTES GRÜNZEUG GESCHENKT, DESSEN ZARTER DUFT NACH ZITRONENMELISSE UND GERANIEN SIE ENTZÜCKTE«. SIE FRAGTE NACH DEM NAMEN DIESER IHR UNBEKANNTEN PFLANZE, UND COLETTE ANTWORTETE, ES SEI »BIENENMELISSE«. VON DA AN VERBAND SIE DAS BILD COLETTES IMMER MIT DIESEN »WUNDERBAREN PFLANZENHAAREN«.

»Ich bewundere immer wieder, wie geschickt die Herren von der Metzgerzunft mit dem Fleisch umgehen. Ein Metzger, der schneidet, tranchiert, ausdünnt, fassoniert, verschnürt, ist wie ein Tänzer, wie ein Mime. Ein Pariser Metzger, versteht sich! Ein goldener Haarschopf über der Stirn, Wangen wie die Morgenröte, rosige Ohren, die Schürzenbänder exakt gebunden, gerade so viele Blutflecken darauf wie nötig. Madame, der Pariser Metzger ist es wert, daß man sein Auge auf ihn richtet, wenn nicht mehr!«

Le Fanal bleu, 1949

Dieser kleine Zugvogel, von Charles Monselet »pit-pit« genannt, ist besser unter dem Namen »Bec-fin« oder Feigenfresser bekannt. Er kommt aus Nordeuropa, um sich im Oktober an den Feigen des Midi gütlich zu tun. Er wird sehr schnell — in fünf bis sechs Tagen — fett, und sein Fleisch ist dann von den Feinschmeckern sehr begehrt. Brillat-Savarin zögerte nicht, ihm, was die Schmackhaftigkeit betrifft, den ersten Rang einzuräumen.

Die »Gaude«, ein dicker Maisbrei, ist ein traditionelles Abendessen der Bewohner des französischen Ostens. Kalt geworden, wird er in Butter goldbraun gebraten und kommt gezuckert, ähnlich wie »Arme Ritter«, auf den Tisch.

Zeichnung von Barrère.

Willys Pit-Pits
(Originalrezept von Willy)

Willy berichtet, wie er 1880 eines Tages »einem kleinen gimpelhaften Mann begegnete, pausbäckig, wohlgenährt, mit listigen Äuglein hinter gutmütigen Brillengläsern und mit dem Habitus eines weltlichen Kanonikus«: Es war der berühmte Gastronom Charles Monselet.

*W*ir begannen zu plaudern, und sofort fragte mich Monselet, woher ich denn stamme. Kaum hatte er erfahren, daß die Franche-Comté meine Heimat ist, fing er an, die ›Gaude‹ madig zu machen, und das ist in meinen Augen ein Sakrileg! Er schwärmte aber vom Wild in unseren Bergen.
— Wetten wir, sagte er, daß Sie keine Ahnung haben, wie man die Pit-pits zubereitet? (Er verzichtete darauf, das T auszusprechen.)
— Pit-pits? Sowas hat es bei uns noch nie gegeben!
Er lachte über meine Verblüffung und erklärte mir, daß der Pit-pit (antus arboreus) eigentlich ein ordinärer Sperling sei und daß ein blitzschnell zubereitetes Gericht mit diesen Vögelchen einer Göttertafel würdig sei.
Hier ist das Rezept: Ein Dutzend fetter Vögelchen in feiner Butter sautieren, mit einigen Tropfen Château-chalon befeuchten, Petersilie, feingehackte Pilze, ein wenig Schalotten zufügen und auf gerösteten Croûtons anrichten.

Willy in: *Le Livre d'or de la cuisine française*, Le Temps, 1912

Blätterteigpasteten mit Lerchen à la Raymond Oliver
(Originalrezept von Raymond Oliver)

»Colette liebte die kleinen Vögel. Sie hegte Bewunderung für alle, die sie von ihrem Krankenlager aus sehen konnte. Schrieb sie nicht liebevoll über ›den Spatzen, diesen Fußgänger‹? Keinem hätte sie ein Leid angetan. Anders allerdings sah es aus, wenn es um Lerchen oder Fettammern ging: Sie, vor allem in Form einer Pastete, entsprachen ihren gastronomischen Ansprüchen. Sie hatte nämlich ganz präzise Vorstellungen, die ich stets respektiert habe.«

*M*an rechnet 6 Vögel für 2 Personen. Es ist schwierig, einzelne Blätterteigtörtchen zu machen. Die Vögel werden vollständig entbeint und einige Stunden in jungem Armagnac, den man mit einigen Thymianblüten anreichert, mariniert. Außerdem stellt man eine Farce her, die zu gleichen Teilen aus Schweinefleisch, fettem Schinken und Geflügel besteht und ein wenig mit Quatre-épices, Salz und Pfeffer gewürzt wird. Es werden ebensoviele Würfel aus Foie gras und Trüffeln zurechtgeschnitten wie man Vögel hat.
Man nimmt einen sehr guten Blätterteig oder auch Mürbeteig für den Boden, für den Deckel nur Blätterteig. Die Arbeitsgänge gestalten sich wie bei ei-

ner Tarte Pithiviers: Zuerst eine Schicht von der Farce, die gefüllten Vögel mitsamt den Würfeln aus Foie gras und Trüffeln kranzförmig darüber anordnen, mit Farce und Teig zudecken und hermetisch verschließen. Mit Eigelb bestreichen, 30 Minuten bei lebhafter Hitze im Backofen backen, noch 15 weitere Minuten im warmen Rohr lassen und servieren. Dazu kann man eine kleine Sauce reichen oder einfach gewürzten Schlagrahm mit ein wenig geschmolzener Butter.
Raymond Oliver: *Cuisine pour mes amis*, 1976

Bœuf à la mode
von Madame Yvon

»Eines Tages, als ich bei ihr [Madame Yvon, einer Köchin von Rang] Ochsenfleisch im alten Stil gegessen hatte, das mindestens drei Sinne der vorhandenen fünf beglückte — denn außer seinem dunklen, samtigen Wohlgeschmack, seiner schmelzenden Konsistenz glänzte es in seiner karamelisierten Sauce rotbraun, an den Rändern von goldfarbenen Speckrändern umschlossen —, rief ich aus:
— Madame Yvon, das ist ein Meisterwerk! Womit machen Sie das?
— Mit Ochsenfleisch, antwortete Madame Yvon.
— Mein Gott, ich dachte es mir fast ... Aber trotzdem, es muß ein Geheimnis geben, es muß Magie im Spiel sein ... Solch ein Wunderwerk muß doch einen Namen haben ...?
— Natürlich, sagte Madame Yvon. Es ist Ochsenfleisch.«
Prisons et paradis, 1932

»Unter seinem schönen Balkon beherrschte das berühmte alte Restaurant Au Bœuf à la mode die gesamte Rue de Valois. Der Balkon ist noch vorhanden. Der gut gespickte Ochse, seine unvergleichliche Sauce à la Mode mit Karotten, Speck und Kalbsfuß sind verschwunden. Mache ich mich nun auf die Suche nach dem fetten Ochsen? Oder doch lieber nach der Restaurant-Chefin? Einerseits drängt mich die Liebe, doch auch der Ochse könnte mich becircen!«
Le Fanal bleu, 1949

Man wählt einen schönen Ochsenschlegel von 1,5 Kilogramm aus und spickt ihn mit in Cognac eingelegten Speckstreifen. Man würzt mit Salz, Pfeffer, Muskat und Nelken, gießt eine Flasche Rotwein und 20 Eßlöffel Cognac über das Fleisch und läßt es 12 Stunden darin ziehen.

Dann bräunt man das Fleischstück mit einer Scheibe fettem Speck in einem Schmortopf leicht an, fügt 3 geviertelte Zwiebeln, 3 grobgeschnittene Karotten, eine kleine Sellerieknolle, 4 Lauchstangen, 20 Schalotten, ein Kräutersträußchen, 2 Salbeiblätter, 4 zerkleinerte Tomaten und 2 Stück Würfelzucker hinzu.

Dann gießt man die Marinade darüber und verbessert sie noch mit einer Rinderbouillon. Man läßt das Gericht nun 4 Stunden bei geschlossenem Deckel vor sich hinkochen und gibt nach 2 Stunden noch 2 blanchierte Kalbsfüße hinzu. Man nimmt den Schlegel aus der Brühe, schneidet ihn großzügig auf, wobei die Speckstreifen wieder sichtbar werden, und ordnet drumherum die vom Knochen gelösten, in Würfel geschnittenen Kalbsfüße an. Wenn nötig, läßt man die Sauce noch etwas einkochen und bindet sie dann mit 50 Gramm Butter.

Als Beilage reicht man 8 in feine Scheiben geschnittene, in Salzwasser gegarte und in Knoblauchbutter geschwenkte Karotten.

RAYMOND OLIVER. COLETTE NANNTE IHN
»VÉFOUR«.

Colette hatte Raymond Oliver gebeten,
ihr zum achtzigsten Geburtstag diesen
unorthodoxen Hasen »royal« zuzubereiten.
Der Küchenchef des »Grand Véfour«
entschied seinerseits, Knoblauch und
Schalotten zu gleichen Teilen zu
verwenden und würzte seinen Hasen
mit je vierzig Stück von beiden.

In Frankreich heißt ein Hase »capucin«,
wenn er ein Jahr alt ist und zwischen vier
und sechs Kilogramm wiegt.

Hase royal

»Wer von Ihnen, geschätzte Leserinnen, vermutet, wenn Sie den echten ›Hasen royal‹ genießen, der so schmelzend auf der Zunge zergeht, daß sechzig — Sie lesen richtig: sechzig — Knoblauchzehen zu seiner Vollendung beigetragen haben? Ein gelungener Hase royal schmeckt nicht nach Knoblauch! Die sechzig Knoblauchzehen werden einem kollektiven Ruhm geopfert, sie siechen dahin, unkenntlich und doch vorhanden, nicht wahrnehmbar und doch die Karyatiden, die der schwankenden Kletterpflanze der gängigen Haushaltsgewürze erst die Stütze geben …«
Prisons et paradis, 1932

Man legt einen Schmortopf mit feinen Streifen fetten Specks aus. Auf diese Unterlage gibt man einen etwa 4 Kilogramm schweren Hasen, dem man Leber, Herz, Nieren und Lungen entnommen hat, um sie später zu verwenden. Um ihn herum legt man 60 Knoblauchzehen und 30 geschälte kleine rötliche Schalotten, 2 gewürfelte Karotten, eine kleine Selleriestaude und ein mit Salbei angereichertes Gewürzsträußchen. Man würzt mit 10 Pfefferkörnern, 6 Wacholderbeeren und 2 Nelken. Dann deckt man den Hasen mit breiten Speckstreifen zu, begießt ihn ausgiebig mit 4 Flaschen eines alten Burgunders und flambiert ihn, um den Alkohol und die Säure des Rotweins abzubrennen. Schließlich vergißt man ihn für 6 Stunden und läßt ihn bei 160 Grad im Backofen schmoren.

Wenn die Bratzeit ihrem Ende zugeht, werden die Nieren, die Leber und das Herz zusammen mit 10 kleinen Schalotten, 10 Eßlöffeln Hasenblut, 50 Gramm weicher Butter und einem Schuß Marc de Bourgogne püriert, dann wird das Püree gesalzen und gepfeffert.

Man nimmt nun den weichgeschmorten Hasen aus dem Ofen, legt ihn in eine tiefe Schüssel und bedeckt ihn vorerst mit einem feuchten Tuch, damit er nicht an der Luft austrocknet.

Man gibt die Sauce durch ein Sieb, preßt vor allem den Knoblauch und die Schalotten kräftig aus, damit sie ihr Aroma abgeben, und läßt diesen Bratenfond, bevor man das Fett abschöpft, ein wenig stehen.

In einer kleinen Kasserolle vermischt man einen Teil des Saucenfonds mit den pürierten Innereien und achtet darauf, daß die Mischung beim Erwärmen nicht kocht. Darauf erhitzt man den Hasen in dem anderen Teil der entfetteten Sauce.

Unmittelbar vor dem Auftragen vereint man die beiden Saucen, würzt eventuell nach und bringt den Hasen auf den Tisch. Als Eßbesteck dienen Löffel.

Daube mit Rotwein à la Annie de Pène
(Schmorgericht aus Ochsenfleisch)

Die Daube de Bœuf mit Rotwein, die Annie de Pène zubereitete und in der sich »die dicken Würfel des Ochsenfleisches mit Knoblauch, feinem Speck und Öl, das die Sauce so dunkel machte«, und »dem Wein, der dem Gericht den Glanz gibt«, mischten, inspirierte Colette zu begeisterten lyrischen Elogen.

Man spickt eine Ochsenschulter von etwa 2 Kilogramm mit langen Speckstreifen, schneidet sie sodann in dicke Würfel und bewahrt sie 12 Stunden im Kühlen auf, wobei man sie in einer Terrine zusammen mit 2 Kalbsfüßen, 4 Karotten und 4 geschnittenen Zwiebeln, einer Knoblauchknolle, einem dicken Kräuterstrauß, 12 Pfefferkörnern, einigen Nelken, 2 Salbeiblättern, 6 reifen Tomaten, 100 Gramm geräuchertem Speck, 2 Flaschen Rotwein und $\frac{1}{5}$ Liter Eau-de-vie-de Marc ziehen läßt.

Am folgenden Tag bräunt man die Fleischwürfel in Olivenöl an, würzt sie und fügt die Marinade mit den Zutaten sowie etwas Fleischbrühe hinzu. Nun schließt man den Deckel des Schmortopfs und versiegelt ihn mit einem zähen Teig aus 250 Gramm Mehl und etwa $\frac{1}{4}$ Liter Wasser. Dann überläßt man das Ganze für 4 Stunden dem Backofen.

Anschließend preßt man die Sauce über den Fleischwürfeln und den vom Knochen gelösten Kalbsfüßen durch ein feines Sieb und serviert das Fleisch mit frischen Nudeln, die in zerlassener Butter geschwenkt wurden.

ANNIE DE PÈNE WAR IN DEN JAHREN VOR DEM ERSTEN WELTKRIEG BIS ZU IHREM TOD IM JAHRE 1917 EINE COLETTE SEHR ZUGETANE FREUNDIN. IHRE TOCHTER, GERMAINE BEAUMONT, STAND ZU IHR IN EINEM ÄHNLICHEN FREUNDSCHAFTSVERHÄLTNIS. ANNIE WAR EINE HERVORRAGENDE KÖCHIN, UND COLETTE ERHIELT VON IHR KLUGE KULINARISCHE RATSCHLÄGE. *UNTEN:* ANNIE DE PÈNE UND GERMAINE BEAUMONT AUF DER AUSSENTREPPE IHRES »LÄNDLICHEN HÄUSCHENS« AM IMPASSE HERRENT.

Sido benutzte einen alten, tiefen Teller aus Steingut, um den Wein für die »Daube« einzukochen. Er diente ausschließlich diesem Zweck. Sie reinigte ihn nur über der Flamme. Vom Zahn der Zeit zerkratzt und vom eingebrannten Wein gebräunt, wurde er zu einem »heiligen, geradezu geweihten« Gegenstand …

Creme-Herzen à la Nounoune

»Ist Frischkäse im Haus, Nounoune?
— Ja …
[…]
Gibst du mir die Adresse, Nounoune? Ich meine die Adresse für die Creme-Herzen für meinen neuen Koch, den ich ab Oktober engagiert habe?
— Tut mir leid! Wir machen sie selbst.«

Chéri, 1920

Mit einem Holzspatel »klatscht« man einen ungesalzenen Frischkäse aus Kuhmilch in eine flache Steingutschale. Dann nimmt man halb soviel Crème fraîche wie Käse, schlägt sie, bis sie steif wie Schlagrahm ist, und hebt sie vorsichtig unter den Inhalt der Schale.

Sodann legt man kleine Herzförmchen mit Tuch aus, gibt die vorbereitete Mischung hinein und läßt alles einige Stunden an einem kühlen Ort ruhen. Man stürzt die Förmchen auf Teller und ißt die Creme-Herzen natur oder mit Zucker bestreut.

Fromage blanc mit Pfeffer und rohen Zwiebeln

»Knoblauch, weiße Zwiebeln, Kirschen, grobkörniges Salz und Pfeffer auf dem gerade erst fest gewordenen weißen Käse, frischer Muscadet … Wenn man nichts Besseres weiß, sollte man aufs Land gehen.«

Colette in: *Almanach de Paris An 2000*, 1949

Man hackt 3 junge Zwiebeln mitsamt dem Zwiebelgrün und mischt sie unter 2 frische, leicht gesalzene Ziegenkäse, die 24 Stunden abgetropft sind. Man würzt mit Pfeffer aus der Mühle und stellt den Käse über Nacht kühl, damit ihn das pikante Aroma der Zwiebeln und des Pfeffers durchdringen kann.

KÄSE

In jeder ihrer »Provinzen« aß Colette gern diesen Frischkäse, und sie blieb ihm bis in ihre letzten Tage treu.

NACHFOLGENDE DOPPELSEITE:
DIE CREME-HERZEN VON NOUNOUNE.

EIS, KUCHEN, DESSERTS

Zeit ihres Lebens liebte Colette diese Kastanien vom Lande, einfach gekocht oder wie hier zu einem kleinen Fladen verarbeitet und in ein Stofftuch eingehüllt. Noch mit 76 Jahren lobte sie in *La Fleur de l'âge* »ihr geheimnisvolles Weiß« und bekannte: »Herbst, du hast vielleicht nichts Besseres, nichts, was weniger zu ersetzen wäre als die glänzende Kastanie.«

RECHTS: ZUBEREITUNG DER KASTANIENFLADEN IN EINEM »FEINEN TUCH«.

RECHTE SEITE: COLETTE 1931 IM HOTEL »CLARIDGE«.

NACHFOLGENDE DOPPELSEITE: EIN BRIEF IN BLAU AN MARGUERITE MORENO, IN DEM SIE IHR FÜR EINE SENDUNG KASTANIEN DANKT.

Kastanienküchlein
(Originalrezept von Colette)

»*O du wunderbares weißes Fleisch der braunen Kastanie, von der Vorsehung auserkoren zu einer kleinen Mahlzeit! Du bist das delikate Brot, das uns die kalte Jahreszeit außer Linsen und Bohnen bietet. Du bist im Überfluß vorhanden, wenn alles rar wird, wenn die Erde sich verschließt. Ich gestatte mir den Hinweis, daß die gekochte Kastanie — man muß das Wasser salzen — geschält, von der zweiten Haut und allen Nebenkammern befreit, mit Puderzucker zu einer gleichmäßigen Paste zerstampft, zu kleinen Kuchen geformt und in ein frisches Tuch gepreßt, ein gesundes und einfaches Mahl ist; auch ein vollwertiges Dessert, wenn man dazu eine rote Konfitüre serviert. Ein wenig zu trocken, finden Sie? Aber nein, denn Sie haben natürlich daran gedacht, eine Flasche moussierenden Cidre zu entkorken oder auch einen guten, eher süßen Weißwein.*«

De ma fenêtre, 1942

158

Ma Marguerite (c'est ainsi
qu'on prononce ton prénom dans
mon pays d'Yonne) je ne t'ai p[as]
remerciée des châtaignes ! Figure[z]
que lorsque Val me les a rem[is]
dans un petit sac, je n'ai p[as]
démêlé si elle me les appor[tait]
ou si c'était toi. Et je n['ai]
éclairci que par la suite c[e]
important ! Merci pour les .....
quel, car j'en suis folle. T[out]
l'hiver je m'arrange pour ....
un peu malade ! gonflée , e[t]
le cœur comprimé (sic) pa[r les]
châtaignes bouillies. Foin d[es]
Je ne les veux que bouillue[s]
leur peau , blanches, au ....
                    Marie de Régnier

Zitronensorbet

»Mögen Sie vielleicht ein halbes Gläschen Limonade? Löffeln Sie nicht gern ein Zitronensorbet, einen Schluck gestockte Milch?«

Gigi, 1944

Man bringt 400 Milliliter Wasser mit 400 Gramm Zucker zum Sieden und fügt die Schalen von 3 Zitronen und einer Orange hinzu. Dann läßt man den Sirup erkalten, gießt 350 Milliliter Zitronensaft hinzu, und schon der Duft allein hätte genügt, daß Colette das Wasser im Munde zusammengelaufen wäre.

Nun filtert man die Flüssigkeit durch ein feines Sieb, bevor man sie in die Eismaschine gibt.

Man nimmt das Sorbet heraus, bevor es ganz fest ist, denn es sollte noch weich gegessen werden. Man serviert es in eiskalten Gläsern.

Warmes Soufflé mit einem Herz aus Eis

»Er bestellte ein Diner wie für eine emanzipierte Modistin, kalten Fisch mit Portwein, gegrillte Vögel, ein warmes Soufflé, in dessen Bauch säuerliches, rotes Eis versteckt war...«

Chéri, 1920

Man mischt ⅕ Liter Wasser und 100 Gramm Zucker mit 300 Milliliter Fruchtmark der schwarzen Johannisbeere und rührt, bis sich der Zucker aufgelöst hat. Dann gibt man die Flüssigkeit in die Eismaschine. Mit einem Löffel formt man 6 schöne Eiskugeln und stellt sie kalt, bis man die Soufflés in Angriff nimmt. Dann umgibt man sie mit Hilfe eines Löffels, den man vorher in einen guten Crème de Cassis getaucht hatte, mit Biskuitteig.

Nun bringt man ½ Liter Milch unter Zugabe von 2 längs gespaltenen Vanillestangen zum Kochen, läßt sie auf etwa die Hälfte einkochen, entfernt die Vanille und gießt die Milch über 5 mit 75 Gramm Zucker verrührte Eigelbe. Man gibt noch 50 Gramm Mehl darunter, läßt das Ganze kurz aufwallen und hebt schließlich 5 sehr steif geschlagene Eiweiß unter die warme Creme.

Nun werden 6 Soufflé-Förmchen mit Butter ausgestrichen und mit Zucker bestreut. Man gibt die Creme 2 Zentimeter hoch hinein und legt darauf eine Sorbetkugel, die durch ihren Biskuitmantel gegen die Wärme abgeschirmt ist. Den Rest der Soufflé-Creme füllt man darüber, bis das Förmchen zu drei Vierteln gefüllt ist.

Nun muß man die Soufflés rasch in den auf 180 Grad vorgeheizten Backofen schieben und 15 Minuten backen lassen.

Dieses ungewöhnliche, heiß-kalte Sorbet muß sofort gegessen werden.

Eisbombe Claudine

Als die verschiedenen Claudine-Bände erschienen waren, beauftragte Willy den berühmten Eiskonditor Latinville in der Rue de la Boétie, ein Eis und einen Kuchen zu kreieren, die den Namen der neuen Romanheldin tragen sollten. Das Rezept für den Kuchen haben wir nicht mehr gefunden, dafür aber eine Beschreibung der Eissorte »Claudine«, die sich, der Mode der Zeit entsprechend, als Eisbombe präsentierte. Die »Eisbombe Claudine« besteht außen aus Praliné-Eis und innen aus Pfirsichmus.

Für die Praliné-Masse karamelisiert man in einem trockenen Kupferpfännchen 100 Gramm Zucker, fügt später 75 Gramm ganze Haselnüsse dazu und vermischt beides mit einem Holzspatel. Man gibt dann die karamelisierten Nüsse auf ein geöltes Backbrett und zerstampft sie nach dem Erkalten im Mörser so fein wie möglich.

Man läßt ½ Liter Vanillemilch aufkochen und verrührt 4 mit 50 Gramm Zucker vermischte Eigelbe, schüttet alles in eine Kasserolle und kocht diese englische Creme bei niedriger Hitze weiter. Dann fügt man die Praliné-Masse hinzu und gibt die Creme in die Eismaschine. Man stellt eine schöne Eisbomben-Form kalt, kleidet die Innenwände mit sehr festem Praliné-Eis aus, wobei man in der Mitte einen Freiraum läßt, und stellt die Form in den Kühlschrank zurück. Etwas Praliné-Eis hebt man auf.

Nun werden 300 Gramm sehr reife Pfirsiche durch ein Sieb passiert und dem Fruchtfleisch 100 Gramm Kristallzucker und 5 Eßlöffel Pfirsichlikör hinzugefügt. Das Mus wird leicht erwärmt und mit zwei Blatt eingeweichter Gelatine versetzt. Nach dem Erkalten fügt man ¼ Liter geschlagene Crème fraîche hinzu.

Man füllt das Innere der Eisbombe zu drei Vierteln mit dem Pfirsichmus und bröselt zwischendurch, wenn man will, Nußmakronen hinein. Dann läßt man das Pfirsichmus eine Stunde in der Kälte erstarren und verteilt anschließend das restliche Praliné-Eis darauf.

Die Bombe sollte 2 Stunden bei einer Temperatur unter Null Grad gefrieren.

Um die »Bombe Claudine« zu stürzen, taucht man die Form für einige Sekunden in heißes Wasser, plaziert sie dann auf einer eisgekühlten Platte und zieht sie vom Eis ab, das man schließlich mit Schokolade-Spänen bestreut, bevor man es serviert.

Als Willy — vielleicht der erste Werbefachmann seines Jahrhunderts — den Erfolg von *Claudine à l'école* voraussah, hatte er die Idee, den Markennamen »Claudine« zu kreieren. Außer dem berühmten Kragen »Claudine«, der zusammen mit der karierten Blusenschleife den Namen »Claudinet« bekam und der von April 1903 an im Katalog des Kaufhauses »Samaritaine« angeboten wurde, wurde diese Produktreihe durch den Claudine-Hut, das Claudine-Parfüm, die Claudine-Lotion, Claudine-Zigaretten und … die Eisbombe erweitert.

Colette schrieb einige Zeilen des Dankes an einen Freund, der ihr ein »wunderbares, einmaliges Gebäude aus mit Mandel-Frucht-Fondant gefülltem Lebkuchen« verehrt hatte. In diesen Zeilen parodiert sie das berühmte »J'accuse« (Ich klage an) von Émile Zola, indem sie Willy anklagt, während ihrer Abwesenheit davon genascht zu haben!

Lebkuchen

Man nimmt eine Backschüssel und gibt in die Mitte von 300 Gramm gesiebtem Roggenmehl 300 Gramm leicht angewärmten Wildhonig. Man vermengt das Mehl und den flüssigen Honig mit einem Holzspatel und fügt 80 Gramm Grießzucker, 30 Gramm gehacktes Orangeat und 30 Gramm geschälte und gehackte Mandeln hinzu. Das Ganze bestreut man mit einer pulverisierten Gewürzmischung aus 5 Gramm grünem Anis, 3 Gramm Nelken, 3 Gramm Zimt und schließlich 5 Gramm Natriumbikarbonat.

Man knetet den elastischen Teig 10 Minuten lang kräftig durch, ohne zu erlahmen: Auf der Oberfläche des Teiges müssen Luftblasen zerplatzen.

Nun fettet man eine Kuchenform mit hohem Rand aus, füllt den Teig hinein und läßt das Lebkuchenbrot eine Stunde bei 160 Grad backen. Man stürzt es aus der Form, bestreicht dieses »Gebäude« mit sehr süßer Milch, die sirupähnlich sein sollte, und läßt den Überzug einige Minuten in der Ofenhitze glänzend werden.

Bevor man das Brot anschneidet, sollten einige Stunden vergehen.

Schmelzender Cake à la Pauline

»Dann schrie sie die alte Beschließerin an: ›Hast du denn nicht irgendwas im Hause? Die Burschen müssen doch Hunger haben.‹ Schon als ich das Vestibül betrat, hatte ich auf einem Tablett einen Cake und eine Flasche Portwein mit drei Gläsern erspäht. Das Mädchen erschien augenblicklich mit dem Tablett. Vom Kuchen waren schon vor unserer Ankunft drei Scheiben abgeschnitten worden, für jeden von uns eine.«

Georges Charensol: *D'une rive à l'autre*, 1973

Pauline läßt je 100 Gramm Orangeat und Zitronat mit 100 Gramm Malaga-Rosinen, 50 Gramm Sultaninen, 50 Gramm Korinthen und 100 Gramm eingelegter Melone in ¼ Liter Sirup, der mit Rum aromatisiert wurde, mazerieren.

Um eine rechteckige Cake-Form von 25 Zentimetern Länge zu füllen, schlägt sie in einer Schüssel 200 Gramm weiche Butter mit 200 Gramm Zucker und einer Prise Salz schaumig, fügt 2 Eier und 2 Eigelb hinzu und rührt den Teig unaufhörlich weiter.

Sie läßt die eingelegten Früchte abtropfen und gibt sie nebst einer frisch abgeriebenen Zitronenschale zum Teig. Dann folgen löffelweise 200 g durchgesiebtes, mit 2 Gramm Backpulver vermischtes Mehl, und zum Schluß hebt sie 2 zu festem Eischnee geschlagene Eier unter den Teig.

Pauline kleidet die Form mit eingefettetem und bemehltem Pergamentpapier aus, füllt sie zu zwei Dritteln und läßt den Cake 45 Minuten bei einer Temperatur von 180 Grad backen.

RECHTE SEITE: COLETTE UND PAULINE, FOTOGRAFIERT VON HENRI CARTIER-BRESSON.

Kirschsuppe

KORB MIT KIRSCHEN, EIN GEMÄLDE VON
LUC-ALBERT MOREAU, EIN GESCHENK
AN COLETTE.

»Ein Tag, an dem man nicht kocht. Ein Glas Milch hier, eine Scheibe Schinken da, die Suppe aus eingemachten Kirschen mit kleinen, gerösteten Brotwürfeln – und dann hat man auch noch dem Rest von Käse den Garaus gemacht. Schrecklich, was man alles in sich hineinstopft, wenn man nicht ißt …«

Colette in *Almanach de Paris An 2000*, 1949

Der Tag, an dem Sie beschließen, nicht zu kochen: Lassen Sie in einer Kasserolle 50 Gramm Butter schmelzen, geben Sie einen Löffel durchgesiebtes Mehl dazu und rühren Sie beides rasch um, ohne es Farbe annehmen zu lassen. Schütten Sie 1,5 Liter Kirschsaft dazu, und rühren Sie weiter, bis der Siedepunkt fast erreicht ist.

Reduzieren Sie die Hitze, und fügen Sie entsteinte Kirschen hinzu. Zukkern und salzen Sie die Suppe, geben ein wenig Pfeffer dazu, und lassen Sie sie 10 Minuten weiterköcheln.

Inzwischen schneiden Sie 100 Gramm Weißbrotwürfel zurecht und werfen sie in eine Pfanne mit heißer Butter. Rösten Sie sie kurz bei lebhafter Hitze und lassen Sie das Fett abtropfen.

Verteilen Sie die goldbraunen Croutons auf die einzelnen Teller und übergießen Sie sie mit der sehr heißen Kirschsuppe.

DIE KIRSCHSUPPE, SERVIERT IN
EINEM SUPPENTELLER AUS SÈVRES-
PORZELLAN.

Claudines »geröstete« Schokolade

»Ist da das Hexenhaus? ›O du schönes Kuchenschloß …‹
So sangen Hänsel und Gretel vor dem Palast der Versuchung …
— Komm nur herein, ich bin im Salon, aber ich kann mich nicht rühren, ruft dieselbe Stimme.
[…]
Sie richtet sich auf, sagt sehr ruhig:
— Guten Tag, Annie.
— Guten Tag, Mad … Claudine.
[…]
— … Er war schon fertig, ich kann leider nicht länger warten, du verstehst hoffentlich?
Sie hält ihr einen kleinen, viereckigen Grill aus Silberdraht unter die Nase, auf dem sich eine Tafel Schokolade schwärzlich aufbläht.
— … Dieses Apparätchen ist auch nicht gerade die höchste Perfektion, Renaud. Sie haben mir einen viel zu kurzen Griff daran montiert, und jetzt habe ich eine Brandblase an der Hand.
— Zeig her.
Ihr großer Ehemann neigt sich zärtlich über die kleine verbrannte Hand, küßt und streichelt sie mit den Fingern und den Lippen wie ein Liebhaber … Um mich kümmert man sich überhaupt nicht. Ob ich wieder gehe? Dieses Theater ist lächerlich …
— Es ist heil, es ist alles wieder heil, ruft Claudine und klatscht in die Hände. Jetzt essen wir die gegrillte Schokolade, wir zwei, Annie.
[…] Und Claudine zuliebe esse ich auch die Schokoladenklümpchen mit; gegrillte Schokolade schmeckt ein wenig verbrannt, ein wenig zu stark nach Praliné.
— Ist das nicht göttlich?«

Claudine s'en va, 1903

Halbflüssige Schokolade

»Es fiel mir angenehm auf, daß es zum Diner frischen Fisch gab; die Pilze waren vom Herd genommen worden, bevor sie zerfallen konnten und ohne Saft und Kraft waren, wie sie überall in Frankreich auf den Tisch kommen, und es gab eine halbflüssige Schokoladencreme, um es denen recht zu machen, die sie mit dem Löffel essen wollten, aber auch denen, die sie gern aus dem Töpfchen tranken …«

Le Képi, 1943

Man läßt ½ Liter Milch im Töpfchen warm werden, fügt 200 Gramm halbbittere, geraspelte Schokolade hinzu, rührt mit einem Holzlöffel um und bringt die Milch zum Kochen.

Dann gibt man ¼ Liter Crème double hinzu, läßt alles 10 Minuten weiterköcheln und nimmt die Creme vom Feuer. Man mischt 2 Eigelb mit 50 Gramm weicher Butter, gießt sie in die heiße Schokolade und rührt die Mischung glatt.

Schließlich wird die Schokoladencreme durch ein Sieb in kleine Töpfchen gegossen und 12 Stunden gekühlt, bevor man sich an ihnen »regaliert«.

In *Claudine à Paris* delektiert sich die Heldin »am Bauch einer Tafel Schokolade, die über dem Feuer weich wird, sich schwärzlich färbt, zu prasseln beginnt und sich aufbläht« und die sie langsam, »wie eine Orientalin auf dem Fußboden vor dem Kamin hockend«, verzehrt. Und um diesen »erlesenen Geschmack von gerösteten Mandeln und gratinierter Vanille« noch zu verlängern, wirbelt sie mit der Spitze eines Messerchens »winzige Lamellen« auf.

Nach allem, was Colette darüber sagt, sollten auch wir unsere Erfahrung mit der Schokolade machen. Sie jedenfalls schätzte sie als einen »Zaubertrank, der die Jahre aufhebt«.

IN DIESEM ATELIER IN DER RUE DE COURCELLES BEGANN COLETTE OHNE BEGEISTERUNG, »SICH WIE EIN AFFE IM KÄFIG VON BANANEN UND HASELNÜSSEN« ERNÄHREND, UNTER DEM DESINTERESSIERTEN BLICK DES HÜNDCHENS TOBY, IHRE MUSKELN ZU STÄHLEN.

Baisers mit Crème fraîche

»Zur Vesperzeit im sommerlich warmen Garten verloren sich die mit Creme gefüllten Baisers und die Himbeeren in einer Flut von Licht und Hitze.«

Journal à rebours, 1941

In einer Kupferschale schlägt man 8 Eiweiß mit einer Prise Salz zu Schnee. Wenn er steif zu werden beginnt, fügt man 300 Gramm Zucker hinzu und schlägt die Masse gleichmäßig weiter, damit der Zucker restlos aufgenommen wird.

Aromatisiert wird mit einer Vanillestange, die man mit der Spitze eines Messers auskratzt. Auf ein gebuttertes und mit Mehl bestäubtes Backblech setzt man in regelmäßigen Abständen die weißen Schneeklößchen, die man mit einem Löffel absticht.

Zum Trocknen schiebt man sie 2 Stunden in den auf 80 Grad vorgewärmten Backofen. Wenn sie erkaltet sind, garniert man sie für eine sommerliche Vesper mit Crème fraîche, die man zuvor mit Zucker und Vanille gewürzt und mit dem Schneebesen etwas aufgelockert hat.

Schokoladen-Éclairs

»Colette ist eine große Genießerin. Um ihr gerecht zu werden und ihr den gebührenden Respekt zu erweisen, darf man das einfach nicht außer acht lassen, und dies begreifend, wird man sich begeistert vor den Triumphwagen dieses weiblichen Dionysos spannen lassen.
— Ich habe Hunger, schreit Colette, so wie sie gerade geschrien hat: Ich habe Durst!
Überschäumend vor Lebensfreude und Aktivität, strahlt sie sinnliche Freude aus; sie zieht alles, was zuckt und zappelt, an ihr starkes Herz, um es zu erdrücken, zu zerquetschen, bis ins Mark auszupressen. Dann geht sie mit vorgestreckten Händen weg, weit weg ins Universum, um alles anzufassen, alles zu kosten.
Dann wieder ist sie passiv, trödelt herum, nascht hier und dort, knabbert Äpfel oder schneidet Schokoladenéclairs auf.
— Pauline! Ich sterbe vor Hunger!«

Claude Chauvière, *Colette*, 1931

In einer Kasserolle bringt man 100 Gramm Butter, ¼ Liter Wasser und eine Prise Salz zum Kochen, nimmt die Kasserolle vom Herd und fügt 150 Gramm gesiebtes Mehl hinzu. Man vermischt alles gründlich mit dem Holzlöffel und läßt den Teig kurz auf starkem Feuer antrocknen, bevor man ihn in eine Schüssel gibt und 4 ganze Eier einarbeitet.

Mit Hilfe eines Spritzbeutels setzt man Éclairs von 8 Zentimeter Länge auf ein bemehltes Backblech und läßt sie 20 Minuten im 180 Grad heißen Ofen backen.

RECHTE SEITE: WEISSE BAISERS, DIE MIT DEM LÖFFEL GEFORMT WERDEN, UND HIMBEEREN AUS DEM GARTEN, BEIDES AUF SIDOS ZARTEM SERVICE ANGERICHTET UND VON HASELNUSS-STRÄUCHERN BESCHATTET.

Auf die Menükarte zum achtzigsten Geburtstag von Colette schrieben die Mitglieder der Académie Goncourt die Lieblingsgerichte ihrer Präsidentin. Als Clou des Ganzen ein Kuchen mit Kerzen. Er wurde von der Pâtisserie aus der Rue de Buci geliefert, in der sich im vorigen Jahrhundert ein gewisser Monsieur Quillet hervorgetan hatte, der als erster seine Kuchen mit Buttercreme garnierte.

BEL-GAZOU PRÄSENTIERT IHRER MUTTER DEN GEBURTSTAGSKUCHEN UNTER DEN AUFMERKSAMEN BLICKEN DER AKADEMIE-MITGLIEDER, DIE SICH ALLE VERSAMMELT HATTEN, UM COLETTE ZU FEIERN.

Inzwischen schlägt man 4 Eigelb mit 100 Gramm Zucker schaumig und fügt vorsichtig 40 Gramm Mehl und ½ Liter kochende Milch dazu. Diese Creme bringt man unter intensivem Schlagen nochmals zum Kochen. Ist sie erkaltet, aromatisiert man sie mit 100 Gramm geschmolzener dunkler Schokolade. Man schlitzt die Éclairs auf einer Seite auf und füllt die Schokoladencreme hinein.

Zum Schluß überzieht man die Éclairs mit 100 Gramm flüssiger dunkler Schokolade, der man vorher 200 Gramm in etwas Wasser aufgelösten Zucker hinzugefügt hat.

Der Kuchen zum 80. Geburtstag

Man schlägt im Wasserbad 250 Gramm Butter, 8 Eier und 2 Prisen Salz schaumig. Dann nimmt man die Rührschüssel vom Herd und fügt abwechselnd 250 Gramm flüssige Butter und 250 Gramm feinstes gesiebtes Mehl hinzu. Man fettet eine runde Biskuitboden-Form aus, füllt den Teig hinein und backt ihn 25 Minuten im 180 Grad heißen Ofen. Dann nimmt man den Boden aus der Form und läßt ihn, mit einem Tuch bedeckt, auskühlen.

Nun bereitet man für die Garnierung die echte Creme Quillet zu. Man läßt dafür 10 Eßlöffel Milch mit 200 Milliliter Mandelmilch-Sirup, 400 Milliliter Wasser, 350 Gramm Zucker sowie eine aufgeritzte Vanillestange aufwallen. Man gießt die Flüssigkeit über 8 Eigelbe und verrührt beides.

Alles kommt nochmals in die Kasserolle und wird unter Rühren erhitzt, es darf aber nicht kochen. Man passiert die Creme und läßt sie erkalten.

Nach einiger Zeit gießt man die Creme unter ständigem Schlagen über 250 Gramm weiche Butter und läßt sie endgültig erstarren.

Man schneidet den Biskuitboden einmal durch, bestreicht ihn innen und außen mit der Crème Quillet und überstreut alles mit Hagelzucker. (Der Name des Erfinders »Quillet« stand mit Hilfe eines Spritzbeutels mit kannelierter Tülle in Creme-Schrift mitten auf dem Kuchen.)

O mes chers Guillermets !
Il est là, et en bouteilles,
ce vin adolescent qui "goûte" la
framboise, comme on dit chez
vous ! Je sens que c'est un vin
"qui ne se conserve pas" comme
disait Annie de Pène. Pendant
l'ancienne guerre, elle hantait
les confiseries (il y en avait !) et
achetait des gâteaux, desquels
elle me disait, d'un air désa-
busé : "Ce sont des gâteaux qui
ne se conservent pas. — Comment
le savez-vous ? — J'en suis sûre :
rien qu'entre la rue de la
Pompe et le bout de l'avenue
Henri Martin, je les ai tous mangés.

Craquelins à la Annie de Pène

Colette hatte Annie de Pène gebeten, ihr das Rezept für die herrlichen Craque-lins zu verraten, was diese zu unserer Freude auch tat.

Man verknetet in einer großen Schüssel 250 Gramm Mehl, 125 Gramm Butter, eine Messerspitze Salz, $\frac{1}{8}$ Liter Milch, 30 Gramm Zucker, ein ganzes Ei und ein Eigelb miteinander, arbeitet den Teig kräftig durch und formt daraus eine dicke, geschmeidige Kugel. Man läßt den Teig 2 Stunden lang ziehen, bevor man ihn auf gut bemehlter Unterlage 1 Zentimeter dick ausrollt. Aus der Fläche schneidet man 2 Zentimeter breite und 12 Zenti-meter lange Streifen zurecht und verschlingt sie nach eigenem Gusto inein-ander.

Man legt die Craquelins auf ein Kuchenblech und bestreicht sie, bevor man sie in den Ofen schiebt, mit geschlagenem Ei.

Backzeit 7 bis 8 Minuten bei 220 Grad.

Wenn sie aus dem Ofen kommen, streut man Zucker über diese aufge-blähten, knusprigen Küchlein.

»Craquelin« ist ein uraltes Gebäck aus dem Mittelalter, ein Verwandter der Windbeutel, dessen seit 1265 bezeugter Name von dem niederländischen Wort *crakelinc* kommt. Es war das Spezialgebäck der Stiftsdamen von Baume-les-Dames in der Franche-Comté; sie schätzten es »gut durchgebacken, von dunkelblonder Farbe«. Man findet Varianten dieses Gebäcks in den meisten französischen Provinzen und heute vor allem in der Bretagne.

Die Flognarde, ein Dessert, »schnell gemacht und reichhaltig, hervorragend zur Vesper, warm oder kalt«, erfordert wenig Zutaten und ist eine Kreuzung aus Crêpe-Teig und Genueser Kuchen. Wenn Sie die Flognarde lieber warm essen, servieren Sie sie unmittelbar, nachdem sie aus dem Ofen kommt, denn ihre schöne, aufgeblähte Oberfläche fällt schnell in sich zusammen. Manche behaupten, sie komme aus dem Limousin, Colette jedoch verlegte ihren Entstehungsort in das Dörfchen Flogny im Yonne, wo die Frau des Gastwirts, während ihr Mann die Pferde wechselte, »schnell den Teig anrührte und in den Ofen schob« und so die Reisenden mit einer Flognarde und einem leichten, fruchtigen Landwein bei guter Laune hielt.

RECHTE SEITE: WEICHE GENUESER KUCHEN, MIT ROSA ZUCKERSTREUSELN BESTREUT.

COLETTE IM PROFIL, VON PAZZY SKIZZIERT.

Flognarde
(Originalrezept von Colette)

»Eine braune, knusprige Leckerei, die, wenn sie aus dem Ofen kommt, immer noch vor Lachen zu glucksen scheint.«

»Mit der Flognarde, die Pauline für mich machte, wenn ich hart gearbeitet hatte, können auch Sie Ihre Kinder belohnen: Sie macht keine große Mühe, sie kostet nicht viel, diese unkomplizierteste aller Naschereien, dieser dicke Pfannekuchen, der sich im Ofen so aufbläht, daß er zu platzen anfängt.

Nur zwei Eier, ein Glas Mehl, eins mit Wasser oder entrahmter Milch, eine gute Prise Salz, drei Löffel Puderzucker. In der Backschüssel lassen Sie Zucker und Mehl ineinanderfließen und rühren nach und nach die Flüssigkeit und die ganzen Eier unter. Dann schlagen Sie die Mischung wie einen Crêpe-Teig, gießen ihn auf ein gefettetes Tortenblech und erwärmen dieses ein Viertelstündchen, ein wenig vom Herd weggezogen oder auf einem Rechaud, damit der Backofen Ihren Teig nicht ›überrascht‹. Nach 20 Minuten Backzeit bläht sich die Flognarde bombastisch auf, nimmt Farbe an, wird braun, platzt hier auf, schwillt dort an ... Wenn sie sich besonders wild gebärdet, ziehen Sie sie aus dem Ofen, bestreuen sie leicht mit Puderzucker und schneiden sie noch heiß auf. Als Kumpanen mag sie ein moussierendes Getränk: Cidre, Perlwein oder nicht zu bitteres Bier.«

De ma fenêtre, 1942

Genueser Küchlein mit rotem Zuckerguß

»Mademoiselle Devoidy holte aus der Küche zwei Stücke glasierten Genueser Kuchen. Sie lagen auf einem Teller, auf den eine explodierende Granate aufgemalt war und der die Inschrift trug: ›Zum Wecken der Feuerwehr‹.«

Gigi, 1944

Man schlägt 6 Eier in eine Schüssel, rührt sie mit 250 Gramm Zucker im Wasserbad schaumig, bis die Masse dicklich wird. Dann fügt man 250 Gramm Mehl und eine Prise Salz hinzu, vermischt alles mit dem Holzlöffel und gießt zum Schluß 250 Gramm flüssige Butter dazu.

Man buttert eine quadratische Genueser Form (20 mal 20 Zentimeter) aus, füllt den Teig hinein und läßt ihn bei 200 Grad im Backofen aufgehen. Man nimmt ihn noch heiß aus der Form, bedeckt ihn mit einem Tuch und läßt ihn erkalten.

Mit einem Sägemesser schneidet man den Kuchen in handliche Stücke von 6 mal 9 Zentimeter.

Man wickelt 200 Gramm Würfelzucker in ein Tuch, zertrümmert die Stücke mit dem Nudelholz und färbt die Zuckerbrösel, indem man sie zwischen den Händen reibt, mit karminroter Pflanzenfarbe. Man versieht die Kuchenstücke mit dieser knusprigen rosa Hülle.

Colette bewahrte bis in ihre letzten Lebenstage das Rezept für eine Apfelmarmelade auf, die Sido für sie zubereitet hatte und die in ihren Werken ganz unverhüllt immer dann als Allheilmittel auftaucht, wenn die Personen der Handlung krank sind.

Sidos Apfelmarmelade

»Ich glaube, Apfelmarmelade ist mir nie gelungen, so wenig wie Pauline, allein Sido verstand sich darauf.«

Raymond Oliver, *Cuisine pour mes amis*, 1976

Damit wir eine Chance haben, daß uns Sidos Marmelade gelingt, müssen wir auf die Gewohnheiten ihrer Heimat zurückgreifen. Als erstes sollte man nur alte Apfelsorten wie Goldreinetten oder Graureinetten verwenden, oder, noch besser, die wilden Äpfel, die im Puisaye »Croc« heißen. Man schält 2 Kilogramm, befreit sie vom Kerngehäuse, schneidet sie in Viertel und taucht sie in Wasser mit einem Schuß Zitrone.

Man läßt sie bei sanfter Hitze zusammen mit einem Glas Wasser, einer Vanillestange und einer Zitronenschale in einer »écuelle«, einer Art irdenem Napf mit Griff, zergehen. Wenn die Äpfel zu zerfallen beginnen, muß man kräftig mit einem Holzlöffel umrühren, wenn nötig, noch etwas Wasser dazuschütten und erst jetzt mit 400 Gramm Zucker süßen. Die Apfelmarmelade beginnt nun in dem irdenen Geschirr zu karamelisieren. Sie sollte leicht am Boden anhaften, denn das verleiht ihr den typischen Geschmack.

Um eine besonders geschmeidige Marmelade zu erhalten, rührt man häufig um, muß aber achtgeben, daß sie nicht zu sehr ansetzt. Man kann die Festigkeit prüfen, indem man ein Häufchen davon auf einen Teller gibt, das sich nicht ausbreiten sollte.

Pauline sagte uns, daß Colette die Torte mit Walderdbeeren für eines der köstlichsten Desserts hielt.

Torte mit Walderdbeeren

»Eine Duftspur lenkt die Schritte zur Walderdbeere, rund wie eine Perle, die hier im Verborgenen reift, schwarz wird, zittert, herabfällt und sich langsam in süßer himbeerner Fäulnis auflöst. Ihr Aroma mischt sich mit dem des graugrünen, honigklebenden Geißblatts und mit dem eines Grüppchens weißer Champignons.«

Les Vrilles de la vigne, 1908

Man verarbeitet mit den Händen 100 Gramm Mehl, 50 Gramm geriebene Mandeln, 60 Gramm weiche Butter, ein Eigelb, eine Prise Salz und einige Tropfen Vanilleextrakt und formt eine Kugel, die man 30 Minuten kühl stellt.

Dann rollt man den Teig einen Zentimeter dick aus, garniert damit eine Tortenboden-Form und läßt den Boden 20 Minuten bei 160 Grad backen.

Nun bereitet man mit einem Viertelliter kochender Vanillemilch eine Creme zu, die man über 3 mit 50 Gramm Zucker und 20 Gramm Mehl gemischte Eigelb gießt. Unter Rühren aufkochen lassen und zum Abkühlen in eine Schüssel umfüllen.

Die Creme wird mit einem Schuß Erdbeerlikör angereichert und mit 3 Löffeln geschlagener Crème fraîche aufgelockert.

Man überzieht den Mürbeteigboden mit dieser Creme, garniert sie mit Walderdbeeren, die man nicht zu kühl aufbewahrt hat, um ihr volles Aroma zu genießen, und streut etwas Zucker darüber.

Torte mit Mandelcreme-Füllung

»Etwas kitschig, aber wohlriechend, bemerkte Odette. Daß du Parfum verträgst, wenn du Migräne hast! Nicht wahr, Bernard, es riecht gut?
— Phantastisch, sagte Bernard ungeniert, es riecht, warte mal ... es riecht nach Frangipane ... Wie ich das liebe ...« Bella-Vista, 1937

Man bereitet einen Blätterteig zu, indem man 500 Gramm Mehl mit ¼ Liter Wasser und 100 Gramm Salz mischt. Man rollt ihn rasch zu einer Kugel und ritzt ihn kreuzförmig ein, damit er sich besser setzt, und läßt ihn eine Stunde an einem kühlen Ort ruhen.

Dann rollt man ihn zu einem Quadrat von 25 mal 25 Zentimetern aus. In die Mitte häuft man 500 Gramm Butter. Man faltet die Teigseiten von rechts und links übereinander und zieht den Teig auf 50 Zentimeter aus. Man wiederholt den Vorgang ein zweites und ein drittes Mal und läßt den Teig jedesmal 30 Minuten ruhen. Ganz zum Schluß rollt man den Teig zu 2 Rechtecken von 30 mal 25 Zentimeter Länge aus und stellt ihn kalt.

In einer Kasserolle mischt man mit einem Holzlöffel 100 Gramm Mehl, 2 ganze Eier und 150 Gramm Zucker, ohne daß es Klümpchen gibt.

Jetzt erhitzt man die Mischung und fügt nach und nach 600 ml Milch und 30 Gramm Butter hinzu. Wenn die Creme dick geworden ist, nimmt man sie vom Herd und streut 100 Gramm zerkrümelte Mandelmakronen hinein — Colette zerstieß sie in einem Mörser aus ungeschliffenem Lumachelle-Marmor, der Sido gehörte.

Auf eines der Teigstücke streicht man die Creme, wobei man ringsherum einen Rand von 3 Zentimetern freiläßt. Man befeuchtet den Rand, bevor man ihn mit dem zweiten Teigstück zudeckt. Man muß die Ränder kräftig zusammendrücken, damit die beiden Teigstücke zusammenkleben.

Man bestreicht die Oberfläche mit Ei, zeichnet mit Hilfe eines spitzen Messers feine Linien hinein und läßt die Frangipane-Torte 20 Minuten bei 200 Grad backen.

Colette schwärmte für »dieses Blätterteiggebäck, das die Butter verschwendet«.

Zu den improvisierten Picknicks auf den Hügeln des Hinterlandes von Saint-Tropez nahm Colette Landschinken, Würste, »geformt wie dicke Prügel«, Tomaten, Früchte und Mandelcreme-Torte mit.

Wenn Colette Frangipane riecht, hat sie einen ganz bestimmten Duft in der Nase. Die Etymologie gibt ihr recht. Der italienische Marchese Frangipani erfand im 16. Jahrhundert das Frangipane, ursprünglich eine Flüssigkeit zum Parfümieren von Lederhandschuhen oder der Inhalt kleiner Säckchen mit einer »wohlriechenden« Salbe. Bald wurde die neue Mixtur auch für Eßbares entdeckt und diente als Grundsubstanz für Cremes aus gestoßenen Mandeln. Von da an ist Frangipane aus der Pâtisserie nicht mehr wegzudenken. Und als es darum ging, den neuen Strauch aus Amerika zu benennen, dessen Blütenduft an das italienische Parfüm erinnerte, gab ihm der berühmte Botaniker Linné den Namen »frangipanier« (Jasminstrauch).

Im »armen Burgund«, der Gegend, in der Colette zu Hause war, galt Butter als Luxus. Zu Beginn des Herbstes, bevor sie doppelt so teuer wurde wie im Sommer, deckte sich jede Familie mit großen Mengen ein und schmolz sie für den Winter ein.

Diesen Vorgang beschreibt Madame Millet-Robinet in ihrem Küchenratgeber *La Maison rustique des dames*, zu dessen aufmerksamen Leserinnen auch Colette zählte. Man muß die Butter auf kleinem Feuer langsam zum Schmelzen bringen, sie während des Aufkochens immer wieder abschäumen und sie dann behutsam in Steinguttöpfe gießen. Die Gefäße mit der erkalteten Butter wurden fest verschlossen und an einem luftigen und trockenen Ort aufbewahrt, bevor man das Butterschmalz insbesondere zum Anbraten von Fleisch benutzte.

Das ist »schlicht und einfach ein Akt der Vorsorge, und weder die Qualität der zerlassenen Butter, die glatt, gelb und sehr klar ist, noch ihr Wohlgeschmack lassen zu wünschen übrig«.

Um diesen traditionellen Tag des Butterschmelzens gebührend zu feiern — und auch, weil man nichts verkommen ließ —, war es Sitte, mit dem Butterschaum einen Kuchen für die Kinder zu backen.

Fladen mit Butterschaum

»Hättest du gern den Kuchen mit Butterschaum? Leider ist jetzt nicht die Zeit zum Butterauslassen, und um für dich einen mittelgroßen Kuchen zu backen, müßte ich mindestens fünf Pfund Butter zum Auslassen kaufen. Das tue ich aber erst im September.« Sido an Colette, 1909

Man gibt bei starker Hitze genügend Butter in eine Kasserolle, um 250 Gramm gelbbraunen, siedenden Butterschaum zu erhalten. Diesen vermischt man mit 500 Gramm Mehl und 2 Prisen Salz, denn »dieses ist eine Galette, die man salzen und nicht süßen muß«.

Man wellt den Teig aus und schlägt ihn dann übereinander. Nachdem er 30 Minuten geruht hat, wird er ein zweites Mal gefaltet und mit dem Nudelholz zu einer runden Galettenform ausgerollt.

In der Form soll er nochmals 30 Minuten ruhen, bevor er in den 200 Grad heißen Backofen kommt. Nach 20 Minuten kann man diesen »irrsinnig guten« Blätterteigfladen, der nach bäuerlichem Geschmack »ein wenig streng« schmeckt, kosten.

Rosa Biskuits zum Eintunken

»Wo sind sie geblieben, diese Biskuits, diese angenehmen Komplizen des Weins? Es waren etwas vierschrötige Biskuits, mit einer zarten Banderole zu viert gebündelt, und sie schienen aus Stein zu sein, lösten sich aber im Nu auf, wenn sie mit dem Wein in Berührung kamen. Rosa Biskuits mit leichtem Vanillegeschmack für den Rotwein, und dann noch die ausgezeichneten Biskuits aus Montbozon, die heute nicht mehr aufzutreiben sind ...«

Le six à huit des Vins de France
Broschüre, 1930 von der Firma Nicolas herausgegeben

In einer Backschüssel mischt man 4 ganze Eier und 2 Eigelb mit 150 Gramm Zucker, dem man eine Vanillestange zugegeben hat. Im Wasserbad erwärmt man unter ständigem Rühren den Inhalt der Schüssel, bis man einen dicken, gelben Schaum erhält. Man entfernt die Vanillestange, die genügend Zeit hatte, ihr Aroma abzugeben.

Man nimmt die Schüssel beiseite, siebt 100 Gramm feines Mehl hinein und hebt es mit einem Spatel unter die schaumige Masse.

Man färbt den Schaum mit einigen Tropfen Karminfarbe rosa, buttert kleine, rechteckige Biskuitförmchen aus und füllt sie bis zur halben Höhe mit dem Teig. Er soll 15 Minuten bei mittlerer Ofenhitze (170 Grad) aufgehen und spröde werden.

Man nimmt die rosa Biskuits noch heiß aus der Form, bestreut sie mit Zucker und läßt sie auf einem Kuchengitter erkalten, bevor man sie in ein Glas mit gutem Wein eintunkt.

Sidos weißer Pudding mit Konfitüre und Rum

»*Es mag Ihnen seltsam erscheinen, daß es in meiner Kindheit zu Weihnachten – bei uns zu Hause sagt man nicht ›noël‹, sondern ›nouël‹ – keine frischgeschlagene Tanne mit Zuckerwerk und Kerzen gab. Aber bedauern Sie mich nicht zu sehr, unsere Nacht des 24. Dezember war auf unsere stille Art trotzdem eine feierliche Nacht [...] Wir hatten weder schwarze Würste noch weiße Würste, keinen Truthahn mit Maronen, aber Maronen pur, gekocht und geröstet, und Sidos Meisterwerk, einen weißen Pudding, gespickt mit drei Sorten Rosinen – aus Smyrna, Malaga, Korinth –, getrüffelt mit eingelegter Melone, mit Zitronat in Scheibchen und Orangeat in kleinen Würfeln.*«

De ma fenêtre, 1942

Vorab läßt man 3 Stunden lang eine 150 Gramm schwere Mischung aus Sultaninen, Malaga-Rosinen und Korinthen in 5 Eßlöffeln Rum mazerieren.

Für den Pudding bringt man einen Liter Milch mit 150 Gramm Zucker zum Kochen. Darüber gibt man in einem feinen Strahl 250 Gramm Stärkemehl, rührt um, läßt alles 15 Minuten sanft köcheln und nimmt die Masse vom Feuer, um 3 geschlagene Eier und 3 Eigelb hinzuzufügen. Ununterbrochen rühren, um eine homogene Mischung zu bekommen, dann erkalten lassen.

Man läßt die eingeweichten Rosinen abtropfen, mischt sie mit 150 Gramm in Würfel geschnittener, eingelegter Melone, 100 Gramm gehacktem Orangeat und 50 Gramm in feine Scheibchen geschnittenem Zitronat und zieht all diese Trockenfrüchte unter die Puddingmasse, die man anschließend in eine Puddingform füllt.

Man heizt den Backofen auf 150 Grad und läßt den Pudding im Wasserbad eine Stunde darin garen. Er sollte kalt sein, bevor man ihn aus der Form herausnimmt.

Colette hatte Raymond Oliver gebeten, ihr Sidos berühmten weißen Pudding nachzukochen und ihm in einem ihrer winzigen blauen Briefchen ein paar Tips für die Zubereitung gegeben. Zum Schluß warnte sie ihn liebevoll: »Sollte er mißraten, kriegen Sie von mir was zu hören! In Freundschaft.«

EIN PUDDING, ÜBERGOSSEN MIT KOCHENDHEISSER SAUCE AUS RUM, STECHPALMENZWEIGE MIT ROTEN BEEREN, DIE TIERE AUSGESTRECKT VOR DEM OFFENEN FEUER, DAS SCHWEIGEN, NUR UNTERBROCHEN DURCH DAS RASCHELN UMGEWENDETER BUCHSEITEN UND DAS PRASSELN DES FEUERS – COLETTE GESTAND SPÄTER, DASS SIE OFT VERSUCHTE, DAS WEIHNACHTSFEST IHRER KINDHEIT WIEDERZUERWECKEN.

Für die Sauce, die zu Sidos Pudding gehört, entkernt man 1 Kilogramm Aprikosen, bedeckt sie mit 750 Gramm Zucker und stellt sie eine Nacht lang kühl, bevor man sie in einem Konfitürenbassin sanft garkocht.

Wenn das Aprikosenfleisch beginnt, sich in einen durchsichtigen Brei zu verwandeln, gibt man 500 Gramm rotes Johannisbeergelee, 2 große Löffel Rum und einen Löffel Cognac hinzu. Man läßt alles noch ein wenig kochen und preßt die Früchte dann durch eine Fruchtpresse. Die Konsistenz ist gut, wenn das Gelee dickflüssig vom Löffel fließt. Wenn es zu fest ist, verdünnt man es mit etwas Wasser, andernfalls läßt man es noch ein Weilchen kochen.

Man hält die Sauce im Wasserbad warm, bevor man mit ihr »Sidos Meisterwerk« unmittelbar vor dem Servieren den letzten Glanz verleiht.

Kuchen mit sechs Hörnchen

Die Sitte, gehörnten Kuchen in Form eines Ringes zu backen, der am Palmsonntag gesegnet wurde, war in ganz Frankreich und in jeder Familie zu Hause: Arme Leute brachten einen Kuchen aus Brotteig zum Segnen, die Wohlhabenderen ein Hefegebäck. In Saint-Sauveur wurden die Kuchen in kleinen Körben an die Gemeinde verteilt.
Die Hörner, immer drei oder sechs an der Zahl, sollten das Böse bannen und die in der Fastenzeit so zahlreichen Versuchungen des Teufels abwehren.
Die Kuchen wurden auf Äste (die man an diesem Tag gleich mitsegnen ließ) aufgereiht in die Kirche getragen, um die Wiederkehr des Frühlings zu begehen.
Das Gebäck hat in den einzelnen Provinzen verschiedene Namen: »cornue«, »corniche«, oder den Namen, der Colette so lieb war: »cornuelle«.

»Folgendes habe ich vor Augen, wenn ich mich heute abend über meine Vergangenheit neige ... Ein Kind, das sich abergläubisch an die Feste des Jahres gebunden fühlt, an die Gedenktage, die durch ein Geschenk, eine Blume, einen traditionellen Kuchen markiert sind [...] Ein kleines Mädchen, das begeistert ist vom Kuchen mit den sechs Hörnchen, der am Palmsonntag, zum Leichenschmaus, zu Karneval gebacken und gegessen wird.«

Les Vrilles de la vigne, 1908

Man gibt 500 Gramm Mehl, 20 Gramm Salz, 40 Gramm Zucker in eine Backschüssel und würzt mit einer Orangenschale und etwas Orangenwasser. Dann löst man 20 Gramm Hefe in Wasser auf und gießt sie in die Mitte des Mehls. Man mischt den Teig, fügt 3 ganze Eier und etwas später 100 Gramm weiche Butter dazu. Damit der Teig elastisch wird, muß man ihn 20 Minuten lang durchwalken. Man rollt ihn zur Kugel und läßt ihn unter einem Tuch 2 Stunden ziehen.

Wenn der Teig aufgegangen ist, teilt man ihn in 2 Teile und rollt daraus auf einer gut bemehlten Marmorplatte 2 Würste. Man befeuchtet die Enden mit dem Pinsel und formt 2 Kränze.

Mit einem Messer schneidet man den Teigrand kräftig ein, damit beim Backen die Hörnchen entstehen. Den Teig mit Ei bepinseln und nochmals eine Stunde gehen lassen.

Dann backt man die beiden Kuchen 20 Minuten im 180 Grad heißen Ofen.

RECHTE SEITE: ZUM PALMSONNTAG DER TRADITIONELLE KUCHEN MIT SECHS HÖRNCHEN.

CONFISERIE UND KONFITÜREN

Schokoladenpralinen

»Colette telefoniert gerade mit vollem Mund. Sie sieht mich, macht mir ein Zeichen einzutreten, ein gebieterisches und ernstes Zeichen, und schiebt mir mit dem nackten freien Arm eine große Schokoladenbüchse zu: ›Meine Pralinen, mehr brauche ich wohl nicht zu sagen!‹ […] ›Nein, mein Lieber, nicht mit Ihnen habe ich gesprochen, meine Schokoladenpralinen sind nicht für Sie bestimmt, Sie verdienen sie nicht! Sie sind für einen jungen Bewunderer… meiner Prosa natürlich.«
Maurice Martin du Gard, *Les Mémorables*, 1960

In einem Kupfertiegel läßt man 150 Gramm Zucker karamelisieren und gibt 100 Gramm ganze Haselnüsse hinzu. Man vermischt beides mit einem Holzspatel und schüttet die Mischung auf ein geöltes Brett. Im Mörser fein zerstampfen. 200 Gramm dieser feinen Praliné-Masse braucht man zum Füllen der Schokolade und 50 Gramm zum Verzieren.

Man zerkleinert mit dem Messer 250 Gramm bittere Schokolade und bringt sie unter ständigem Rühren im Wasserbad zum Schmelzen. Man gießt 250 Gramm Crème fraîche dazu, die man vorher zweimal hat aufwallen lassen. Sobald sich alles gut vermischt hat, nimmt man die Schokolade vom Herd und rührt bis zum Erkalten weiter. Dann fügt man 200 Gramm der Praliné-Masse hinzu.

Wenn die Schokolade fest zu werden beginnt, füllt man sie in einen Spritzbeutel mit glatter Tülle und formt kleine, gleich große Kugeln. Man drückt sie mit dem Finger zu Scheiben platt und stellt sie kalt, damit sie endgültig hart werden können.

Um die Pralinen zu umhüllen, läßt man 300 Gramm bittere Schokolade im Wasserbad schmelzen. Mit einer zweizinkigen Gabel taucht man die Pralinen hinein und läßt sie abtropfen. Der Schokoladenguß muß während des ganzen Arbeitsvorganges gleichmäßig flüssig bleiben.

Man legt die fertigen Pralinen auf Pergamentpapier und setzt auf jede ein winziges Häufchen des frisch zerstoßenen Krokants.

Marzipan mit Angelika (Engelswurz) und Zitronat

In einem Mörser zerstößt man 250 Gramm geschälte Mandeln mit 2 Eiweiß. Dann püriert man die Masse und fügt 250 Gramm Zucker hinzu. Man arbeitet weiter mit dem Mörser, bis man eine gleichmäßige Paste erhält, und fügt 100 Gramm Zitronat und eingelegte Angelika, beides in feinste Würfel geschnitten, hinzu.

Man bestäubt eine Arbeitsplatte mit feinem Zucker und rollt den Mandelteig mit dem Nudelholz ein Zentimeter dick darauf aus. Nun stellt man eine »Glace royale« aus einem mit 150 Gramm Zucker vermischten Eiweiß her und bedeckt damit den Mandelteig.

Von seinen vielen Geschäftsreisen brachte Maurice Saurel seiner Freundin stets ein Souvenir mit. Auf diese Weise lernte Colette das *jijon* mit Sesamöl, das berühmte *turrón*, einen Mandelkuchen, und andere spanische Leckereien kennen. Aber am liebsten war ihr das mit Angelika oder Zitronat getrüffelte Marzipan, das niemand aus ihrer Umgebung mit ihr teilen durfte… Nur Bel-Gazou hatte dieses Recht, aber immer nur eins!

LINKE SEITE: EINIGE SÜSSIGKEITEN, BELOHNUNG NACH HARTER ARBEIT: GLASIERTE MARONEN, VEILCHENBONBONS, WALNÜSSE, KASTANIEN UND »CORNUELLES«.

Man läßt die Glasur 15 Minuten antrocknen, bevor man die Paste mit einem Messer, das man vor jedem Schnitt in heißes Wasser taucht, in Rauten schneidet.

Man ordnet diese Rauten auf einem Backblech an und läßt sie 15 Minuten lang bei 150 Grad im Backofen.

Geklopfte Messire-Jean-Birnen

Madame Millet-Robinet, deren Ratschlägen für Haus und Hof Colette, wie bereits erwähnt, große Aufmerksamkeit schenkte, empfahl entschieden die Birnensorte Messire-Jean für »geklopfte Birnen«, die auf dem Lande auch heute noch geschätzt werden. Es handelt sich hierbei um eine Leckerei in der Nachfolge der edlen »trockenen« Konfitüre des 16. Jahrhunderts. Weil wir Colettes Vorliebe für dieses herrliche Birnen-Gericht kennen, das alle seine Vorzüge erst durch das extrem langsame Garen und den Zucker entfaltet, haben wir es in aller Ausführlichkeit beschrieben.

Man schält 12 reife Birnen der Sorte Messire-Jean und bewahrt die Schalen auf. Die Birnen legt man in einen Tontopf und bedeckt sie mit Wasser. Die Birnenschalen füllt man in ein Tuch, verknotet es und läßt es oben auf dem Wasser schwimmen.

Nun läßt man den Topf auf dem Herd 45 Minuten ganz leicht köcheln, bis die Birnen sehr weich geworden sind. Dann nimmt man sie behutsam eine nach der andern aus dem Sud und legt sie dicht an dicht auf ein Weidensieb. Zum Trocknen schiebt man sie 6 Stunden in den auf 80 Grad erwärmten Backofen.

Wenn sie aus dem Ofen kommen, klopft man sie leicht, um das Fleisch aufzubrechen und damit der Sirup vom ersten Kochvorgang austreten kann. Man läßt die Birnen abtropfen und schiebt sie aufs neue 6 Stunden in den Ofen, wiederholt das oben beschriebene Abklopfen der Birnen, bevor man sie für ein letztes Trocknen in den Ofen gibt.

Man kann geklopfte Birnen auf zweierlei Art essen: Entweder man serviert sie warm im eigenen Saft als ein besonders saftiges Kompott, oder man bewahrt sie getrocknet in einer festschließenden Dose wie Bonbons oder eine Fruchtpaste auf.

Kristallisierte Veilchen

Colette hatte eine Schwäche für die kristallisierten Veilchen ihrer Jugend, weil — wie sie sagte — ihre Mutter sie ebenfalls gerne mochte.

Man pflückt 30 große Toulouser Veilchen und befreit jede einzelne Blüte von den Stengeln und Blättern. Man läßt in einem Zinntopf ¼ Liter Wasser mit 600 Gramm Zucker aufkochen. Wenn der zähe Sirup ein wenig geruht hat, wirft man die Veilchen hinein und achtet darauf, daß sie einander nicht berühren.

Den Sirup nochmals zum Sieden bringen, dann vom Herd ziehen. Man läßt das Ganze 2 Stunden ruhen, ohne es zu bewegen oder den Sirup umzuschütten.

Am nächsten Tag erwärmt man den erstarrten Zucker, nimmt die Veilchen heraus und läßt sie über einem Sieb abtropfen. Wenn sie trocken sind, rollt man sie in zerstoßenem, mit Pflanzenfarbe violett gefärbtem Zucker.

Auf dem Boden einer Blechdose breitet man eine Schicht Zucker aus und legt die kristallisierten Veilchen darauf, mit denen man bei passender Gelegenheit einen Kuchen oder Pralinen verziert. Man kann sie auch einfach lutschen.

COLETTE SPRACH OFT UND GERN VON DER SELTENEN BIRNE MESSIRE-JEAN, DIE IN »IHREM GRAU-ROTEN KLEID« IN EINER FAST KUGELIGEN FORM EIN »EHER SÄUERLICH-SAFTIGES FLEISCH UND EINEN WOHLGESCHMACK VERBARG, DER DURCH DIE TYPISCHE HERBHEIT NOCH VERSTÄRKT WURDE«.

IMMER, WENN SIE DEN DUFT VON VEILCHEN EINATMETE, FÜHLTE SICH COLETTE IN DIE FRÜHLINGE IHRER KINDHEIT VERSETZT. WEISSE VEILCHEN, WIE »DURCH MAGIE« AUF DEN WIESEN SPRIESSEND, MALVENFARBENE, DIE VON DEN SCHÄFERMÄDCHEN DER UMLIEGENDEN HÖFE MITGEBRACHT WURDEN, ODER BLAUE VEILCHEN, MIT EINEM ROTEN BAND ZUM STRAUSS GEBUNDEN: »DAS ZITTERN EURER UNZÄHLIGEN KLEINEN GESICHTER BERAUSCHT MICH …«

Mirabellen-Konfitüre

Marcel Schwob lernte die Landschaft des Puisaye kennen ... als er die Mirabellenkonfitüre der jungen Ehefrau Colette Willy zu kosten bekam.

»Welcher gebührt der Preis — der Himbeere, umhüllt von lila Reif, der Sauerkirsche, deren Fleisch so zart ist, daß der Kern hindurchscheint, oder der Mirabelle mit den Sommersprossen auf den Wangen?«

Flore et pomone, 1943

Man wäscht und entkernt 2,5 Kilogramm sehr reife Mirabellen. Man bringt in einem geräumigen Konfitüre-Topf einen Liter Wasser und 1,5 Kilogramm Kristallzucker zum Kochen, wirft die Mirabellen hinein und läßt sie 5 Minuten brausend kochen, bis das Fruchtfleisch glänzend wird.

Dann tropft man die Früchte über einem Sieb ab und stellt sie beiseite. Den Sirup bringt man wieder zum Sieden, schäumt ihn ab und läßt ihn weiterkochen. Man rührt regelmäßig um, bis der dickgewordene Sirup am Löffel hängenbleibt. Nun schüttet man die Früchte wieder in den Sirup und läßt das Ganze noch einige Minuten kochen.

Bevor man die Konfitüre in Gläser füllt, gibt man ein Dutzend bittere Mandeln hinzu.

Grünes Pistazien-Fondant

»Ebenso hingerissen wie ich, nähert sich Renaud dem Bett von Pomme, seiner Angebeteten. Er läßt ein großes grünes Pistazienfondant auf ihre zarte Wange fallen. Die Wange erbebt, die Hände öffnen sich, und das niedliche kleine Hinterteil bewegt sich.
— Guten Morgen, Pomme.
Die goldbraunen Augen werden vor Erstaunen kugelrund. Pomme richtet sich auf und begreift nicht. Aber ihre Hand hat sich über das grüne, rauhe Bonbon gelegt. Pomme macht ›Ah?‹, verschluckt es wie eine Kirsche und sagt laut und deutlich:
— Guten Morgen, Monsieur.«

Claudine en ménage, 1902 (dt.: Claudine in der Ehe)

Viel später werden die »kleinen Bäuerinnen« Colette die grünen Pistazien-Fondants, die genauso aussahen wie zu ihrer Jugendzeit, schicken. Und die Feinschmeckerin ist beglückt über die Beständigkeit der Konditoren.

Man trocknet 120 Gramm Pistazien im Backofen und reibt sie dann zwischen den Händen, um die feine braune Haut zu entfernen. In einem Mörser zerstampft man sie mit 5 Eßlöffeln Sirup, bis man eine glatte Paste bekommt.

In einem Tiegel läßt man 250 Gramm in 10 Eßlöffeln Wasser gelösten Zucker bei einer Temperatur von 130 Grad kochen. Dann fügt man die Pistazienpaste dazu und vermischt beides vorsichtig mit einem Holzspatel. Man schüttet die Mischung in den Mörser zurück und zerstampft alles nochmals.

Dann mischt man 400 Gramm Fondant vom Konditor darunter und gibt eine Spur grüner Pflanzenfarbe dazu. Man formt Kugeln in der Größe von Oliven.

Nun kocht man einen Sirup aus ½ Liter Wasser und 1,2 Kilogramm Zucker. Dann legt man ein Backblech mit einem hohen Rand mit Pergamentpapier aus, auf dem man die Fondants anordnet und mit dem noch warmen Zucker bedeckt. Man läßt sie 24 Stunden kandieren.

Zum Schluß läßt man sie über einem Gitter abtropfen und über Nacht trocknen, bevor man diese schmelzenden und zugleich »wie geraspelten« grünen Bonbons verzehrt.

Himbeergelee

»Ich kam aus der Schule und biß mit meinen kleinen Zähnen halbmondförmig in eine große Schnitte frischen Brotes, überreich mit Butter und Himbeergelee bestrichen …«
Sido, 1929

In einer großen Schale bedeckt man 2 Kilogramm Himbeeren mit 1,5 Kilogramm Kristallzucker, gießt 2 Gläser Wasser darüber und stellt die Schale über Nacht auf Kellertemperatur kühl. Dann erhitzt man die Früchte in einem Kupfertopf. Beim ersten Aufkochen nimmt man sie vom Herd und passiert den heißen Saft und die aufgeplatzten Früchte durch ein Sieb. Man schüttet den Saft in den Konfitürentopf zurück und kocht ihn unter ständigem Rühren wieder auf.

Die richtige Konsistenz ist erreicht, wenn das Gelee am Löffel haften bleibt. Nun füllt man das Gelee in Gläser.

Konfitüre aus Kornelkirschen

»Die Kornelkirsche ist eine kleine, scharlachrote Frucht, gut geeignet für Konfitüre.«
La Fleur de l'âge, 1949

Man bringt ein Kilogramm Kristallzucker und ½ Liter Wasser zum Kochen und gibt dann ein Kilogramm Kornelkirschen dazu; sehr reif und so dick wie möglich sollten sie sein. Man läßt sie 5 Minuten kochen, schöpft die Früchte heraus und entfernt die Kerne. Den Sirup läßt man bei kleiner Hitze weiterköcheln.

Die entkernten Früchte werden wieder in den Sirup hineingegeben und weitergekocht, bis der Sirup den Löffel umspinnt. Dann süßt man mit einem Glas wildem Honig.

Man bewahrt diese exzellente Konfitüre mit dem seltsam säuerlichen Geschmack in Töpfen auf.

GETRÄNKE

Colettes Orangenwein
(Originalrezept von Colette)

Wählen Sie die Monate Januar oder Februar, wenn Sie Orangenwein herstellen wollen. Traditionell gehören dazu bittere Orangen wie die aus Hyères, die Colette sich kommen ließ. Da sie leider immer seltener werden, hilft man sich heute mit der Schale von bitteren Orangen, die es im Handel gibt: 20 Gramm auf eine süße Orange. In diesem Falle darf die Mazeration 15 bis 20 Tage nicht überschreiten, damit die Flüssigkeit keine zu stark adstringierende Wirkung bekommt.

»Da haben wir es also, das ›Tonikum‹ ... Eine Zwillingsflasche aus altem, grünlichem Kristall enthält noch Orangenwein, der gut und gern seine fünf Jahre alt ist. In ein winziges Glas mit gedrehtem Fuß — ein Hüftleiden, das auf Ludwig XIII. zurückgehen muß — gieße man mir einen Fingerhut voll Orangenwein [...] Er stammt aus einem Jahr, in dem die Orangen aus der Gegend von Hyères besonders schön und rot gereift waren. In vier Liter Wein aus Cavalaire, trocken und gelb, goß ich einen Liter erlesensten Armagnac, und meine Freunde schrien: ›So ein Massaker! Diesen edlen Tropfen für ein solches Gesöff zu opfern!‹ ... Ungeachtet dessen zerschnitt und entkernte ich die Scheiben von vier Orangen, eine Zitrone, die vor kurzem noch am Baum hing, verarbeitete eine Vanillestange, silbrig weiß wie ein Greis, sechshundert Gramm Rohrzucker. Ein dickbauchiges Glasgefäß, mit einem Korken und einem Tuch verstopft, diente der Mazeration, die fünfzig Tage dauerte; ich brauchte nur noch zu filtern und in Flaschen abzufüllen.

Und das soll gut sein? Pariserin, du strebst am Ende eines späten, kalten Wintertages oder eines falschen Frühlingstages allein deiner Wohnung zu. Du bist vom Regen durchnäßt, von stechender Sonne gepeinigt, du schauderst, du schneuzt dich, betastest die Stirn, prüfst deine Zunge, stöhnst: ›Ich weiß gar nicht, was ich habe ...‹ Ich aber weiß es. Du hast ein kleines Glas Orangenwein nötig.«

Prisons et paradis, 1932

RECHTE SEITE: COLETTE, FOTOGRAFIERT VON LAURE ALBIN-GUILLOT.

VORRATSSCHRANK, DER MIT KONFITÜRE-GLÄSERN UND SCHWEREN FLASCHEN MIT MAZERIERENDEM ORANGENWEIN GEFÜLLT IST.

Nußwasser

»Nun, Vial? ... Ein Gläschen Nußwein gefällig?«

La Naissance du jour, 1928

Der bittere, adstringierende Walnuß-Wein ist während der Sommerhitze sehr erfrischend. Er wirkt zudem blutreinigend und verdauungsfördernd.

Es handelt sich hier wohl eher um Nußwein als um echtes Nuß»wasser«. Er wird aus Weißwein zubereitet. Man sammelt im Juni 10 noch grüne, unreife Nüsse, entfernt den Stiel und zerdrückt mit einer Gabel die süße äußere Hülle, die noch weiche Schale und den kaum ausgebildeten Nußkern.

Dann legt man die Nüsse in ein Tongefäß und schüttet 400 Gramm Zucker und einen Liter trockenen Weißwein darüber. Man rührt um, verschließt das Gefäß hermetisch und läßt den Nußwein zwei Monate lang ziehen. Nach dieser Zeitspanne gießt man ihn vorsichtig ab, filtert ihn, füllt ihn in Flaschen und versiegelt diese.

Weißwein à la Claudine

»Die große Anaïs beklagt sich bitter, daß die Apothekerstochter weggeht, die uns den Pfefferminzschnaps immer flaschenweise und fast ohne Wasserzusatz verschaffte, oder auch gezuckertes Botot-Wasser. Ich selbst bin ja ein schlichtes Gemüt und beschränke mich darauf, Weißwein, gespritzt mit Selterswasser, zu trinken, mit Zucker und etwas Zitrone.«

Claudine a l'école, 1900

Himbeersirup

ODILE HENRION, DIE »GROSSE ANAÏS« AUS *CLAUDINE À L'ECOLE*, HATTE EIN UMWERFEND KOMISCHES TALENT; COLETTE WAR IMMER WIEDER »KRANK VOR LACHEN«.

Im Café servierte man den Weißwein »Claudine« als »vin limé« (gespritzter Wein); in ihrem Heimatdorf hätte man gesagt, es sei gepanschter, also mit Wasser versetzter Wein.

»Hören wir uns an, was die Leute sagen, die vor ihren großen, beschlagenen Gläsern sitzen, in denen der mit frischem Wasser aufgefüllte Himbeersirup zittert ... Sie reden mich nicht mehr direkt an, sie reden über mich wie über eine Person, die neben ihnen eingeschlafen ist ...«

La Retraite sentimentale, 1907

Man wählt 3 Kilogramm makellose, sehr reife Himbeeren aus und zerstampft sie in 3 Kilogramm Zucker. Dann gießt man ¾ Liter Wasser über den Fruchtbrei. In einer geräumigen Konfitürenkasserolle läßt man den Fruchtbrei aufkochen. Man rührt öfters um und läßt den Brei weiterkochen, bis der ölige Sirup am Löffel haften bleibt.

Nun filtert man ihn durch ein Tuch und preßt die Früchte dabei kräftig aus.

Man füllt den Sirup in Flaschen und versiegelt diese. Er kann auch sofort verbraucht werden.

Die Frênette der Musidora

»Ich erinnere mich, daß ich während meiner Schwangerschaft die Music-Halls über hatte und gelegentlich friedliche Abende in der Loge der Musidora verbrachte, die ich von Kindheit an kannte. […] Sie war nun ein Star und thronte in einer mit rosa und weißem Papier drapierten Loge, die mit einem Diwan aus Nußbaum und einem Korbsessel möbliert war. […] Ich vergaß das wichtigste Ausstattungsstück, ein großer, meridionaler Tonkrug, der das spritzige, stets erneuerte, völlig harmlose Getränk mit dem Namen ›Frênette‹ enthielt, das die Garderobiere herstellte. Der einzige Korbsessel, das größte Glas mit frischer Frênette, beides gehörte zu meinen Privilegien.«   Nudité, 1943

MUSIDORA, »DIE ZIGEUNERIN MIT DER WILDEN FRISUR«.

Man läßt in einem Liter Wasser 25 Gramm Eschenblätter mit 10 Gramm jungen Hopfensprossen, 10 Gramm Korianderkörnern, 10 Gramm Wacholderbeeren und 10 Gramm getrockneten Pomeranzenblättern aufkochen. Man legt den Deckel auf den Topf und läßt die Mischung weitere 15 Minuten simmern.

Nun filtert man den Tee und gießt ihn über 500 Gramm Zucker. Wenn er aufgelöst ist, fügt man 5 Gramm Zitronensäure hinzu.

Außerdem löst man 2 Gramm Bierhefe in einem Becher kalten Wassers auf. Man wartet 3 bis 4 Stunden, bevor man die Mischung zu der übrigen Flüssigkeit gießt.

Man gießt nun alles in einen Krug um und füllt mit soviel Wasser auf, daß man 10 Liter Tee erhält. Man muß die Flüssigkeit in einem kühlen Keller 8 Tage fermentieren lassen, bevor man mit dem Abfüllen beginnen kann.

Bei uns zulande ist die Frênette ein sogenanntes »hygienisches« Getränk. Es ist eine naturbelassene, preiswerte Limonade, die ursprünglich nur aus den Blättern der Esche gewonnen wurde, die in Wasser gelegt wurden. Um den Geschmack zu intensivieren, wurde das Rezept zunehmend mit Wacholder, Koriander und Pomeranzen angereichert. Der Holunder verleiht dem Getränk die schöne Farbe.

Colettes Mandelmilch
(Originalrezept von Colette)

»Für zwei Liter Mandelmilch benötigt man ein Kilogramm frische und gesunde, geschälte Mandeln. Man zerstampft sie im Mörser mit ein wenig Zucker. Tropfenweise fügt man das notwendige Wasser zu dieser Emulsion. Während der folgenden Nacht wird der Mörser nebst Inhalt mit einem Tuch bedeckt kühl gestellt. Am nächsten Morgen filtert man die Masse durch einen dichten Stoffbeutel aus Batist oder Mousseline. Man schmeckt ab, zuckert ein wenig nach und füllt mit der nötigen Menge Wassers auf, um 2 Liter zu erhalten. Wenn Sie sofort servieren, können Sie das Wasser durch frischgemolkene Milch ersetzen. Schlagen Sie die Mandelmilch keinesfalls, aber lassen Sie auf ihrer cremigen, bläulich schimmernden Oberfläche ein grünes Kürbisblatt schwimmen, zartgliedrig wie eine chinesische Dschunke … Und vergessen Sie auf keinen Fall – ohne ihn ist alles verloren! – den Tropfen Rosenwasser, einen einzigen Tropfen …«

Prisons et paradis, 1932

Colette hatte die Mandelmilch in Marokko kennengelernt; in Zeiten, in denen sie sich geschwächt fühlte, wurde sie zu ihrem bevorzugten Getränk. Wenn sie fieberte, wurde sie ihr von der treusorgenden Pauline gewärmt gereicht. Diese heiße Mandelmilch mit der milchigen, duftenden Süße entführte sie in von Pastelltönen belebte, engelgleiche Träume …

In der Provence machte sich Colette mit neuem Wein ihren speziellen »vin Marquis«. Er kann einfach zum Kochen gebracht und auf ein Drittel reduziert werden, doch sie bereitete sich daraus ein raffiniertes, stark aromatisiertes Getränk. Sie behielt diese Gewohnheit auch im Palais-Royal bei, nahm aber Wein aus dem Beaujolais dazu, den ihr Made und Jean Guillermet schickten. Pauline erzählte uns, daß sie ihm zehn Pfefferkörner, das »Wrack« einer Zimtstange, ein »Zitronenscheibchen« und eine Messerspitze Muskat hinzufügte und vor dem Servieren alles durchsiebte. Manchmal legte Colette eine mit extra gutem Olivenöl getränkte Toastschnitte auf den dampfenden Wein und aß diese »Weinsuppe« unverzüglich, bevor das Brot seine knusprige Konsistenz verloren hatte.

Dieses Rezept beruht auf der Erfahrung der großen Reisenden Ida Pfeiffer und wurde in *Étoile Vesper* unter dem Namen »funkelndes Feuerwasser« abgedruckt. Colette rät, nur Ingredienzen zu verwenden, die nichts von ihrer »Virulenz« eingebüßt haben. Dem Cayennepfeffer räumt sie den »größten Kredit« ein, weil er eine »fröhliche Feuersbrunst entzündet und ein Segen für die Nieren« sei. Auch könne man sich dem Alkohol »ohne Furcht« anvertrauen, weil er sozusagen ein »Glaubensartikel« sei.

Wenn Sido Cassis-Likör zubereitete, hatte sie die Gewohnheit, das vom Alkohol durchtränkte Fruchtmark den Hühnern vorzuwerfen. Der Spektakel der betrunkenen Hühner, die »taumelnd durcheinanderkreischten und wie die Wachsoldaten plärrten«, blieb Colette lebhaft in Erinnerung.

Der Marquis-Wein

(Originalrezept von Colette)

»Wenn die Weinstöcke kahl wurden, begann man in meiner Heimat, Wein zu trinken. Der kleine, namenlose Burgunder floß in die Schoppen und die Schöppchen und die Probiergläschen. Seine Unterschrift hinterließ er auf den von Glasscherben zerkratzten Holztischen als nicht mehr wegzubringende violette Ringe. An den Winterabenden kochte der neue Wein — der Liter zu sechs Sou — in vollen Töpfen, und in seinem rosa Schaum tanzten die Zitronenscheiben und das Wrack einer Zimtstange mit den zehn Pfefferkörnern und den Flößen schiffbrüchiger Weißbrotschnitten wild durcheinander.«

En Pays connu, 1949

Arznei, um einen Toten zu erwecken

(Originalrezept von Colette)

»Es handelt sich um eine fiebersenkende ›Arznei‹, die, je nach dem Temperament des Fiebernden, einen Ochsen tötet oder einen Toten erweckt. Ich verordne es dem Ochsen wie dem Verstorbenen.

Nehmen Sie ein halbes Glas gutes und hochprozentiges Eau-de-vie, dem Sie einen Kaffeelöffel voll Cayennepfeffer und sechs Kaffeelöffel mit pulverisiertem Rohrzucker hinzufügen. Vermischen Sie alles und lassen Sie es vier bis fünf Stunden ziehen. Bei einem Fieberanfall nehmen Sie, sobald die Temperatur steigt, jede Stunde zwei Kaffeelöffel von dieser Mischung ein, bis Sie alles ausgetrunken haben. Jedesmal müssen Sie die Flüssigkeit vorher gut umrühren.«

Colette in: *Almanach du Beaujolais*, 1946

Sidos Cassis-Likör

Im Hochsommer, wenn der Johannisbeerstrauch vollreife Früchte trägt, pflückt man 2 Kilogramm von den Rispen mit schwarzen Beeren, wäscht sie und streift die Beeren ab. Man mischt eine Handvoll von den stark duftenden jungen Blättern unter die Früchte und bedeckt das Ganze mit 2 Kilogramm Kristallzucker. Man stellt die Früchte eine Nacht lang kalt, damit die Beeren aufplatzen können.

Am nächsten Morgen gießt man 2 Liter Eau-de-vie darüber und rührt die Mischung gut durch, bevor man sie in große Glasgefäße füllt, die man fest verschließt und einen Monat lang in der Vorratskammer vergißt.

Wenn die Mazeration beendet ist, passiert man den Inhalt der Glasgefäße durch eine Fruchtpresse und filtert die Flüssigkeit anschließend noch durch ein Tuch. Man drückt kräftig auf die Beerenschalen, um den köstlichen Saft vollends auszupressen.

Werfen Sie doch, wie Sido es zu tun pflegte, das Fruchtmark den Hühnern vor, um auch ihnen eine Freude zu machen.

Dann füllen Sie den Cassis-Likör in Flaschen und versiegeln diese mit Wachs.

Schlehenlikör

»Vor dem Frost, der die vollen Wassereimer bei der Pumpe mit einer leichten Glasschicht überzog, hatte ich die herben Schlehen zu ernten, die meine Mutter mit einem Alkohol ›de bon goût‹ aufgoß.« Journal à rebours, 1941

Man wäscht ein Kilogramm Schlehen, die durch die ersten Oktoberfröste bereits ein wenig verschrumpelt sind. Man trocknet sie auf einem Tuch, bevor man sie zerquetscht und ihre Kerne spaltet. Dann schüttet man sie in ein Tongefäß und bedeckt sie mit 4 Litern hochprozentigem Alkohol, der auf 40 Prozent verdünnt wird (400 ml Alkohol auf 600 ml destilliertes Wasser).

Man läßt alles etwa 4 Wochen lang mazerieren und denkt daran, jede Woche einmal umzurühren.

Nach Ablauf eines Monats bringt man einen Liter Wasser mit 3 Kilogramm Zucker in einem großen Konfitürekessel zum Sieden. Man läßt die Flüssigkeit bei großer Hitze unter ständigem Rühren brausend kochen und prüft den Kochvorgang, indem man das Löffelende erst in den Sirup, dann in kaltes Wasser taucht; die mit den Fingerspitzen geformte kleine Kugel muß weich sein.

Man nimmt den Topf vom Feuer und gießt die mazerierten Früchte in den Sirup. Man wartet ab, bis die Flüssigkeit völlig erkaltet ist, bevor man sie filtert und in Flaschen füllt. Man braucht noch einen Monat Geduld, bevor man den Schlehenlikör anbrechen kann.

Alkohol »de bon goût« ist 95prozentiger Alkohol. Man kann ihn in der Apotheke zur inneren und äußeren Anwendung unter dem Namen »Weingeist« kaufen. Er heilt Wunden, wird aber auch, wie in diesem Fall, mit so viel Wasser versetzt, daß der Alkoholgehalt auf 40 Prozent gesenkt wird und er zum Konservieren von Schlehen, Himbeeren, Heidelbeeren oder Kirschen verwendet werden kann. Solche in Eau-de-vie eingelegten Früchte waren früher die unumgängliche Ergänzung einer jeden guten Mahlzeit.

SCHLEHEN, VOM FROST MIT EINEM GRAUEN SCHIMMER ÜBERZOGEN.

ALLERLEI NÜTZLICHES

Die Mixed-Pickles à la Bel-Gazou

»Für jenes Grünzeug, dem wir den Rang eines Lebensmittels verweigern, haben wir immer noch ein Plätzchen auf dem Vorspeisenteller und im Einmachglas übrig, oder im Steintopf, wo die geheimnisvolle ›Mutter‹ des Essigs schlummert und anschwillt. Wenn die Zeit kam, in der die Kapuzinerkresse verblühte und ihre Samen dick wurden, schickte ich diese zur Gesellschaft zu Segonzacs Kapern, die auch ihres Strauches beraubt waren, zu den fleischigen Zweiglein des Strandfenchels, den kleinen, verkümmerten Melonen, den unterentwickelten Karotten, ein paar winzigen grünen Bohnen, den unreifen Trauben des Weinstocks — der ganze Saison-Ausverkauf, der sich geweigert hatte, süß zu werden, und nun im Essig seine faden Tugenden mit dem Ziel entfalten sollte, späterhin die Melancholie eines kalten Bratens zu erheitern oder den letzten Widerstand eines Bœuf gros sel (Ochse im Salz, Anm. d. Ü.) zu brechen.«

Pour un herbier, 1948

Colette berichtet in einem Brief an Germaine Beaumont, daß ihre Tochter Bel-Gazou sich gut auf das Einlegen von Mixed-Pickles verstehe.

RECHTE SEITE: EIN MIXED-PICKLES-GLAS VON BEL-GAZOU.
UNTEN: EINE WIDMUNG COLETTES AN IHRE TOCHTER.

Gegen Ende des Sommers beginnt man, in ein großes Glas schichtweise einzulegen: 100 Gramm Cornichons; 200 Gramm kleine, grüne Tomaten; 4 kleine, geviertelte Artischocken; 2 grobgeschnittene, rote Paprikaschoten; 100 Gramm grüne Bohnen; 3 spanische, in Viertel geteilte Artischocken; 100 Gramm kleine Karotten; 100 Gramm Blumenkohlröschen; einen Basilikumstengel und Fenchelkraut. Dazwischen verstreut man 50 Gramm Kapuzinersamen, 50 Gramm Kapern, 50 Gramm Strandfenchel, 100 Gramm Kerne von grünen Trauben und einige Radieschen.

Man bringt 1½ Liter dunklen Weinessig und einen Liter Weißwein mit 20 Pfefferkörnern, 12 Schalotten, 12 Knoblauchzehen, 12 kleinen Zwiebeln, 100 Gramm grobkörnigem Salz, 50 Gramm Zucker und einer Messerspitze Curry zum Kochen.

Diese noch siedende Mischung gießt man in das gefüllte Glas und läßt alles ziehen. Vom neunten Tag an kann man den Inhalt verbrauchen.

Milchkaffee à la Concierge
(Originalrezept von Colette)

Colette, wie sie leibte und lebte:
In diesem Rezept widmet sie sich so
gewissenhaft und aufmerksam der
Zubereitung eines rustikalen
Stärkungsmittels wie ein Meisterkoch
sich seinen akribischen Kompositionen
zuwendet. Ohne der Leichtigkeit einer
lyrischen Dekoration oder überflüssigen
Details zu verfallen, kommt sie zielbewußt
zum Wesentlichen, zum Würzen nämlich,
das den guten und richtigen Geschmack
ausmacht. Hier ist es die Prise Salz, die
dem Tropfen Rosenessenz in der Mandelmilch gleicht: Beide erscheinen unwichtig
und sind doch für die Ausgewogenheit
des Geschmacks unerläßlich. Auf die Kunst
des Schreibens übertragen, zeigt sich
gerade darin das Geheimnis von
Colettes Sprachstil.

»Der sogenannte ›Milchkaffee der Concierge‹, von dem in Chéri *die Rede ist, hat viel Neugierde erweckt, die ich bisher nicht befriedigen konnte. Eine Concierge war es, die mir früher einmal das Rezept für ein Frühstück gab, das die Schauder eines Wintermorgens verjagen kann.*

Nehmen Sie eine kleine Suppenschüssel — so eine, wie man sie zum Gratinieren braucht — oder einen großen Kaffeebecher aus feuerfestem Porzellan. Da hinein gießen Sie Ihren Milchkaffee, gezuckert und so stark, wie Sie ihn mögen. Nehmen Sie schöne Brotscheiben — selbstgebackenes Brot bitte, englisches Toastbrot eignet sich weniger —, bestreichen Sie sie reichlich mit Butter, und legen Sie sie auf Ihr Gefäß mit dem Milchkaffee, der nicht überfließen darf. Nun müssen Sie ihn nur noch in den Ofen stellen, aus dem Sie Ihr Frühstück erst, wenn es gebräunt und knusprig ist und da und dort in dicken Blasen zerplatzt, herausziehen dürfen.

Bevor Sie Ihr Brot brechen, bestreuen Sie es mit ein wenig Salz. Das Salz frißt den Zucker weg, der Zucker ist ganz leicht gesalzen, wieder so ein Grundprinzip, an dem es vielen Süßspeisen mangelt und das so mancher Pariser Pâtisserie abgeht, die fade ist, weil ihr eine Prise Salz fehlt.«

Colette in: *Marie-Claire*, 27. 1. 1939

Echtes Quittenwasser
(Gesundheits- und Schönheitsrezept)

Quittenwasser wirkt beruhigend und
adstringierend und ist deshalb eine Lotion,
die die Haut strafft und die Poren
erweitert. Colette nahm es unter dem
Namen »Peau d'Ange« in ihre
Kosmetikserie auf.
Die volkstümliche Medizin empfiehlt es als
wirksames Mittel gegen Leibschmerzen.

Colette erfuhr in ihrer Jugend von einer seltsamen Frau, die »jedem Mißtrauen und sogar Furcht einflößte«, denn sie war außerhalb des Departements geboren, wo das »echte Quittenwasser« aus Fruchtkernen und Quittenschalen hergestellt wird.

Im Herbst schält man 2 Quitten. Das Fleisch benutzt man zum Kochen von Gelee. Man bringt einen Liter Wasser, 50 Gramm Quittenkerne, die noch von ihrem »glasigen Schleim umhüllt sind«, und 50 Gramm Quittenschalen, die einen »säuerlichen Dampf« verbreiten, zum Sieden. Man läßt alles 5 Minuten simmern und fügt ein Gramm Salizylsäure aus der Apotheke hinzu. Erkalten lassen und filtern.

Veilchentrank
gegen herbstliche Erkältungen

(Gesundheitsrezept)

Alles, was Colette empfiehlt, ist echt und bewährt. Das Veilchen gehört zu den Heublumen, die als Hustenmittel dienen; wenn Sie aber einen Tee wünschen, so ziehen Sie dieses Rezept vor, denn hier vereinigen sich die verschiedensten Bestandteile der Pflanze, und daher zeigt das Rezept eine größere Wirkung. Man darf aber die Stengel, die giftig sind, nicht verwenden.

»Sparsame Hausfrauen, die Sie zur richtigen Zeit Heilpflanzen und Heilkräuter sammeln, wissen Sie, warum Ihr Veilchenaufguß so fade schmeckt? Weil Sie die Veilchen in der Sonne gepflückt haben! Pflücken Sie sie im Schatten, in den ersten Tagen ihrer Blüte, ohne Stengel, und trocknen Sie sie im Schatten auf weißem Papier und nicht auf einem Tuch. Denn der Stoff, sagt man bei uns, ›trinkt den Duft‹. Und hüten Sie sich vor einem Marmortisch, denn er ist kalt und ›erschreckt‹ Ihre warmen Blüten, läßt sie schrumpfen und raubt ihnen einen Teil ihrer Seele.«

Colette in: *Marie-Claire*, 1940

Man bringt 1 Liter Wasser zum Sieden. Wenn der Teekessel pfeift, gießt man das Wasser über 20 Gramm Veilchenblüten, die man, Colettes Ratschlägen gemäß, zuvor getrocknet hat. Man läßt den Aufguß 15 Minuten lang ziehen, gießt ihn durch ein Sieb und süßt ihn mit Honig. Der Tee sollte so heiß wie möglich getrunken werden, denn die Wärme wirkt dem Blutandrang entgegen.

COLETTE MIT IHRER KATZE NAMENS CHATTE, FÜR DIE EINHUNDERTSTE NUMMER VON *MARIE-CLARIE* FOTOGRAFIERT.

NACHFOLGENDE DOPPELSEITE: EINE ROSENORGIE FÜR DEN ROSENESSIG.

Der Huflattich, wegen der Form seiner Blätter auch Eselstritt genannt, gehört mit den Veilchenblüten, mit Königskerze, Klatschmohn, Eibisch und Katzenpfötchen zu der Heublumenmischung, die ein wenig ungenau »Vier-Blumen-Mischung« heißt.

Colettes Rezepte gegen Grippe

»Pflücken Sie Huflattich gegen künftige Erkältungen, aber warten Sie nicht, bis seine kleinen, ärmlich-gelben Sonnen ganz aufgeblüht sind.«

Colette in *Marie-Claire*, 1940

»Ich kenne ein noch wirksameres Vorbeugungsmittel. Opfern Sie für seine Herstellung eine halbe Flasche guten, trockenen Champagner, den Sie kurz in einer kleinen Kasserolle aufwallen lassen. Nehmen Sie ihn umgehend vom Herd, und fügen Sie einen großzügigen Schluck Armagnac hinzu. Trinken Sie so schnell, daß Sie sich fast verbrühen. Grippe-Kandidaten schlage ich vor, sich vor dem Trinken ins Bett zu legen, denn ich habe Leute gesehen, die durch die Wirkung des Alkohols und vom Fieber geschüttelt wie tot umfielen. Jeder aber ist am nächsten Morgen geheilt aufgestanden.«

Colette in: *Marie Claire*, 1940

Folgendes noch exzentrischere Rezept erinnert an die populäre Methode mit den »drei Hüten«. Man hängt einen Hut am Fußende des Bettes auf und trinkt einen Grog mit zwei Aspirin. Die Schwitzkur beginnt, und wenn man drei Hüte sieht, ist man auf dem Wege der Besserung:

Sidos Rosenessig

(Gesundheits- und Schönheitsrezept)

»Wenn ich weit, sehr weit zurückdenke, erinnere ich mich daran, daß meine Mutter im Sommer für den Fall, daß ihre Kinder offene Frostbeulen bekämen, die man bei uns ›crevasses‹ nennt, eine Flasche Rosenessig zubereitete und in Reserve hielt. Dafür nahm sie rote Rosenblätter, die sie einen Monat lang in konzentrierten Essig einlegte und dann durch Filterpapier klärte«.

De ma fenêtre, 1942

Um Rosenessig zu gewinnen, in Frankreich auch unter dem Namen »vinaigre rosat« bekannt, läßt man 300 Gramm rote Rosenblätter der Sorte »Provins« in 3 Liter Weißweinessig mazerieren. Das Ganze sollte einen Monat lang ziehen. Man siebt den Essig einmal durch und drückt kräftig auf die Blütenblätter, um die Rosenessenz zu gewinnen, dann filtriert man die Flüssigkeit durch einen feinen Filter.

Man füllt den Essig in saubere Flaschen und steckt in jede Flasche 5 Rosenknospen, deren »Duftkonfitüre« Colette so schätzte.

»AUF BALD, LIEBE COLETTE. VERGESSEN SIE NICHT IHREN HEISSEN CHAMPAGNER GEGEN DIE GRIPPE. EINMAL, AUF IHREN RAT HIN, HABE ICH ES AUCH AUSPROBIERT UND BEFAND MICH ACHTUNDVIERZIG STUNDEN IN GLÜCKSELIGKEIT.«
FRANCIS CARCO AM 4. OKTOBER 1945 AN COLETTE.

Die kleine Colette liebte es, an der Kompresse mit dem beißenden Geruch nach »Essig und Rosen« zu lutschen. Sie hätte den Rosenessig ebensogut als Gesichtswasser verwenden können, er ist sanft adstringierend und beruhigt die Haut.

Estragon-Essig à la Made

Man gießt 3 Liter alten Rotweinessig in einen Steinguttopf, fügt 3 Knoblauchzehen, 10 Pfefferkörner und 20 Fenchelsamen hinzu und ertränkt darin einen dicken, frisch gepflückten Estragonstrauß von etwa 500 Gramm. Man verschließt das Gefäß und läßt dem Essig 15 Tage Zeit, das aromatische Gewürz in sich aufzunehmen. Dann wird der Estragon-Essig gefiltert und in Flaschen gefüllt. Vor dem Verkorken gibt man in jede Flasche ein Estragon-Zweiglein.

Made Guillermet ließ bei der Abreise heimlich eine Flasche ihres berühmten Estragon-Essigs in Colettes Koffer gleiten, der Salaten und Rohkost einen Geschmack verlieh, den sie überaus schätzte.

Coldcream mit Rosenwasser
(Schönheitsrezept)

»Die Kunst, die ›kalte Creme‹ zu schlagen, weiß wie Schnee, geschmeidig, mit dem Duft nach reinem Wachs und Rosenwasser, seit dreißig Jahren betreibe ich sie.«
Colette in: Vogue, 1932

Wir möchten die Leser, die dieses Rezept ausprobieren wollen, darauf aufmerksam machen, daß wir es eher aus anekdotischen Gründen abgedruckt haben, die Creme aber keinesfalls mit den Produkten der modernen Kosmetik konkurrieren kann.

Man schlägt gleichmäßig und kräftig 235 Gramm im Wasserbad erwärmtes Glyzerin mit 130 Gramm warmem Wasser, dann fügt man 20 Gramm Stärkemehl und 100 Gramm Stearin hinzu, das ebenfalls im Wasserbad geschmolzen wurde. Man vermischt alles, bis man eine sehr geschmeidige Creme erhält. Dann fügt man der noch warmen Mischung 40 Gramm vorher in kaltem Wasser eingeweichte Pflanzengelatine hinzu. Zum Schluß verdünnt und parfümiert man die Creme mit ½ Liter Rosenwasser. Man füllt die erkaltete Creme in kleine, gut schließende Töpfchen.

CLAUDE CHAUVIÈRE BESCHREIBT DAS SCHMINKTÄSCHCHEN VON COLETTE ALS EIN »ARSENAL«, IN DAS SIE FETTSTIFTE, KOHLESTIFTE, PUDERDOSEN, MAKE-UP UND EIN TUCH HINEINPFERCHTE, UM SICH DIESER UTENSILIEN GANZ SPONTAN UND MIT EINER FINGERFERTIGKEIT, DIE AUF ERFAHRUNG BERUHTE, ZU BEDIENEN. UNTER EINER UNVERFÄNGLICHEN AUSGABE DER *PENSÉES* VON PASCAL VERSTECKT, LAG DIESER IMMER GRIFFBEREIT NEBEN IHREM KRANKENBETT.

Rezept für die Kohlmeisenfütterung

Sogar für die Vögel hatte sich Colette ein Rezept ausgedacht. Sie schenkte es dem »kleinen Pagen«, Claude Guillermet, der es an uns weitergegeben hat.

Man läßt flüssiges Fett oder ein wenig erwärmtes Schmalz in einen Deckel fließen, vermischt das Fett mit gehackten Mandeln oder Haselnüssen, hängt den Behälter mittels Bindfäden an den Zweig eines Baumes und wartet auf die Kohlmeisen. Man kann auch Erdnüsse mit der Schale zu Ketten aufziehen und diese an einen Zweig hängen.

Êtes-vous pour, ou contre
le "second métier" de l'écrivain

Colette

5, rue de
Miromesnil

BIBLIOGRAPHIE

WERKE VON COLETTE

Claudine à l'école, Paris, Ollendorf, 1900 (dt. *Claudine erwacht,* Knaur Tb, Droemer Knaur, München 1988).
Claudine à Paris, Paris, Ollendorff, 1901.
Claudine en ménage, Paris, Mercure de France, 1902.
Claudine s'en va, Paris, Ollendorff, 1903.
Minne, Paris, Ollendorff, 1904.
Les Égarements de Minne, Paris, Ollendorff, 1905.
Dialogues de bêtes, Paris, Mercure de France, 1904.
Sept dialogues de bêtes, préface de Francis Jammes, Paris, Mercure de France, 1906.
(Der Text über die *Ländliche Hochzeit* wurde in die Ausgabe der *Vrilles de la vigne* von 1908 nicht übernommen.)
La Retraite sentimentale, Paris, Mercure de France, 1907.
Les Vrilles de la vigne, Paris, Éditions de la Vie parisienne, 1908.
L'Ingénue libertine, Paris, Ollendorff, 1909.
La Vagabonde, Paris, Ollendorff, 1911.
L'Envers du music-hall, Paris, Flammarion, 1913.
L'Entrave, Paris, Librairie des Lettres, 1913 (dt. *Die Fessel,* Zsolnay, Wien 1986).
Prrou, Poucette et quelques autres, Paris, Librairie des Lettres, 1913.
La Paix chez les bêtes, Paris, Arthème Fayard, 1916.
Les Heures longues, 1914–1917, Paris, Arthème Fayard, 1917.
Les Enfants dans les ruines, Paris, Éditions de la Maison du Livre, 1917.
Dans la foule, Paris, Georges Crès et Cie, 1918.
Mitsou ou Comment l'esprit vient aux filles, Paris, Arthème Fayard, 1918 (dt. *Mitsou,* Zsolnay, Wien 1986).
En camarades, Paris, Arthème Fayard, 1918.
La Chambre éclairée, Paris, Edouard Joseph, 1920.
Chéri, Paris, Arthème Fayard, 1920 (dt. *Cheri,* Knaur Tb, Droemer Knaur, München 1985).
La Maison de Claudine, Paris, J. Ferenczi et fils, 1922.
Le Voyage égoïste, Paris, Éditions d'art Ed. Pelletan, 1922.
Le Blé en herbe, Paris, Flammarion, 1923 (dt. *Erwachende Herzen,* Zsolnay, Wien 1980).
Rêverie du nouvel an, Paris, Stock, 1923.

La Femme cachée, Paris, Flammarion, 1924.
Aventures quotidiennes, Paris, Flammarion, 1924.
Quatre saisons, Paris, Philippe Ortiz, 1925.
L'Enfant et les sortilèges, Libretto für ein Musikstück von Maurice Ravel, Paris, Durand et Cie, 1925.
La Fin de Chéri, Paris, Flammarion, 1926.
La Naissance du jour, Paris, Flammarion, 1928.
Renée Vivien, Abbeville, F. Paillart, 1928.
La Seconde, Paris, J. Ferenczi et fils, 1929.
Sido, Paris, Éditions Krâ, 1929.
Histoires pour Bel-Gazou, Paris, Stock, 1930.
Douze dialogues de bêtes, Paris, Mercure de France, 1930.
Paradis terrestres, Lausanne, Gonin et Cie, 1932.
La Treille muscate, Paris, Aimé Jourde, 1932.
Prisons et paradis, Paris, J. Ferenczi et fils, 1932.
Ces plaisirs …, Paris, J. Ferenczi et fils, 1932.
La Chatte, Paris, B. Grasset, 1933 (dt. *Die Katze aus dem kleinen Café,* Zsolnay, Wien 1985).
Duo, Paris, J. Ferenczi et fils, 1934.
La Jumelle noire, Paris, J. Ferenczi et fils, 1934–1938.
Discours de réception à l'Académie royale de Belgique, Paris, B. Grasset, 1936.
Mes Apprentissages, Paris, J. Ferenczi et fils, 1936.
Chats, Paris, Jacques Nam, 1936.
Splendeurs des papillons, Paris, Plon, 1937.
Bella-Vista, Paris, J. Ferenczi et fils, 1937.
Le Toutounier, Paris, J. Ferenczi et fils, 1939.
Chambre d'hôtel, Paris, Arthème Fayard, 1940.
Mes Cahiers, Paris, Aux Armes de France, 1941.
Le Pur et l'impur, Paris, J. Ferenczi et fils, 1941. Neuer Titel des Werkes, das zuvor *Ces Plaisirs* hieß.
Journal à rebours, Paris, Arthème Fayard, 1941.
Julie de Carneilhan, Paris, Arthème Fayard, 1941.
De ma fenêtre, Paris, Aux Armes de France, 1942.
De la patte à l'aile, Paris, Corrêa, 1943.
Flore et Pomone, Paris, Éditions de la Galerie Charpentier, 1943.
Nudité, Bruxelles, Éditions de la Mappemonde, 1943.
Le Képi, Paris, Arthème Fayard, 1943.

Gigi, Lausanne, La Guilde du Livre, 1943 (dt. *Gigi und erwachende Herzen,* Zsolnay, Wien 1984).
Noces, Lausanne, La Guilde du Livre, 1943.
Broderie ancienne, Monaco, Éd. du Rocher, 1944.
Paris de ma fenêtre, Genève, Éd. du Milieu du Monde, 1944.
Trois …, Six …, Neuf …, Paris, Corrêa, 1944.
Belles Saisons, Paris, Édition de la Galerie Charpentier, 1945.
Une amitié inattendue. Briefwechsel zwischen Colette und Francis Jammes, Einführung und Anmerkungen von Robert Mallet, Éd. Émile-Paul frères, 1945.
L'Étoile Vesper, Genève, Éd. du Milieu du Monde, 1946.
Pour un herbier, Lausanne, Mermod, 1948.
Trait pour trait, Paris, Éd. Le Fleuron, 1949.
Journal intermittent, Paris, Éd. Le Fleuron, 1949.
Le Fanal bleu, Paris, J. Ferenczi et fils, 1949.
La Fleur de l'âge, Paris, Éd. Le Fleuron, 1949.
En pays connu, Paris, Éd. Manuel Bruker, 1949.
Chats de Colette, Paris, Albin Michel, 1949.
A portée de la main, Paris, Éd. Le Fleuron, 1949.
Mélanges, Paris, Éd. Le Fleuron, 1949.
Ces Dames anciennes, Éditions Estienne, 1954.

WERBEBROSCHÜREN UND VERSCHIEDENE BEITRÄGE

Le six à huit des vins de France, Werbebroschüre für vins Nicolas, 1930.
À mon avis …, Werbebroschüre für ihre eigenen Schönheitsprodukte, 1932.
En Bourgogne dans les vignes du Seigneur, Broschüre gedruckt bei F. Chauvenet, Nuits-Saint-Georges, wiederaufgenommen in *Vu,* Ausgabe vom 3. April 1929.
L'eau de Perrier, Werbetext für Perrier-Mineralwasser.
Marie-Claire, Ausgaben vom 6. Januar 1939, 27. Januar 1939 und 24. Mai 1940.
Vogue, 1925 bis 1932.
Almanach de Paris an 2000, überreicht vom Cercle d'échanges artistiques internationaux, Gescofi, 1949.

NACHGELASSENE WERKE

Paysages et portraits, Paris, Flammarion, 1958.

Lettres à Hélène Picard, Paris, Flammarion, 1958.

Lettres à Marguerite Moreno, Paris, Flammarion, 1959.

Lettres de la vagabonde, Paris, Flammarion, 1961.

Lettres au petit corsaire, Vorwort von Maurice Goudeket, Paris, Flammarion, 1963.

Contes des mille et un matins, Paris, Flammarion, 1970.

Lettres à ses pairs, Paris, Flammarion, 1972.

Lettres à Moune et au Toutounet, 1929–1954, Paris, Éditions des Femmes, die Texte wurden eingerichtet und eingeleitet von Bernard Villaret, 1985.

GESAMTAUSGABEN

Œuvres complètes, Éditions Le Fleuron, Paris, Flammarion, 1948-1950, 15 Bände.

Œuvres complètes, Genève, Éditions de Crémille, 1969.

Œuvres complètes de Colette, Club de l'Honnête Homme, 1973, 16 Bände.

Œuvres, Paris, Gallimard, Bibliothèque de la Pléiade, Band I, 1984, Band II, 1986, Band III und IV in Vorbereitung.

Colette, Paris, Laffont, collection »Bouquins«, 1989, 3 Bände.

ANDERE BENUTZTE WERKE

Almanach du Beaujolais, Éditions du Cuvier-Jean Guillermet, 1935 und 1946.

Beaumont (Germaine) und Parinaud (André), *Colette par elle-même,* collection »Ecrivains de toujours«, Seuil, 1951.

Billy (André), *Intimités littéraires,* Paris, Flammarion, 1932.

Cahiers Colette, Société des Amis de Colette.

Le Capitole, politisches und literarisches Magazin, die Colette gewidmeten Nummern, Mai 1923 und Dezember 1924.

Caradec (Françoise), *Feu Willy,* »avec et sans Colette«, J.-J. Pauvert aux Éditions Carrère, 1984.

Carco (Francis), *Colette, mon ami,* Éditions Rive-Gauche, 1955.

Catalogue exposition Colette, Bibliothèque nationale, 1973.

Charensol (Georges), *D'une rive à l'autre,* Mercure de France, 1973.

Chauvière (Claude), *Colette,* Firmin-Didot, 1931.

Colleaux-Chaurang (Marie-Thérèse), *Étude critique de la correspondance de Colette avec les petites fermières,* Dissertation von Michel Mercier an der Universität Nantes, 1986.

Dunoyer de Segonzac (André), Zeitungsartikel zum 80. Geburtstag Colettes in *Le Figaro littéraire,* 26. Januar 1953.

Revue *Europe,* Sondernummer Colette, November–Dezember 1981.

Goudeket (Maurice), *La Douceur de vieillir,* Flammarion, 1965.

Goudeket (Maurice), *Près de Colette,* Flammarion, 1956.

Jourdan-Morhange (Hélène), »La regarder vivre était plus beau que tout« in *Les Lettres françaises,* 12.–19. August 1954, Nummer 529.

Lottman (Herbert), *Colette,* Eine Biographie, Zsolnay, Wien 1991.

Malige (Jeannie), *Colette qui êtes-vous?* Lyon, Éditions de la Manufacture, 1987.

Martin du Gard (Maurice), *Les Mémorables,* Flammarion, Band I, 1960.

Millet-Robinet (Mme), *La Maison rustique des dames,* Paris, Librairie agricole de La Maison Rustique, 1844–1845, 2 Bände.

Moreno (Marguerite), *Souvenirs de ma vie,* Paris, Éditions de Flore, 1948.

Mugnier (abbé), *Journal,* Paris, Mercure de France, 1985.

Oliver (Raymond), *Cuisine pour mes amis,* Paris, Albin Michel, 1976.

Oliver (Raymond), *Adieu fourneaux,* Paris, Laffont, 1984.

Willy (Gauthier-Villars, Henri dit), »Les pit-pits«, in »Le Livre d'or de la cuisine française«, supplément »Les Annales«, *Le Temps,* November 1912.

DANKSAGUNG

Ein Buch wie dieses konnte nicht ganz ohne Schwierigkeiten entstehen. Für die Suche nach einem bestimmten Dokument, für die Vergegenwärtigung einer besonderen Atmosphäre bedurfte es bisweilen einer geradezu detektivischen Spurensuche und Hartnäckigkeit. Ohne die Personen, die wir im folgenden der Reihe nach nennen, hätten wir Colettes Kunst der Feinschmeckerei nicht mit solcher Genauigkeit beschreiben können. Wir möchten ihnen an dieser Stelle sehr herzlich dafür danken, daß sie uns in dieses Abenteuer gefolgt sind und uns immer wieder ermutigt haben. Wir zitieren sie in alphabetischer Reihenfolge:

Mme und M. Baudon aus der Librairie Gourmande, 4 rue Dante, Paris (5e.); Mme Madeleine Blondel, Konservatorin am Musée de la vie bourguignonne »Perrin de Puycousin« in Dijon; Mme und M. Bouquin, die geduldig für uns korrekturgelesen haben; M. Roger Bayle, für sein großes Wissen über die Geschichte der Pâtisserie; M. Pierre de Bourgoing; Mme Cabanis, die uns in Rozven empfangen hat; M. Cherollier, Heilkräuterspezialist; Mme Marie-Thérèse Colleaux-Chauranc, die uns ihre Doktorarbeit über die »kleinen Bäuerinnen« zur Verfügung stellte; M. Martin du Daffoy vom Louvre des Antiquaires; Mme Jacqueline Dubois; Mme Nicole Ferrier, Präsidentin der Société des Amis de Colette; M. Robert Fouques Duparc; M. Bertrand de Gastines; M. Jacques Grange; M. Georges, Bürgermeister von Saint-Sauveur; Mme und M. Claude Guillermet, die uns ihre Erinnerungen an Colette so freundlich mitgeteilt haben; Mme Françoise Heftler-Louiche; Mme Geneviève Laurencier; Mme Lauth, die uns so liebenswürdig die »Treille Muscate« öffnete; Mme Leloup und ihre Familie; M. J.L. Lecard, der uns Gegenstände zur Verfügung stellte, die einmal Colette gehört hatten; Mme Le Pavec, die für den Colette-Nachlaß in der Bibliothèque Nationale verantwortlich ist; Mme Jeannie Malige; Mme Mignot-Ogliastri; M. le Docteur Muesser; Mme und M. Yves Muesser, die uns mehrfach mit großer Herzlichkeit in Colettes Geburtshaus in Saint-Sauveur empfangen haben; M. Yvette Oliver-Robert; M. Raymond Oliver; Mlles Stéphane und Sophie Oliver; M. Dominique Paramythiotis vom Palais Royal; Mme und M. Albert Parveaux vom Relais und Château de Castel-Novel in Varetz; M. Jean-Claude Saladin von der Arcade Colette; Mme E. Saurel; Mme Jacqueline Saulnier, die bei der kulinarischen Gestaltung beteiligt war; Mme Schildge; Mme und M. Pierre Simon, die uns in Saint-Sauveur so freundlich beherbergt haben, Mme Anne de Tugny; M. René Vrignaud.

Und vor allem ... Mme Marguerite Boivin, die Sekretärin der Société des Amis de Colette, M. Foulques de Jouvenel und Mme Pauline Tissandier, die uns das Kostbarste gewährt hat, nämlich ihr Vertrauen.

Unseren besonderen Dank verdient Jacqueline Saulnier, die ihre große Erfahrung in Fragen der kulinarischen Präsentation einbrachte, um die vorliegenden Rezepte zu bereichern und zu perfektionieren.

Sie finden die meisten der persönlichen Gegenstände von Colette, die hier fotografiert sind, im Musée Colette in Saint-Sauveur-en Puisaye (Yonne), das 1994 eröffnet wird.

Für die übrigen von uns abgelichteten Gegenstände danken wir der Galerie Alcantara des Louvre des Antiquaires (Domino- und Puffspiel, S. 18—19 und S. 177); »Au fond de la cour« (Korbmöbel S. 18—19); »Aux fils du temps« (Schal, S. 18—19); »Beppy« vom Marché Biron (Porzellanplatte, S. 121); Binet-Antiquitäten, Saint-Tropez (Stühle, S. 136); Madeleine Blondel (Strohherzen, S. 156—157); Marguerite Boivin in Saint-Sauveur (Standuhr und Kaminschmuck, S. 177); Firma Carré (blaue Fliesen, S. 130); Martin du Daffoy vom Louvre des Antiquaires (Tischgeräte, S. 68, S. 136, S. 177); Pierre Frey (Tischdecke, S. 68); Mme Georges, Saint-Sauveur (Bakkarat-Karaffe, Bakkarat-Gläser, S. 177); Marion Held Javal (Tablett, Teller und Gläser, S. 73); M. Foulques de Jouvenel (Silber und Tischtuch, S. 56); Lawyrens et Cie. (Konfitürenschrank, S. 186); la Manufacture du Palais-Royal, Galerie de Valois (blaue Teller, S. 68); Musée de la Vie bourguignonne »Perrin de Puycousin« in Dijon (Steingutgeschirr, S. 33, S. 156—157); Dominique Paramythiotis im Palais-Royal (Teller mit Kornblumen, S. 56, Gegenstände aus Glas, S. 69, Kompotier, S. 177); Pierre-Jean Pébeyre in Cahors (Trüffeln, S. 109); Cristallerie Portieux (Gläser, S. 136—137); Galerie Saint-Séverin (Gewürzdosen, S. 186); Christian Tortu (Rosenbuketts, zu Biedermeiersträußchen gebunden, S. 22) und »La Vie de Château«, Palais Royal (Rubelles-Teller, S. 180).

BILDNACHWEIS

Schutzumschlag: André Martin und Laure Albin Guillot, Bibliothèque Nationale
Vorsatz: Bibliothèque Nationale
S. 1: Collection particulière, D.R.
S. 4: Collection J.-C. Saladin
S. 12: André Martin und Jannine Niepce, Rapho
S. 14: Musée St-Sauveur
S. 16–17: André Martin, Porträts Musée St-Sauveur
S. 30: Musée St-Sauveur; Collection Marguerite Boivin
S. 31: Postkarten, Collection Marguerite Boivin
S. 32: Musée St-Sauveur
S. 34: André Martin mit einem Exponat der Collection particulière
S. 36: Bibliothèque Nationale
S. 37: Jean-Marie Marcel
S. 38: Collection particulière, D.R.; Bibliothèque Nationale
S. 42: Collection J.-L. Lécard
S. 46: Collection F. de Jouvenel; Collection J.-L. Lécard
S. 47: Bibliothèque Nationale
S. 50: Henri Manuel, Collection F. de Jouvenel
S. 51: Collection F. de Jouvenel
S. 53: Collection F. de Jouvenel; Musée St-Sauveur
S. 54: Alban, Collection F. de Jouvenel; René Dazy
S. 55: Lipnitzki Viollet
S. 56: André Martin mit einem Exponat aus dem Musée St-Sauveur

S. 58: Cecil Beaton
S. 62: Bibliothèque Nationale; Collection Musée St-Sauveur, D.R.
S. 65: Luc-Albert Moreau, Musée St-Sauveur
S. 66: Bibliothèque Nationale
S. 72: Walter Carone für *Paris-Match*
S. 78: Pierre Jahan
S. 80: Roger Schall
S. 81: René Dazy; Bibliothèque Nationale
S. 82: J.-C. Saladin
S. 83: Duhamel du Monceau, *Traité des arbres fruitiers*, 1768, Fonds Émile Martin, Romorantin-Lanthenay, Vinçon; Dank an Martine Vallon
S. 84: G. de Mire pour *Marie-Claire*
S. 85: Bulliard, *L'Herbier de la France*, 1780, Duhamel du Monceau, *Traité des arbres fruitiers*, 1768
S. 86: Collection J.-C. Saladin
S. 87: Roger Schall; Collection F. de Jouvenel
S. 88: Collection J.-L. Lécard
S. 90: Roger Schall
S. 92: Roger Schall
S. 94: Roger Schall
S. 96: Luc Barbier; Collection C. Guillermet
S. 97: Collection particulière, D.R.
S. 99: Collection J.-C. Saladin
S. 100: Exponat aus der Collection C. Guillermet
S. 103: Thuillier, Musée St-Sauveur
S. 105: Collection R. Vrignaud
S. 106: Bibliothèque Nationale
S. 111: Bulliard, *L'Herbier de la France*, 1780
S. 112: Collection F. de Jouvenel
S. 113: Exponat aus der Collection particulière
S. 118–119: Musée St-Sauveur
S. 120: Bibliothèque Nationale
S. 123: Collection Roger-Viollet

S. 124: Collection Musée St-Sauveur
S. 125: Archiv
S. 127: Collection Marguerite Boivin
S. 131: Collection J.-L. Lécard
S. 139: Collection particulière, D.R.
S. 140: Bulliard, *L'Herbier de la France*, 1780.
S. 143: Exponat aus der Collection particulière; Agip
S. 145: Collection F. de Jouvenel
S. 148–149: Bibliothèque Nationale
S. 150: Karikatur in Jean de la Hire, *Ménages d'artistes*, Bibliothèque indépendante d'édition, 1905
S. 152: A.F.P.
S. 153: Collection J.-L. Lécard
S. 154: d'Ora, Collection C. Guillermet
S. 159: Germaine Krull
S. 160–161: Exponat aus der Collection F. de Jouvenel
S. 163: Collection Musée St-Sauveur
S. 165: Henri Cartier-Bresson
S. 166: Luc-Albert Moreau, Musée St-Sauveur
S. 167: Bibliothèque Nationale
S. 170: Exponat aus dem Musée St-Sauveur; A.F.P.
S. 171: Exponat aus der Collection C. Guillermet
S. 183: Duhamel du Monceau, *Traité des arbres fruitiers*, 1768; Bulliard, *L'Herbier de la France*, 1780
S. 187: Laure Albin Guillot, Bibliothèque Nationale
S. 188: Collection Marguerite Boivin
S. 189: Bibliothèque Nationale
S. 192: André Martin, Exponat aus dem Musée St-Sauveur
S. 195: Henri Manuel, Collection F. de Jouvenel
S. 196: Tabard pour *Marie-Claire*
S. 197: Bibliothèque Nationale
S. 201: Collection J.-C. Saladin

REGISTER

BROT UND SUPPEN . . . . 94—97

Brotlaib aus Graubrot, Ein 94
Milchsuppe mit gerösteten Brotscheiben 95
Suppe mit Speck 97
Zwiebelsuppe, gratiniert 96

VORSPEISEN . . . . 98—99

»Crevettes bouquets« 98
Gefüllte Sardinen 98
Marinierte Heringe 99
Sandwich mit Sardinen 99

PASTETEN UND WURSTWAREN . . . . 100—105

Boule de Poulet, La (Hühnerkugel) 102
Geflügelleber à la Marguerite Moreno 103
Krammetsvogel-Pastete mit Wacholderbeeren 104
Marmorierte Zervelatwurst 100
»Pathérèse«, Die 105

ZWISCHENGERICHTE . . . . 106—113

Foie gras in der Kasserolle 110
Gebackene Artischocken auf italienische Art 106
Gefüllter Kohl mit Ysop 111
Gras-double (Ochsenpansen) 112
Périgord-Trüffeln à la Colette 108
Pilze à la crème 110
Rote Bete in Asche 112
Trüffeln in Papilloten zum Knabbern 108
Weichgekochtes Ei mit Rotwein 111

BACKTEIG UND KUCHENTEIG . . . . 114—121

Auberginen-Krapfen 114
Käsefladen zum Johannistag 116
Krapfen, mit Hirn gefüllt 114
Kürbistorte 116
Lauchtorte der »Wilden«, Die 119
Ravioli nach Art der Mutter Lamponi 119
Reis mit »Favouilles« 120

Spinattorte Claudine 118
Torte mit Anchovis 118

KRUSTENTIERE, SÜSSWASSERFISCHE UND
SEEFISCHE . . . . 122—134

Aïoli mit Gemüse 132
Bourride (Mediterrane Fischsuppe) 124
Court-Bouillon aus bretonischen Hummern 130
Fisch mit dem Fußtritt, Der 122
Forelle mit Speckstreifen 132
Gefüllter Skorpionfisch 125
Gegrillter Loup de mer mit Fenchel 134
Hecht aus den Teichen des Puisaye mit
    Mousseline-Sauce 127
Karpfen in Gelee mit Bratensaft 131
Krebse mit Pfeffer, als »Buisson« serviert 126
Léas Langustinen à la crème 126
»Sotto-coffi«, Das 134
Thunfisch mit Schalotten 131

GEFLÜGEL, FLEISCH UND WILD . . . . 135—153

Beinscheiben vom Kalb, mit Karotten und Pfiffer-
    lingen geschmort 140
Blätterteigpasteten mit Lerchen à la Raymond
    Oliver 150
Bœuf à la mode von Madame Yvon 151
Cassoulet mit Speckschwarten 145
Daube mit Rotwein à la Annie de Pène 153
Eisbein 138
Elf-Stunden-Lammkeule 149
Entrecôte Bercy 148
Festmahl des Hafis, Das 142
Gebratenes Schweinefleisch mit Salbei 140
Gegrilltes Huhn à la Treille muscate 135
Hase royal 152
Hühnchen, in Asche und Tonerde gebacken 138
Lamm mit Oliven und Zitronenschnitzen 144
Lammschulter »en musette« 146
Ochsenbrust auf Languedoc-Art 146
Poulet au blanc 135
Puchero der schönen Otero, Der 148
Willys Pit-Pits 150

KÄSE 155

Creme-Herzen à la Nounoune 155
Fromage blanc mit Pfeffer und rohen Zwiebeln 155

EIS, KUCHEN, DESSERTS . . . . 158—180

Baisers mit Crème fraîche 168
Claudines »geröstete« Schokolade 167
Craquelins à la Annie de Pène 171
Eisbombe Claudine 163
Fladen mit Butterschaum 176
Flognarde 172
Genueser Küchlein mit rotem Zuckerguß 172
Halbflüssige Schokolade 167
Kastanienküchlein 158
Kirschsuppe 166
Kuchen mit sechs Hörnchen 178
Kuchen zum 80. Geburtstag, Der 170
Lebkuchen 164
Rosa Biskuits zum Eintunken 176
Schmelzender Cake à la Pauline 164
Schokoladen-Éclairs 168
Sidos Apfelmarmelade 174
Sidos weißer Pudding mit Konfitüre und Rum 177
Torte mit Mandelcreme-Füllung 175
Torte mit Walderdbeeren 174
Warmes Soufflé mit einem Herz aus Eis 162
Zitronensorbet 162

CONFISERIE UND KONFITÜREN . . . . 181—185

Geklopfte Messire-Jean-Birnen 182
Grünes Pistazien-Fondant 184
Himbeergelee 185
Konfitüre aus Kornelkirschen 185
Kristallisierte Veilchen 182

Marzipan mit Angelika (Engelswurz) und Zitronat . . 181
Mirabellen-Konfitüre 184
Schokoladenpralinen 181

GETRÄNKE . . . . 186—191

Arznei, um einen Toten zu erwecken 190
Colettes Mandelmilch 189
Colettes Orangenwein 186
Frênette der Musidora, Die 189
Himbeersirup 188
Marquis-Wein, Der 190
Nußwasser 188
Schlehenlikör 191
Sidos Cassis-Likör 190
Weißwein à la Claudine 188

ALLERLEI NÜTZLICHES . . . . 192—200

Coldcream mit Rosenwasser (Schönheitsrezept) 200
Colettes Rezepte gegen Grippe 196
Echtes Quittenwasser (Gesundheits- und
    Schönheitsrezept) 194
Estragon-Essig à la Made 197
Milchkaffee à la Concierge 194
Mixed-Pickles à la Bel-Gazou, Die 192
Rezept für die Kohlmeisenfütterung 200
Sidos Rosenessig (Gesundheits- und
    Schönheitsrezept) 197
Veilchentrank gegen herbstliche Erkältungen
    (Gesundheitsrezept) 196

Hinweis für den Leser: Die in diesem Buch beschriebenen Rezepte zu
Krammetsvögeln, Lerchen und Spatzen haben ausschließlich historische Bedeutung.

Titel der französischen Originalausgabe:
COLETTE GOURMANDE
Deutsch von Hella Noack

Die Originalausgabe erschien im Verlag Albin Michel, Paris
Copyright © Éditions Albin Michel S.A., 1990
Copyright © 1993 der deutschen Ausgabe
by Wilhelm Heyne Verlag GmbH & Co. KG, München
Fotografie: André Martin
Buchgestaltung: Marc Walter
Umschlaggestaltung: Christian Diener
Satz: Schaber Datentechnik, Wels

 Printed in France
by CLERC S.A. - 18200 Saint-Amand-Montrond

ISBN 3-453-06261-2